个人素质提升基础教程

陈乾心 | 著

图书在版编目（CIP）数据

个人素质提升基础教程 / 陈乾心著. -- 兰州 : 兰州大学出版社, 2020.12
ISBN 978-7-311-05821-0

Ⅰ. ①个… Ⅱ. ①陈… Ⅲ. ①素质教育－教材 Ⅳ. ①G40-012

中国版本图书馆CIP数据核字(2020)第188969号

责任编辑 刘爱华 张国梁
封面设计 崇心文化
插　　图 奚君画室

书　　名 个人素质提升基础教程
作　　者 陈乾心 著
出版发行 兰州大学出版社 （地址:兰州市天水南路222号 730000）
电　　话 0931-8912613(总编办公室) 0931-8617156(营销中心)
　　　　 0931-8914298(读者服务部)
网　　址 http://press.lzu.edu.cn
电子信箱 press@lzu.edu.cn
印　　刷 甘肃发展印刷公司
开　　本 710 mm×1020 mm 1/16
印　　张 15.5
字　　数 245千
版　　次 2020年12月第1版
印　　次 2020年12月第1次印刷
书　　号 ISBN 978-7-311-05821-0
定　　价 50.00元

序　一

生存以温饱为基本。当今时代物质丰盛，精神食粮就比食物更加重要。在此种社会环境之下，人们就有了不同以往的需求，进而促成当今主要需求的转变；又或许是因为工作生活步调的加快，日常生活节奏倍加紧张，压力相对难以释放，困顿于此，每个人都越来越欠缺心灵的安定。种种原因，促使当今人们重新聚焦于对传统文化的研究。

所幸，诸多力量在方方面面致力于传统文化的推广，将昔时精髓留传至今，与时俱进，形成种种可以依循的条纲，促进良好社会行为规范的形成，重振当今社会的人伦道德观念，让后代子孙能够接续传承，保留优良传统，以利千秋万代。

藉此书付梓之际，对所有致力发扬中华传统文化者，致以十分之敬意，谢谢大家的付出！

希冀开卷有益！

陳玟淋

2018年

序　二

个人素质提升，是现今社会所关注的一个大问题。当代，人类生存环境发生了巨变，科技飞速发展，带来了物质的充裕富足，带动了社会关系发生巨大转变。面对新时期、新环境，重新认识当代社会关系，促进人们思维能力的提升，跟上时代发展的步伐，是践行社会主义核心价值观的要求，是构建人类命运共同体的基础。

《个人素质提升基础教程》正是从时代背景出发，以“新三纲”和“十二常德”为基本内容，重新整理传统文化中的道德观念和纲常伦理，提出适合当代的社会行为规范，使传承数千年的中华道德观念，能够重新落实在工作生活之中，指导人们的行为，形成良好的社会风俗和习惯。

希望这本书，能为践行社会主义核心价值观提供具体的行为规范，在构建人类命运共同体的时代背景下，使中华民族传承数千年的道德观念与时俱进，在新时代绽放出绚丽的光彩，为21世纪中华民族的腾飞，发挥重要的作用。

2019年

序 三

中华传统文化是中华民族几千年来勤劳智慧的结晶，是中华儿女生生不息的血脉和灵魂，源远流长、博大精深。它蕴涵着中华儿女追求美好生活的价值取向，承载着自然规律，流动着人文哲理，包含着道德规范，体现着文化精神，在莽莽华夏大地有着极其深厚的影响，是中华民族的珍贵财富，为中华文明的发展做出了重大的贡献。

当看到乾心先生新作《个人素质提升基础教程》的文稿时，其感觉先是惊喜，继而感动，后来就是深思了。中华民族的理想和奋斗，中华民族的价值观和精神世界，是始终深深扎根于中华优秀传统文化沃土之中的，同时又是随着历史和时代前进而不断与日俱新、与时俱进的。正如本书中提到："理解新时期的历史转变，认识新型社会关系，对科技高速发展时期人们的思维提升速度能跟上时代的进步速度，是有重要的意义。在构建人类命运共同体的时代召唤下，中华民族的道德观念应与时俱进，在新时代绽放出绚丽的光彩，为21世纪中华民族的腾飞，发挥重要作用。"

确实，在新时期、新目标、新要求面前，如何能做到自强不息地奋斗，不屈不挠地进取，做到舍我其谁的担当，敬业诚信与和谐？树高千尺，源自根深！个人素质的提升、人文修养的夯实，有着极其重要的作用。《个人素质提升基础教程》正是从传统文化的精髓中，在新时期、新要求的背景下做出的系统的、全面的、通俗的、实用的解读。孟子在《离娄上》中所言："国之本在家，家之本在身"，《个人素质提升基础教程》正是抓住了"个人素质提升"这一最重要、最基础的因素，面对"新时期、新境遇，为弘扬中华文明，为全社会做出更大的贡献"这一重要目标，以中华优秀传统文化思想为基础依据，做了一一的阐述，条理清楚，见解独到，论说细致，难能可贵。

以事论是，不尚空谈，这是《个人素质提升基础教程》的另一个特点。一段时间以来，重新解读中华民族优秀文化成为一种时尚，这有利于弘扬中华民族优秀传统文化，并使其在全人类共同进步的路途中发挥更大的作用。我们说，中华民族优秀传统文化的发展史，也是一部自身不断丰富提高，并且不断适应社会的发展变化的历史。所以，在继承中华民族优秀传统文化精髓的前提下，如何站在为民族、为人类、为天下、为文化相融的角度，为构建人类命运共同体做出更大的贡献，是我们的责任，任重而道远。显然，要达到如上的目的，绝不是简简单单地读几句古籍名言，甚或穿汉服扮古人而不深其究、不甚其解地刻板表演而已。可贵的是，《个人素质提升基础教程》正是在新时代的前提下，从中华优秀传统思想文化的精髓，诸如“和合、仁、智、勇、忠信孝悌、礼义廉耻”入手，做出了系统的、细致的、针对性极强的解读，很值得一读。

愿《个人素质提升基础教程》能成为装点中华民族伟大梦想的一朵鲜花，一片绿叶。

[signature]

2019年

前 言

在践行社会主义核心价值观的过程中，有很多社会问题等待我们去解决。在解决问题之前，应该先弄清楚问题的实质是什么，它产生的根源在哪里，这才是解决问题应有的方法。继承发扬中华传统文化，结合当代社会发展和科研成果，取长补短，才能为构建人类命运共同体，夯实基于人类层面的思想理论体系。

本书用哲学方法对社会关系体系追根溯源，以儒家理论为依据解读每个人都要遵守道德观念和伦理纲常的重要性。

本书提出的“社会行为规范”，以当今社会关系为基础，从生活中各种问题产生的缘由入手，读者系统掌握之后，就可以根据不同人、不同环境、不同条件，而形成相应的行为，可为解决当今家庭问题、社会问题提供一些帮助。

本书所列的十二条社会行为规范，可分为三个部分：

1. 人类传承进化的主轴：孝、悌；2. 群体原则：忠（职责）、信（言行）、礼（规则）、义（情感）、和合（群体）；3. 个体素质：智（智慧）、仁（平等）、勇（担当）、廉（个人行为准则）、耻（反馈修正）。

社会行为规范的分类是为了便于大家学习、理解和掌握其中的规律，在实际生活中，各种人际关系是不可分割、相互联系的整体，不是独立存在的。

前言

目　录

第一章　社会关系

历经经济科技大发展，社会关系发生大变革，已由古代封建帝制体系形成的垂直管理方式，转变为民主体系下的扁平化管理方式。研究社会关系的变化和规律，构建新型社会关系模型，完善与之配套的道德观念和社会行为规范，指导人们生活、学习和工作，是社会发展的要求，也是每个人期盼美好生活的需求。

图1-1　现代社会关系："民主协商"

随着社会生产力的提高，社会关系逐步转向"平等"。在人与人、团体与团体、国与国之间的交流合作中，皆是以平等互利、沟通协商来解决彼此争议，而以往命令式交流模式，正是造成矛盾的根源所在。生产力的发展促使社会关系变化，但是，当今时代，历史形成的一些过时观点还保留在人们思想中，体现在日常工作生活、社会管理的各个方面，造成了很多问题和矛盾。

建立以"平等"为基础、符合新型社会关系的社会行为规范，提升人的思维观念使其符合时代发展，这是时代发展的要求，是促进国家文明和谐、社会公正法治，满足人民对美好生活向往需求的基础。

第一节 纲常伦理

一、纲常伦理的产生及发展

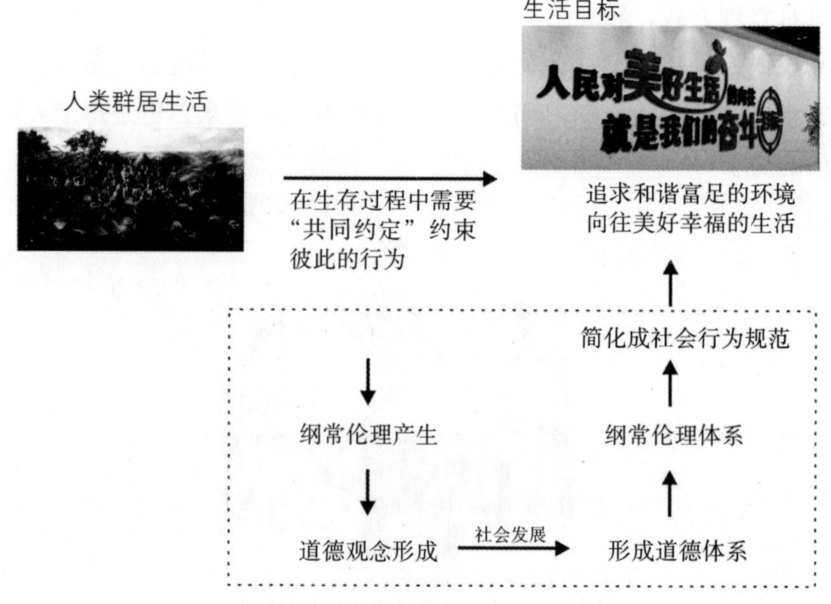

图1-2 社会关系的形成和自我完善过程

人类在群居生活中，需要遵守“共同约定”，营造一个稳定的生存环境，进而形成初步的道德观念，人们按此进行各种社会活动，逐步完善制度，形成一系列所有人认可的社会行为规范，这就是“纲常伦理”的产生过程。人类群居生活中彼此扶持、共同成长，每个人都与他人相互辅助、相互扶持，这是社会和谐发展所需。但是，其中有部分不守规矩的人怎么办？于是，就有了相互约束及惩罚的产生。

社会发展、道德观念、纲常伦理，这三者与人类生存发展紧密结合，每个人的行为都遵循一定行为准则和道德规范。从遵循已有的行为准则开始，随着社会发展不断产生新的准则，再将新的行为准则又纳入到原有架构之中，迭代成为不断完善的社会运行体系。

“纲”是指统领的规制，是总领；“常”是指道理，是具体制度；“伦理”是指人与人相处的各种行为准则。“纲常伦理”是指在长期社会行为中，逐步形成的社会行为规范，人人都应共同遵守和维护。

“纲常伦理”产生于人类社会，是人们共同遵循的规制。任何国家、团体，皆会有一定的行为准则维系着正常的秩序。“纲常伦理”是“道德观念”的表述，人类社会是以道德观念为指导、以纲常伦理为规制、以法律为保障的关系体系。

如何对传统道德伦理架构做出调整，使其成为当代人可以遵循的规范？

古代“纲常伦理”是以“三纲五常、四维八德”为基本架构，来规范人们的行为。对于过去的纲常伦理，若是照搬硬套，难以符合现代社会的发展，更无法真正践行于生活。而这也正是当今很多问题的根源所在。在新的历史时期，必须将往昔纲常伦理进行合理调整，使其适合社会的发展，才能够顺畅地施行，从而让人们有可以共同遵循的社会行为规范。

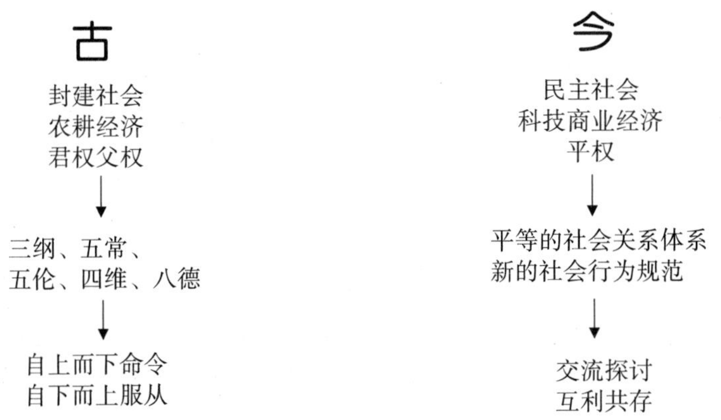

图1-3　古今社会关系的区别

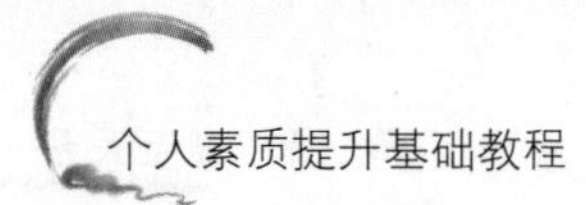

二、纲常伦理的不同表现形式

群居生活使人们有了共同的责任、权利和义务，从而自觉维护整个群体生活的平顺安适，每一个人都明白什么可以做、什么不能做，不可有越轨的行为，才会让所有人过上舒适、安稳的生活。在社会活动中，人们遵守共同的规制，才会有公正和谐的社会环境，才能有利于人的生存并使社会良性发展。

在不同的生存环境中，社会发展过程各有不同，形成了各自独特的风土民情，使其中的人们有良好的生活环境。风土民情、道德观念和纲常伦理因国家、地域不同有所差异，但都不允许有人不受约束、任意作为。人们追求富足和谐的生存环境、向往美好幸福的生活，那就需要所有人都能遵守共同的规范制度。任何国家、任何社会，都会有相应的道德规范和法律制度，人们运用这些规制作为社会行为的准则，形成了以人伦道德作基础、纲常伦理为架构、法律制度为保障的社会体系。道德观念、伦理纲常、社会行为规范与法律制度之间，是一种相互辅助、相互促进的关系，为社会的和谐有序发展，提供一个有力的保障。

旧的道德观念和伦理纲常，应调整、转变，才能成为当下适用的规范和制度。纲常伦理和道德观念经由教育，一代又一代地传承给后代子孙，使他们也养成良好的行为习惯。人要经历教育过程，学习做人做事、传承各种思想观念。

在群居生活中自觉遵守及维护共同的规范制度，是对每个人的基本要求，要明白什么可以做、什么不能做，什么是羞耻、什么是无耻。人经过教育及文化熏陶后，才知道做人的基本要求是要有“道德观念”和明白“羞耻”是什么，并遵守群居生活中的规范、制度。

人要学会用“羞耻心”来检查自己的行为，不可逾越“纲常伦理”的界限并清楚明白行为是否得当，如有逾越时，必先受到自己羞耻心的警告。对逾越者的警告、惩罚，都是让当事人明白不应该如此作为。

在社会生活中，人们经常会有样学样、无样自己想，彼此的行为习惯相互模仿、相互影响，如能将适应现代社会的纲常伦理落实在生活中，就能有好的行为供人模仿。对于逾越的人，就会受到自我内心的谴责、社会的评判；同时，这也给他人一个反面的学习教材，让所有人能防患于未然，如此才会保护公正的社会风气，让所有人共享良好的生存空间。

三、当代社会关系的转变

“三纲五常、五伦、四维八德”的纲常伦理架构，是中华民族长久以来沿用的行为准则。当代社会关系发生了“君权父权”到“平权”的转变，故而古代纲常伦理就难以让当代人遵循施行，形成了当下缺乏纲常伦理的现状。

因纲常伦理的欠缺，就会发生逾越道德规范的行为，甚至影响到了社会良善的风俗习惯，对良善氛围造成了相当的冲击，产生了很多的家庭问题和社会问题。

当今进入民主时代，往昔以君权、父权为基础的纲常伦理：“三纲”——“君为臣纲、父为子纲、夫为妻纲”，理应顺应时代发展，调整为以“平等”为基础的社会关系：“新三纲”——上下级之间的平等关系（君臣忠义纲）；夫妻之间的平等关系（夫妻和合纲）；父母子女之间的平等关系（父母子女纲）。

纲常伦理必须符合社会的发展，满足社会的需求。通过“平等”关系衍生出社会行为规范，对理顺人际关系有着重要的作用。随着时代发展，修整改变过去的不足欠缺和不适之处，形成符合当代的规范，当代人才能共同遵循和施行。每个人都可以通过身体力行，不断改正错误，弥补不足和欠缺，成为他人学习的榜样，起到良好的模范带头作用。

四、修整古代纲常伦理是时代的要求

人与人之间若是能相互扶持、相互辅助，那么世界一定会成为有情有爱的温暖世界。所以，修整古代纲常伦理使其适应时代发展，有着重要的时代意义和社会价值。社会发展需要道德观念的辅助，纲常伦理则是道德观念的具体表述，形成的社会行为规范才能有实际的效用。

科技促进了生活品质的提升，但若不能辅以道德观念，人们就有可能沉迷于对物质的欲求，而造成人性难以提升的困局。因此，以社会发展为基础，重新修整古代的纲常伦理，才能让所有人共同遵守并施行。

践行社会主义核心价值观，辅之以完整的纲常伦理体系架构以及符合时

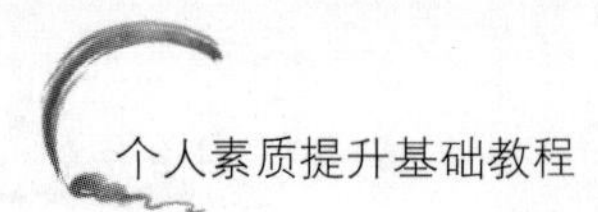

代特征的社会行为规范，才能促进实现“富强、民主、文明、和谐，自由、平等、公正、法治，爱国、敬业、诚信、友善”，辅助社会的有序发展。

道德观念、纲常伦理是社会发展的产物，又反过来促进社会关系的融洽，推动社会的发展。在社会发展过程中，一般都是沿用着往昔的道德观念，但当今时代社会关系发生了重大的转变，因此对往昔道德观念和纲常伦理也产生了重大的影响，只有与时俱进，修整以往的道德观念和纲常伦理，才能适应当代社会的发展。

社会行为规范是纲常伦理的衍生，是所有人都应该遵循的行为准则，一代一代不断传承，当代更是经由教育系统，传承道德观念和纲常伦理。相应地，纲常伦理只有在传承过程中与时俱进，才能适应时代发展，对人们工作、生活、学习有指导意义，才能有利于人类的发展。

五、公正法治是社会和谐发展的保障

社会要有共同遵守的道德观念和纲常伦理，对人的行为做出约束，对人们行为的约束，进一步强化了道德观念和纲常伦理对社会发展的引导作用，这正是人类区别于其他动物种群之处。在群居生活中，有各种不同的行为，这些行为也都应遵循人伦道德观念，纳入不同的社会行为规范当中，只有人人都共同遵守，道德观念和纲常伦理才能顺利实施。

群居生活不能缺少共同遵守的行为准则，行为准则也不能脱离群居生活而单独存在。如果有人违反共同遵守的行为准则，就必须对此种不良行为进行约束，对当事人进行惩处，否则就难以保障社会的有序发展，这就导致法律法规的产生。在不同历史时期、不同地域，人们都是遵循着不同的行为准则来生活，对不遵守行为准则的人，除了道德谴责以外，还会以法律法规进行约束和惩处，从而维持群居生活的稳定。对逾越行为进行惩处，是对错误行为的约束及钳制，也是让更多人认识到什么不能做，这样才是符合社会公正的原则。

人在社会活动中，遵守共同的规范和制度而不逾越，才能对社会发展起到良好的促进作用，社会行为规范最终是要落实在每个人的行为中。由此就产生了各级管理制度以及相应的礼仪来约束人的行为，使人不会轻易逾越纲常伦理的规制，并由法律法规来约束和惩处，达到共同遵循道德规范的需要。

但是，现在却有很多人在日常生活中，不知遵守什么规则、如何遵循和遵守，在茫然无知中而产生了逾越行为，这时对逾越者的约束和惩处，则会引起所有人的警惕，明白什么能做、什么不能做。人不怕做错事，最怕的是错了还不知道错、更不知道如何改，仍旧我行我素，甚至还会认为“这是我所喜欢的，我就要这样做，有什么不可以的！”所以，通过惩处逾越行为，起到警示作用，也给所有人一个反面学习的机会。

如果对于背离人伦道德的行为，没有进行应有的惩处，那对其他人来说，就是一个相当不良的示范，长此以往，就会产生各种各样的社会问题，引发社会道德的沉沦。并且，人逾越纲常伦理的行为若影响带动他人也来违反“纲常伦理”，就很难有和谐公正的社会环境了。规范和制度是所有人必须共同遵守的，而不是一部分人遵守的。一部分人不遵守且随意逾越，再完美的规范和制度都会无法施行。所以，对产生这些不良行为的个人，就必须做出约束和惩戒。

每个国家都有不同的管理制度和法律条例，都有不同的道德观念和社会行为规范，这些都是生活在不同地域中的人在工作、生活中不可或缺的基础，需要所有人共同遵守、共同维护、共同落实，这是创造良好生存空间、公正社会制度的途径。

在一个良好的社会环境中，大部分人对逾越者都会非常痛恨，遵行适应社会发展的纲常伦理是所有人应有的常识。只有普及了这个常识，才能真正让人自发自觉地落实社会主义核心价值观，才能在21世纪科技文明昌盛的时代中，真正实现个人的提升，传承良好的道德观念和行为规范给后代子孙。所以，注重科技文明提升生活品质的同时，也不能遗漏了道德观念和纲常伦理的施行。

六、“与时俱进”成为常识

社会发展是一个创新求变的过程，古老文化于当今科技文明，一些不适应发展需求的地方需要变革；同理，在不同的行业，随着时代发展也有创新求变之处；相应地，不论对行业还是对个人，都有一种不断提升的要求。对一个行业来说，是以人的需求和欲求为基础，而人的欲求则促成了各种新兴行业的诞生；如果故步自封，不能与时代发展同步，恐怕在当今时代很快就

会遭到淘汰。

对于任何国家、任何行业，若能明白创新求变、与时俱进的道理，就能有很大收获，就怕连一点变的思想都没有，形成难以转化的固化思维，就很难有大的发展。“与时俱进”，对每个人来说，都应成为一种常态。

当今，人们面对时代创新求变的要求，若能有崭新的思维，就会有更大的提升和超越，也就更能体会自己的不足、欠缺与错误。面对当今时代的变革，每个人都要有崭新的思维体系和行事作风，才能适应未来的发展。

第二节　当代社会关系

一、社会关系要适应社会发展

数千年来，中华以“三纲五常、五伦、四维八德”作为纲常伦理的基础架构，以“君为臣纲、父为子纲、夫为妻纲”作为纲常的基本。随着时代发展，当代的社会环境与古代大大不同，当今社会倡导“人人平等”，已经不能照搬古代的纲常伦理，必须有一套符合当今社会关系体系的、以“平等”为基础的伦理架构新体系，才能让当代人共同遵守。

古代君权高高在上　　当代工作中的平等地位

古代男性作为丈夫、父亲的主导地位

当代夫妻子女的平等地位

由古到今，社会关系变得更加复杂，但是总的趋势是由不平等到平等，在当代能站在平等的角度，才能更好地处理社会人际关系。

图1-4 古今社会关系的变化

对纲常架构重新修整，并不是推翻或新建什么，而是深度理解时代发展和社会变化，加深对纲常伦理的认知，与时俱进，修整成当今时代能够施行的符合当代社会的行为规范，让所有人可以遵循，起到积极的作用。

上下级关系
古代称君臣

夫妻关系
古代也称夫妻

亲子关系
古代称父子

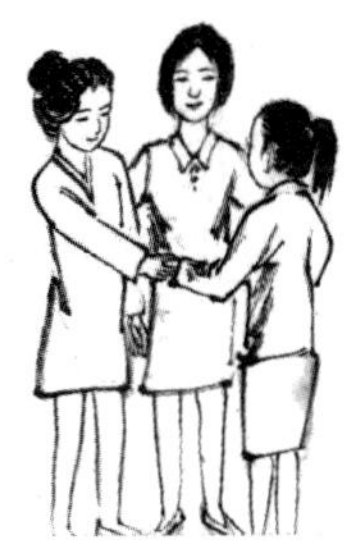

熟悉的人之间关系
古代称朋友

不熟悉的人之间关系
古代称长幼

由古到今，人与人之间关联的基本方式没有变化，主要还是上图五种。但社会关系却有了根本性的转变，由专制集权转向民主平等，以“平等”角度来处理当代人际关系，正是适应时代发展，满足人们精神需求的关键所在。

图1-5 古今人际关系称呼的不同

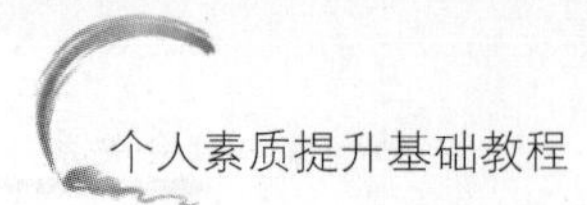

平等的新型社会关系，可以概括称为“新三纲”：“君臣忠义纲、父母子女纲、夫妻和合纲”，体现在基本社会关系中为上下级之间、夫妻之间、父母子女之间平等的特点。这样才能符合社会发展的要求，更好地指导人们的工作和生活，形成公正和谐的社会环境。

当今时代，教育进入到“重质不重量”的时期，“个人素质提升”进入了人们的视野，未来每个人必须是自己能够在多方面进行思维融合，提高认知水平，让自己有更大的提升。当今需要在平等观念的基础上，调整古代纲常伦理，使其符合当代人的认知，成为所有人能够共同遵行的规范。

二、上下级之间的平等关系

封建帝制时代，“君为臣纲”施行于社会各个层面。对领导者的尊重是指导性的纲领，在团体中也是由领导者发布决定并承担责任，引导整体走向兴旺。这种古代帝制的道德公论，难以适应现代的发展需要，因而变得腐朽落后。

在这种认识的基础上，也要认识到人际关系还是一样，所谓“君臣”关系就是“上下级”之间的关系，应废弃古代“君权至上”的思想，以“平等”为基础，理顺当代上下级之间相互辅助、沟通协商、合力共进的人际关系（君臣忠义纲）。其意义是：领导者对下属必要有“义”，关心下属的工作、生活，勿让下属有后顾之忧；下属“忠”于职责，对单位、对团体不二心，全心全力、尽善尽美地完成本职工作，不断创新工作方法、改进工作流程。这才是符合当今时代的上下级关系。

当今时代，在一个国家、团体、单位或家庭中，领导者要下属“忠”于职责任务，就必须做到有“义”于下属，对下属要有仁德、博爱，让下属没有后顾之忧，这是作为领导者最重要、最基本的作为。下属则要“忠”丁自身职责及上级领导所交代的事务，符合团体整体的需求，尽心尽力、尽善尽美完成承担的事务，没有阳奉阴违、投机要滑的不良行为，这是下属最重要、最基本的作为。这就是当代“君臣忠义纲”的施行原则。

当今时代，处理上下级关系的核心，是领导者与下属相辅相成，圆满完成各项事务，倘若只有领导没有下属，又如何将事情做到完美呢？一切事情都必须由领导一人来做之时，那就需要一身多用，一个人也就要分成很多部分来做事，这样太累了，也很没有效率。领导要能将事情分配给大家，由各级分层负责，不论在上在下，忠于自己的职责任务，分工合作形成一股力量来向前发展、向外拓展，这是一种力的结合，让所有在一起共事的人，宛如家人一般和谐。

领导者是创建这种相互配合、共同成长、和谐圆满环境的关键，必须要有平等观念，不能只考虑自己中饱私囊，而要全盘考虑，建立公平合理的分配制度，分享红利给共事的所有成员，让所有人都能切实受益，团体成员自然就会像家人一样和谐。

当然，也不是人多效率就一定可以提升，主要取决于领导者的做事风格、处世智慧。如果领导者博闻广见、逻辑通畅，同时有很多分层负责的人才，在处理事情过程中能做到集思广益、分工合作，如此就能团结一力，把事情做到圆满，“大家一条心，泥土变黄金”，就没有达不成的任务及使命了，兴旺可期。

（一）当今时代老板与员工如何和谐相处？

作为一个老板，你该如何对待你的员工呢？以下两点可供老板们借鉴：一是以“平等关爱”为本的员工管理方法；二是以“和为贵”的人际关系原则。

作为一个员工，你该如何与老板相处呢？首先，要“忠”于所担负的职责；其次，对任务要“敬业”，要不断提高自己的技能水平；最后，对客户、对公司、对老板有“不二之心”，要有担当、能负责。

（二）如何做个好老板？

许多企业管理的书籍中，总是告诉我们“企业里面没有不可替代的人才”，而这句话也经常在一些老板们的口中可以听到，尤其是裁员或是解聘员工的时候。不过，实际上许多企业却身受“某些人才”的影响，所谓“成也萧何、败也萧何”的状况更是多见。时常也有所闻，因为某个特殊人物带动了整个企业的发展，或随着某人的离开，企业也随之没落。也可以说，企业虽然没有不可替代的人才，但是却很难找到实时替代的人才，由此，人才管理的重要性可见一斑。

因此，真正的人才出现了，能知道他的存在吗？能知人善用吗？在求才

若渴的现实社会里，更多情况是人才出现团队里时，领导往往不知道或者不会利用，因为老板与员工之间，往往都有一道跨越不了的鸿沟，双方无法互换立场思考，也无法体会对方的甘苦，所以经常导致人才难为所用，消极怠工现象难以化解。大多数的管理者都会把“以人为本”“人才是最重要的资产”等口号挂在嘴上，实际上却以“利益为优先”的法则来经营管理，所以在大多数员工心中，不只是在专业上有不受重视的感觉，甚至觉得这个管理者总是言行不一。由此可知，要当一个好的管理者确实不容易。

“良禽择木而栖，贤臣择主而事”。人才因为其有过人之处，通常也有恃才傲物的倾向，而且有时候出现一点点不如意或者看不过去的状况，都是他们“不如归去”的原因，毕竟对他们来说“选择多的是”，根本不会因为找不到工作而担心，因此人才的流动率也往往很高。过于现实的管理者，在人才心目中的形象是有缺陷的。人才通常认为，一个好的管理者应该是以德服人、德才兼备的，除了赚钱之外，还需要照顾员工的个人发展，而不是对“人、事、物”呼之即来、挥之即去。

上班族在职场上谋得一官半职，多的是“为五斗米折腰”，能安安稳稳过一生，在养家糊口、安身立命的同时，如能做自己喜欢的事情、一展抱负，就是人间美事一桩。但在现实职场上，“一年换二十四个东家”的上班族，现在随处可见，而一年一度的职场移民潮也已司空见惯。一个称职的老板，能够永远把员工摆在第一位，平时就能“甘苦共尝、福祸相依”，公司发展好时还会厚待员工，这样的老板才是当今员工心目中的“好老板”。

三、父母子女之间的平等关系

古代“父为子纲”，父亲作为家庭支柱，在家中有绝对的权威。如今已是母权父权平等了。家庭是组成社会的基本单位，家庭的优劣良缺对社会风气的形成有较大的影响。父母是子女的学习榜样，父母的一举一动、一言一行，都将影响孩子未来的发展，好的榜样才有好的传承，好的传承才能促进社会的良性发展。

当代是以父母行为作为儿女的榜样，而不是沿用往昔指令命令式的教育方式。当今子女接收信息的渠道广泛，其知识累积速度远远超过往昔，父母简单的语言教导已不能满足子女成长所需，父母应以平等心态关注子女，找到子女的兴趣和特长，加以引导，提供必要的学习环境，让子女自己学习成长。

以上正是当今社会发展中，建立良好亲子关系中需要关注的要点。若依旧沿用昔日指令式的教育模式，父母会认为自己万分好心，孩子总是不领情不听话，自己生闷气；而子女则认为父母做不到，却要强迫自己去做，绝不认可。如此，造成了当今家庭中形形色色的亲子矛盾，让父母子女间处于爱恨交织的循环当中，无法成为和乐的家庭。

重新认识当代父母子女间的平等关系，有助于化解家庭矛盾、改善家庭关系。父母教育子女，就要率先成为子女榜样，有何种父母就有何种子女，这既是基因传承，也是父母行为的复制，父母有何种行为，子女也会跟随。父母传承给子女优良的行为习惯，才能让孩子成长为优秀的人，为促进社会文明和谐发展出一份力。

（一）理解当代“小家庭”模式

当今社会以小家庭居多，不再似往昔大家族聚居，形成一个家庭中父母儿女共同生活的情况。在任何国家或地域，都是经由父母来养育儿女，儿女多是通过父母，学习如何待人处事，一个家庭中父母子女的亲情关系是最重要的人伦关系。当今小家庭成为一种趋势，是“父母子女纲”的社会基础，都是由父母来照顾儿女，所以现代人在照顾后代上比较辛苦，在生活中，既有父母照顾儿女的责任，也有儿女孝顺父母的义务。

在家庭关系中，儿女经由良好教育，才会有良好的传承，古言“鼓不打不成响、玉不琢不成器”，父母必须要明白“身教、言教、管教”的规律，学习教育子女的方式方法。当代家庭教育注重身教，就是“父母的行为示范，作为儿女学习的榜样”，对所有小家庭的父母来说，自己要有一种良好身教来作为示范，再经由言教和管教之后，才能实际完成家庭教育的职责，才会有良善的儿女子孙。这是当今时代发展所必需，也是对过去家庭教育的不足修整的过程。

（二）父母成为子女的榜样

社会的好坏，关键在于家庭。家庭教育好，子女的前途就光明，家庭教育不好，子女的前途就黑暗。每个家庭的影响叠加起来，就形成整体的社会

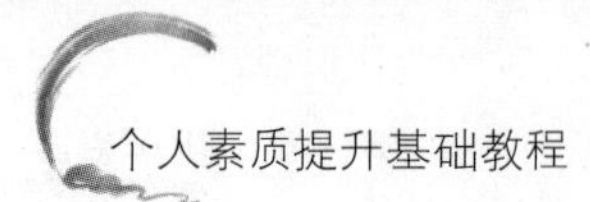

风气，虽然不能一概而论，大致上是差不多的。所以，身为父母一言一行、一举一动都要谨慎，不可随便；父母的行为不检，很容易影响子女使其变坏，没有好家教的儿童，将来就会成为社会、家庭的包袱。

父母要负起教育的责任，以身作则，做子女的好榜样，所行所为光明磊落，有同理心并诚信友善。子女受到长期熏陶，自然会形成优良的性格，有助于社会的安定，将来才能成为国家栋梁之材。

模仿是儿童的天性，尤其是对自己父母、师长的模仿，在子女心目当中，父母就是榜样；在学生心目当中，老师就是榜样。所以，一定要做一个好样子给孩子看。你要教孝，就必须自己孝顺父母；你要教敬，就必须自己敬重师长。要让孩子和学生看到这是真的，而不是假的，若是自己做不到，孩子是不会相信并照做的。

现在管教儿女相当不容易，你要是骂他、打他，他可以沉默反抗不作为。在国外，孩子还可以到警察局去告父母虐待儿童，父母还要吃官司，有些时候孩子不告，邻居也会告。邻居看到你管教太严格，他不理解，就打电话给警察局，告这一家的父母虐待儿童，麻烦就大了。所以，一定要心平气和地跟孩子讲理，他理解后才能心服口服。

这个社会有善良的一面，也有阴暗的一面，儿童没有能力来辨别，不但是儿童难辨别，有时成年人也难以辨别。所以，家庭的凝聚力很重要，家庭和睦对孩子成长也相当重要。可以不时地举办家庭论坛，小孩可以趁此向父母提议“有什么地方需要改善”，父母敞开心扉倾听孩子的声音，良性地进行双向沟通。人们总是成熟得太慢，衰老得太快，称职的父母应是儿女的榜样，要懂得学习与身体力行。

四、夫妻之间的平等关系

古代遵循“夫为妻纲”，男主外、女主内，由丈夫来养家糊口，妻子操持家庭琐事，形成了以“男人为天、女人为地”的观念。但这已经不符合当今的社会环境，当今已经是“男女平等、共同负担”了，男女双方共同负担家庭经济，有时，女人能力还胜过男人，故而过去的“绝对男权”不被今人认同，夫妻之间平等相处、相互扶持，才能创造更多兴旺、幸福的家庭。

当今社会已是男女平权，男女角色已经有了很大转变，不能以过去的认知观念，认为女人只是娶来照顾家庭的，如能角度互换一下想一想，就能明白当代女性的付出，有时比男性更多。理解社会的发展变化，理解社会关系中男女平权的转变，接受夫妻之间的平等关系，才能落实“夫妻和合纲”。夫妻若和，家庭就幸福；夫妻不和，整个家庭就乱哄哄，也不会兴旺。“家和万事兴，家吵万事凝”，在小家庭为主的生活模式中，更要能体悟“妻以夫为贵，夫以妻为宝”。

对于每个小家庭，夫妻双方努力合作，相互扶助、相亲相爱、共同抚养后代，才能建立幸福小家庭，“夫妻和合”正是当今家庭关系中最重要的基础。夫妻关系和睦，才会给后代子孙良好示范，若是夫妻经常吵闹争斗，此种家庭氛围给儿女的不良示范，儿女将来运用在自己生活中，也会无法妥善处理自己的家庭关系，再将这种不良示范传承下去，一代又一代，形成不良身教的延续。因此，文明和谐的社会、幸福美满的家庭，必须要有和睦的夫妻关系作为基础。

（一）找原因、想办法，避免情绪对待

家庭中的夫妻矛盾，多是因夫妻双方仅从自己角度出发，难以互换角度考虑对方感受造成的，此种情况致使当代夫妻离异的情况渐渐增多。不论在任何时代，要维持家庭和谐关系都需要双方互相体谅及包容，这样才能有幸福美满的生活。夫妻和合，家庭就幸福，夫妻若不和，家庭就吵闹，也会给孩子及亲人造成很大的心理压力。

夫妻争吵在所难免，要在吵过之后恢复和乐，就需要提高处理家庭矛盾的能力，这也是创造幸福圆满好家庭的过程，是给儿女子孙最好的榜样。不要“意见不合就分手”，父母的此种行为传承给子女不断延续，也就造成了当今时代越来越高的离婚率，这是相当不可取的。所以，要使一个家庭和睦圆满，就要从自己做起，因为儿女都是模仿父母的行为，您愿意儿女有不良行为吗？相信大家都是不愿意的，那就不要亲身示范给孩子看。

在男女双方结婚后，生儿育女，血脉传承，是人类不断繁衍的基石。父母在照顾儿女的过程中才能明白，每位儿女都是父母的掌上珠、心头肉，是夫妻恩爱的结晶，需要有良好的教导，不能一味溺爱，否则日后产生不好的结果，再后悔就来不及了。所以，必须在教育过程中，父母子女教学相长，

传承为人处事的道德观念和纲常伦理，减少不良行为，才能将家庭和乐一代代地传下去。

（二）夫妻关系中绕不开的“婆媳问题”

儿女长大之后，就会有各自婚配的问题，女儿嫁出去当别人家的媳妇，儿子娶来别人家的女儿当媳妇，如此在家中会增添一位新成员。此时，做父母的要如何对待这位新媳妇？尤其对婆婆来说，要用何种的心态来对待新媳妇呢？而新媳妇又如何在新家中适应环境呢？做媳妇的又要如何扮演好自己的角色呢？此种婆媳之间相处的问题，是每个家庭都要重视与圆满完善的地方。婆媳之间能够相互圆满，才能有家庭的兴旺。

若是从家庭中人与人之关系角度来看，可以描述为“两个女人和一个男人的问题”，若是都按照这两个女人的要求来实现，家庭才能和谐。这其中一位是母亲，一位是妻子，相对于这个男人来说，一边是儿子，一边是丈夫，他同时扮演着两个角色，而且对这两个女人不能偏心；如果偏向了一边，另一边就有相当大的不满，那这个男人就有苦好受了。时代不同，要站在平等的角度重新审视婆媳问题，不偏重婆婆或媳妇单方，才能解决家庭中婆媳的矛盾。若要沿用往昔道德观念强加于现代的人，现代的媳妇是很难遵守的，必要有崭新的观念，才能让所有人来遵循，才能创建和谐家庭。

婆媳问题是当代家庭中的突出问题，处理好婆媳关系，有助于家庭稳定，有助于孝道传承。每个家庭都有不同的情况，处理婆媳问题没有具体的方法，我们要从婆媳关系产生的过程出发，找到其中的规律，才能让每个人根据自己的实际情况，找到相应的解决办法。解决婆媳问题必须是从自身做起，才能彻底化解。

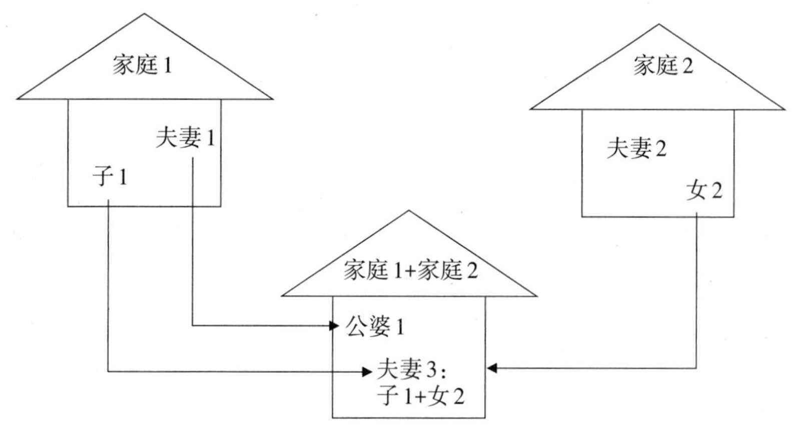

婆婆和媳妇角色在社会发展中总是不断循环更替，大部分女性一生都要扮演女儿、妻子、婆婆或丈母娘三种角色，大部分男性一生都要扮演儿子、丈夫、公公或丈人三种角色。

图1-6　婆媳角色

有“婆媳”的家庭都是由“婆媳”这两位来串联，从伦理角度来看，婆婆为长辈，是一个家庭的主要支柱，要对下面的媳妇儿孙有相应的教导，这是一种经验的传承。婆媳都是女性，婆婆也曾是别人家的女儿，嫁到丈夫家中来当媳妇，每位婆婆都是经历了媳妇这一关，经过二三十年左右的时间，才从媳妇熬成婆婆，每一位女性一般都会如此，由媳妇变成了婆婆，这是大部分女性成长的必然经历。

在每位新人进入婆家后，作为媳妇，夫妻两人就要共同生活，媳妇刚开始对夫家的一切都会比较生疏，不了解这个家庭。此时，当婆婆的需要耐心教导新媳妇，例如进门后所有的礼仪及家中大小的事务，如此将婆婆的经验传承给媳妇使其学习成长，此中就有很多是要媳妇学习和累积的经验。所以，女性成为媳妇后，都是从侍奉公婆、照顾家中大小开始的。

若对小家庭来说，这是比较容易实现的，但是在一个大家庭中，就不只是努力就能完成的，还需要有很大的能耐，对妯娌间、姑叔间、亲戚间，都要四方迎合甚至要八方玲珑，这样的媳妇才是“圆满家庭的福星”，如此可见，媳妇不是可以轻松胜任的。做丈夫的只要把家顾好了就可以，做妻子的不但要把分内事情做圆满，而且内内外外及所有亲戚关系，都要做到面面俱到，还要每日清早起来做早餐，很多媳妇自己还要上班工作，这种情况当代随处可见。

（三）婆媳角色仅是时间先后不同

婆婆和媳妇一样，都是别人家的女儿，嫁入了丈夫家中来当媳妇，把一生的青春年华奉献给了家庭，生儿育女、做牛做马似的付出一生岁月，为家中一切付出而无怨无悔，那做丈夫的又做何感想？女人付出的青春岁月，若遇到一个良好的丈夫可以疼惜她，而且不辜负所付出的青春岁月，则稍感安慰也值得；如果遇人不淑，那一生所付出的也就被糟蹋了，真是枉费一生的辛苦。家中女性的牺牲奉献、节衣缩食，都是为了丈夫及孩子，含辛茹苦侍奉公婆，照顾丈夫、儿女等，这就是女性的伟大之处。

在一个家庭中，婆婆比媳妇，只是比较早来一些，又生下了一个男人给媳妇当丈夫，婆婆与媳妇原本应该都是同一立场，应该相互扶持、相互帮助。其过程都是别人家的女儿嫁入一家中，经过二三十年辛苦操劳，人渐老、儿女渐长成人，再经历婚娶过程，把家中女儿嫁给别人儿子当媳妇，又或是把别人女儿娶入家来当媳妇，故而婆婆、媳妇，本来就是一双应该相互配合，使家庭圆满的“福星”。

儿子是娶了人家女儿做媳妇，婆婆也要想想昔时自己也是别人家女儿，嫁入了丈夫家来当媳妇的，二三十年之后才成为婆婆。如此就更应该以同理心来照顾别人家的女儿才对，就要像自己女儿一般照顾教导，因为这两位女人都是要来兴旺这个家庭的，可以说婆婆是有经验的媳妇，媳妇是还没有经验的未来婆婆。

婆媳双方如何才能和谐相处？这正是当今社会一个相当大的问题。又如何化除彼此矛盾？这也是千古以来就一直延续的问题。婆婆媳妇，对丈夫来说，其中一位是母亲，是生育自己的女人；另一位是妻子，是常伴相随一生的女人。这两位也都是别人家的女儿嫁入一个家中，一位是母亲；一位是自己心爱的妻子。面对种种亲密关系，如何让两位女人能相处融洽、共同生活在一个屋檐下呢？若是两位女人起了“战争”，这个家庭就很难有平静的生活，总体来说，就是婆媳间能否相互容忍、包容、尊重、疼惜的问题，能否相互扶持、共同创造，担负起这个家庭平顺安适、兴旺发展的问题。

婆媳既可能是造成家庭矛盾的两位女人，也可能是两位使家庭圆满的

“福星”，其中微妙关系，就形成每个家庭的关系氛围。如何让两位女人心甘情愿为这个家庭付出？这就取决于每个家庭的家风传承与身教水平。

一位婆婆要引领媳妇在入门后尽快熟悉新家的生活习惯，应运用身教、言教、管教等引导方式，因为用身教、言教是比较容易让媳妇接受的，若是管教太严格的话，恐怕就会引起媳妇不满，而且此种威严的管教方式已不符合当今时代了。对一般的管教方式，儿子都会安慰妻子稍微忍耐，并不是媳妇正确，婆婆就不正确，只是婆媳两人的看法角度不同而已，造成双方认知上的矛盾。

当代已不同往昔，较为妥当的做法是在媳妇入门之后，婆婆就引领媳妇操持全家生活起居的一切，因为有了媳妇可以代劳，做婆婆的也稍稍有个喘息的机会，媳妇也能在婆婆的教导下一点一滴来学习成长，如果家中有伯伯、叔叔、姑姑等，很多人生活在一起，媳妇刚入门，就要面对一大群陌生人并和他们在一起生活，而每个人的习惯都不相同，此时所面临的问题也就会一大堆了。媳妇进入大家庭中，不似谈恋爱时只是面对丈夫而已，而是要面对一大堆的亲人，媳妇就会有“不知如何是好”的问题产生，由此产生一种相当大的压力，此种压力不是一般人可以体会的，对媳妇来说是一个很大的挑战。

要和很多亲人在一起生活，这是一个相当大的考验，如何妥善处理遇到的问题，使家中的人际关系融洽？这就取决于这位媳妇在尚未出嫁时，是否早已练就了一身“好功夫”，不然要如何面对整个家族的成员？新媳妇若是在一个小家庭也许会更加容易，如果是面对大家庭就要十分玲珑、面面俱到。

解决婆媳间的问题，是一种学习与成长，也是一个知识经验的累积过程。在这个过程中婆媳都难免会犯很多错误，会有一些不足与欠缺，需要婆媳相互多多体谅才是，婆婆包容做新媳妇的经验不足，媳妇理解做婆婆的用心良苦。

天底下没有一位当媳妇或婆婆的，是想要同对方不断争执的，只是个人角度不同，对问题的判断和处理方式就有了分别，婆婆需要多多体谅媳妇的不熟悉与天真无知，心胸宽大点，婆婆应该要想媳妇也是别人家的女儿嫁入家中，来帮助自己照顾家中的一切，光凭这点就应该要感激了，而且也没有领家中的薪水，甚至为了照顾儿子及孙子牺牲奉献一生，是家中很多事情的

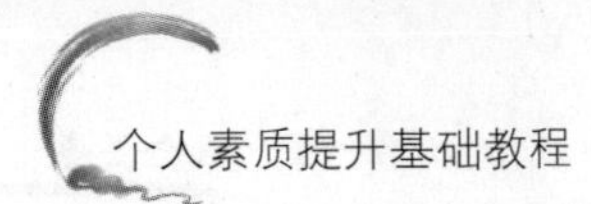

助手。婆媳两人都能从理解出发，角色都一样，就能有同理心，相互善待。媳妇刚入新家来，婆婆要善言、耐心教导，以后才会有好的婆媳关系。

儿子娶了一个别人家的女儿，来帮助照顾家中大小，对婆婆来言，能减少很多负担，可以放下的就尽量放下吧。虽然天下父母心，但儿女成长后不能永远都把着不放，也应该让媳妇来分担家中的事务，照顾儿子的一切，打理所有家中的事情，承担照顾孙子的责任。那做婆婆的，是否要永远都抱着儿子及孙子不放呢？如果是这样就太憨了。这也是现今很多人所看不开的问题。一个儿子喜欢的女性进入家中作为媳妇，你能有更大的包容性吗？对新媳妇需要好好引导，好言耐心教导，对媳妇宛如对女儿一样才好，您说如何呢？

五、社会行为规范要符合社会发展

纲常伦理几千年来，沿用四维“礼、义、廉、耻”，五常“仁、义、礼、智、信”，八德“孝、悌、忠、信、礼、义、廉、耻”，但在施行过程中有很多部分重复。

在当代，若还是照搬硬套肯定是不行的，必须要根据社会发展重新归纳演绎，建立以“平等”为基础的道德观念和纲常伦理。本书用哲学方法归纳演绎，去除古往纲常伦理中的重复内容，将其中十二条：孝、悌、忠、信、礼、义、廉、耻、智、仁、勇、和合，组成适合当代社会发展的纲常伦理架构，促进适应社会发展的道德观念重新实施。

这十二条并非创新，而是归纳了八德——孝、悌、忠、信、礼、义、廉、耻，三达德——智、仁、勇，加入了当代处理人际关系必需的——和合，形成的纲常伦理基础架构，以“平等”为基础，形成当代人可以共同遵循施行的社会行为规范，这是当代落实社会主义核心价值观的传统文化之基础。

第三节　社会基本功能

一、人生三要

群居生活通过三条无形的链条：食物链、事务链、通货链相互联系在一起，当代这种联系更加紧密不可分。人们通过彼此辅助的过程达到舒适、方便的生活并普及到每个家庭。

人的生存首要解决“温饱”需求，其次是实现个人欲求，因此社会中首先形成了满足各种不同温饱需求及个人欲求的“食物链”；同时形成了不同行业不同职业，通过彼此辅助来满足“食物链”中的不同需求和欲求。随着社会发展不断创新，为彼此提供更多的选择机会，这就是“事务链”的产生发展过程。人们因交换的需求，产生了货币的流通，形成了“通货链”。人们都是通过在“事务链”中的付出，来换取相应的通货，然后在“食物链”中满足自身生存所需及欲求。人们从事不同的行业和职业，在各自行业中生存的同时，也是对其他行业的支持与辅助，促进了舒适、方便生活的普及，人们也越来越难脱离这三种无形链条而独立生存。

在“食物链”中，人们对“衣食住行育乐”的需求及其他的欲求，正是各行各业进行创造的动力。随着欲求增加，就诞生了更多的行业，可供选择的产品和服务也就越来越多，由此不断提升生活品质，推动社会的发展。社会发展又促进行业间的辅助，促进不同国家间的合作，从而促成当今世界经济的融合，可以说没有相互辅助，就没有相互融合。如此，“事务链”随着人们欲求的增加，将更多地域的人串联在一起，与“通货链”一起作用，将群居生活的关联变得日益紧密，最终成为一个“地球村”。

随着经济全球化的进程，人际关系由地区间的合作，升级成全球性的合作，彼此的依赖大大增加。个人的行为虽然只是作用在各自的行业内，但是对他人的生存也会起到不同影响，形成历史上从未有过的强大关联——“人类命运共同体”。在全球化过程中，就必然需要有全球化的道德观念和纲常伦理，来促进公正有序、文明和谐的人类大发展。

富强　民主　文明　和谐

自由　平等　公正　法治

愛國　敬業　誠信　友善

图1-7　社会主义核心价值观

（一）食物链

食物链是生存的纽带，无论人或动物，都要有食物的供给。人类社会最主要的功能也是保障食物的供给，满足个人和家庭的温饱，让每个人都能有安适的生存空间，从而促进社会的稳定，保证人类的繁衍。如果欠缺温饱，就会“饥寒起盗心”，产生对他人及社会有损伤的行为，所以社会必须让每个人都可以通过努力来获取温饱。食物链的供给，是通过事务链的循环、通货链的流动，来实现每个人的丰衣足食。

（二）事务链

事务链也是基本的社会功能，人对食物链的需求和欲求，都是通过事务链来实现。人人都是如此，进入职场工作就有了相互辅助、相互融合，每个人在职场付出的心血、精力和时间，又可以换算成货币。事务链中的每一个行业都有其独特的价值，各种行业之间相互串联，每个人在职场的工作、每一个行业的经营，都是满足人们必要或不必要的欲求。人们的种种欲求，又不断生成新的行业，创造出新的职场，最终融合成一个缤纷多彩的人类社会。

（三）通货链

每个人为了保障生存都需要一份稳定的薪水报酬，也就是通货链中对“金钱”的供给。每个人进入不同职场，进行生产或提供服务，满足各种各样的社会需求，个人所付出心力、劳力换取薪水之后，再用薪水购买自己所需物品或服务。正是通过这种方式，来满足人们生活及家庭的所需。

这种以通货购买种种所需，与食物链、事务链结合的过程，是生存的实际过程，是社会运作的基础，这就是“人生三要”的客观性，无论任何国家、民族、团体、单位，甚至小到每个家庭皆是如此，这是社会运转的基本架构。由此三要素形成环环相扣的社会体系，相互辅助、相互联系在一起，让每个人都能满足生存所需，所以说人的生存离不开“人生三要”。

食物链：
所有人、物形成的循环系统，满足人类衣食住行育乐供给的需求。

事务链：
为满足食物链的需求而形成的不同谋生职业，彼此独立运行又相互辅助的系统。

通货链：
食物链、事务链中因交换需求产生的货币系统。

道德观念、纲常伦理是人生三要的基本指导理论和规范，在所有社会活动中，都应遵循道德观念、纲常伦理，传承好的风气给后代子孙，就会促进社会进步、人类的发展；反之，则会造成社会混乱，难有平顺安适。

图1–8 人生三要：食物链、事务链、通货链

二、薪水报酬与个人行为有密切关系

在生存过程中，必须要有薪水报酬，才能交换得到所需的一切。是否能够有足够的薪水报酬，是当代人的基本需求，也是他们最关切的问题。

人的生存，首先是达到温饱，然后满足不同的欲求，这就要有“食物链”供给，才可能让人人受益，并通过“事务链”中的职场工作形成相互辅助的衔接，既让人人获取一份薪水报酬，也让人人可以获得自己想要的物品或服务。薪水多是按月或按年、分批分次地获取，在当次薪水用完之后，下一次或下个月会有另一次收入，如此，日复一日地辛勤工作，换取一份相应的薪水，来养家糊口，满足生存所需。

个人能力、人际关系与薪水报酬之间相互影响：当个人能力强、表现佳、

人际关系良好时，报酬入账也会比较多，形成财富累计，生活也会比一般人来得更加舒适、方便。但对于大多数人来说，仅能根据自身收入来权衡生活所需。“助人者人恒助之、爱人者人恒爱之”，有良好人脉关系的人，在平时待人接物的过程中，已经为自己今后境遇做好了铺垫，古语“三年一运”就是指这种量变累积达到质变的过程，会对生活产生实质性影响，其中人际关系是一种隐性因素。遵循道德观念、纲常伦理及社会行为规范，不断改善自身行为，才能累积获得良好的人际关系。当今社会中更是如此，“朋友圈、人脉圈”的发展，就说明当代对人际关系的重视。

人的生活离不开“食物链、事务链、通货链”的相互串联，不同行业有不同利润，薪水报酬也不相同，如何分辨一个行业的优劣呢？总的来说：不同行业的时代需求不同，要想获得理想的收入，必要分析行业是否与当代发展能够相互结合，这是决定行业利润的关键；然后要有整体性的考虑，在分析“天时、地利、人和”时，要结合个人能力特长选择合适的方向，再加上不懈的努力，才能在一个行业有所作为，得到理想的薪水报酬。

三、学习的时代

人们常常为了赚钱而赚钱、为了求财而求财，这是对财富没有正确认识而形成的错误观念。每个人都是通过事务链中各种职业的串联，服务于他人而获得薪水和报酬，自身意识和能力及为他人提供的商品和服务，才是获得理想报酬的根源和关键，而薪水报酬只是一个自然的结果。在当代，要明白“五大富足”：

第一是知识经验的富足：通过学习累积“知识和技能”，通过处理各种问题的过程来累积“经验”；第二是智慧的富足：在待人接物的过程中，将知识和经验内化成自己解决问题的能力，即“智慧”的提升；第二是德性的富足：有了智慧后，就知道什么事情可以做、什么事情不能做，由此来提升自己的道德观念，让自己开始具备“德性”；第四是人脉的富足：有了德性观念后，人们就会越发自觉地遵守社会行为规范和各级管理制度，在生活中学会付出，为自己累积良好的人际关系；第五是通货的富足：人脉丰厚了，由量变形成质变，自然是做什么成什么，理想的收入仅是一个自然而然的结果，不是强求而来的。

所以，想要获得理想的收入，就必要了解“知识经验→智慧→德性→人脉→通货”的过程，知道了这个流程，才能改变自己的未来，获得自己欲求的一切，改变人生就从当下开始吧！

从哪里开始？从“学习”开始，通过知识和经验的累积，内化成为自己的智慧，提高自己解决问题的能力。此种智慧必须是一种“良慧”，即对己、对人、对社会、对环境都没有不良影响，而获得良慧的基础，就是要从遵循社会行为规范和各级管理制度做起。运用良慧增加德性，明白什么事可以做、什么事不能做，就此形成良好的行为习惯，不断累积良好的社会关系，好的东西就会在日常工作生活中自然而然累积起来，这种无形影响力就是累积通货的基础。

人生若要实现财富的累积，就必须遵行“知识经验→智慧→德性→人脉→通货”的客观规律，从改变自己观念着手，从德性的角度出发，有德才有福、有福方有财，才为正道，莫让自己陷入为求财而求财的苦劳之中，因为苦劳即“苦牢”。

认识并理解“五大富足”，是关系到每个人能否有理想收入的关键所在。转变为挣钱而挣钱的消极思想，将注意力集中在不断学习、提高个人能力、提高道德素养的积极思想上，这不仅对个人改变有重要作用，也对践行“爱国敬业、诚信友善”，践行社会主义核心价值观有重要的现实意义。

第二章　社会行为规范

第一节　孝

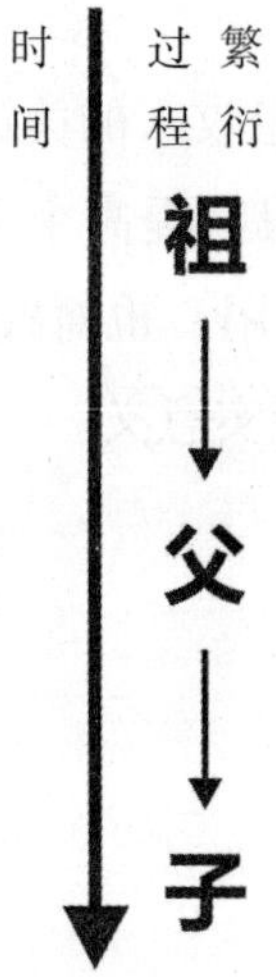

时间　过程　繁衍

祖 → 父 → 子

传承内容：

父母DNA

父母的外貌特征

父母的行为特征：习性、惯性、秉性、个性

传承特点：

子女的相貌、行为随着年龄增长，越来越像父母

父代的外貌、行为习惯，传承给子代，如此代代相承

如何改进提升：

父代不断改进，传承良好的道德观念和行为习惯给子代；如此代代持续地改进，家风不断转向优良，这是个人、家庭的成长，也是社会的良性发展。

图2–1　孝道规律图解

一、孝道根本

一个地域的风土民情，会产生相应的风俗习惯，无论个人的基因本质如何，只要降生在这个地域，就会受这个地域风俗习惯的影响，置身其中可能不会感觉到，但是离开该地域后，与不同地域的人生活在一起，就会感受到不同的风俗习惯，而只受一个地域风俗习惯的影响，不去比较是不会发觉的。不同地域的人，有不同的生活习惯，形成不同的风土民情。人为何会同父母的习性、性情相似？也正是生活环境相同，受到共同生存环境影响的原因。

“孝道传承”在融入不同地域的风土民情之后，也就形成了不同的“孝道”思想观念，中华民族的孝道传承，是经由周朝制订礼乐之后，“祖传父、父传子、子传孙”的过程。自古至今，后代子孙传承道德观念都是由孝道开始，孝道是人伦道德的根本。

人出生之后，都会渐而融入群居生活，虽然各个国家的生存环境不同，但是任何国家都有孝道传承。这是因为，群居生活都是以家庭为基础，都会有父母哺育子女、教育子女的行为，这种传承的生存过程，就是人间的“孝道传承”。

在生活中，人首先是有“家”的观念，父母所生育的儿女都是心头肉、掌上珠，无论优劣良缺都是每个家庭中特有的缘分。中华民族对于“孝道传承”，自古就有一套人伦基础在施行，当代“孝道传承”是以“孝顺”为基本的，所有人的思想作为，都不能背离“孝顺”的标准。如何在孝道传承中，让人人都能感知父母恩泽，明白做儿女的“责任、权利、义务”而有菽水承欢，这是每个人必需的认知观念。

现实中，任何人都无法脱离父母生养教育而长大成人，在这种由“祖传父、父传子”的过程中，如果有良好的孝道传承，就会引导家庭平顺兴旺、社会和谐，所以要重视孝道传承，这是社会繁荣、人类进化的基础。

二、孝道的一种关系，两个角度

家庭中有祖辈、有父母、有子女，但是归纳起来，其实只有一种关系，就是亲子关系；两个角度，一种是长上对子女，一种是子女对长上。每个人出生后，绝大多数都会经历幼小时的子女角色，成人后的父母角色，以及有孙后的祖辈角色，如此反复，正是人类不断繁衍生息的过程。

子女出生后，就会同父母生活在一起，父母与子女的亲情是维系着一个家庭的根本，家中成员相互成全与照顾，不分彼此。当今时代子女生育较少，每一位子女都是父母的心血结晶，备受父母爱护；做儿女的，应感恩回

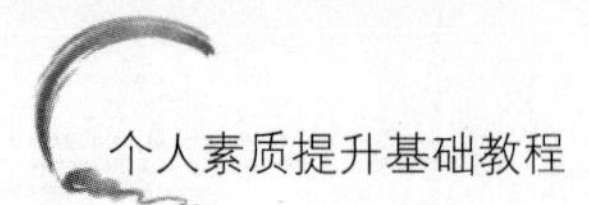

报父母的慈爱护佑，这是人生当中所必须的基本态度。对父母慈晖做反哺的孝顺行为，无论人类或是其他物种皆是如此的，这正是孝道传承中最主要的含义。

在父母对你的生养教育过程中，你能否明白其中父母的心态与付出？父母对儿女生活照顾及教育培植，一心一意想要儿女成龙成凤，就算不能出人头地，也不要贻害人间，这就是做父母的心愿，做儿女的也应理解并感恩父母。

父母的期盼是子孙有“孝之始、顺之畅”，此种父母对支脉的传承过程就是“孝道的伊始”。人出生后同父母一起生活，在生活中相互照顾，每位儿女都是与父母血脉相连的传承；在儿女血液中留着父母两者结合的基因，在天地间，没有两个人是完全相同的，每个人都是独一无二的，但都应对父母有感恩回馈之念。

父母亲对儿女的照顾和付出，是一种天性的流露，不只是人类如此而已，万物皆是如此。在血脉传承的延续过程中，孝顺父母要有“孝之始、顺之畅”，孝道始于顺亲之畅，不留一点阻碍。

孝道，是辅助子女成长与报答父母恩泽的观念，这是所有人伦道德的基础，要如何回报父母的养育之恩？一般都是有了自己的儿女之后，参照自己对儿女用心良苦的照顾过程，感念往昔父母照顾自己时的心情，如此方能体会父母当时是如何用心的，细思即明，这样的感悟您有过吗？若没有，则可如此反思，即可感知父母恩泽之深厚。

三、孝道传承

何为“孝”？孝是一种优良的美德，孝是对长上父母的奉养敬爱，是子女回报父母长年辛劳的方式。因有孝之始，方得顺其亲，此“顺”即一脉相承的延续，即有顺亲的行为，“孝顺”即后代子孙真心回报父母养育、长年辛劳照顾之恩情。

“手抱孩儿方知父母恩”，父母对儿女不分日夜寒暑辛劳，时时给予儿女无微不至的照顾，儿时生存依靠父母，父母的一切辛苦劳累皆是往自己肚里吞，也不会对人说“多么辛苦”，都是盼望子女能够顺利平安长大成人，未来成家立业。

父母与儿女的关系是相当亲密的，父母对儿女的照顾与疼惜都是百分百的，是无微不至、无私的付出，在父母亲的照顾与关心下，让每一位儿女都切身感受父母之爱。父母恩德比天更高、比地更广、比海更深，父母总是无时无刻挂记着儿女的一切，就算儿女已经步入高龄了，仍会时常惦记在心；父母的眼中子女永远都是小孩子，永远都是父母心中的挂念，对这样的父母亲，您有何感想呢？能体会父母亲的心声吗？

不论子女如何对待父母，父母都不会在意计较，从头到尾都是对儿女无怨无悔地付出，期盼儿女都能出人头地，儿女如能成为国家栋梁，才是父母最高兴的事情，假如达不到如此期盼，父母也希望儿女不要在社会上制造问题。父母都会尽全力提供给儿女最好的物质环境，让他们能有一个安适的成长环境；父母对自身，只求能温饱即好，自己从不会享用最优渥的物资，而是要留给儿女，你的父母是否如此？这就是每一对父母的心声，你对父母点点滴滴的照顾，有所体会、有所感悟吗？能有更大的回报吗？

父母生养教育子女花费的心血比天高、比地厚、比海深，你能够报答否？不一定的！父母年长了，最希望的就是能够菽水承欢，这是他们最高兴的。经年在外的游子，若能时常打电话或视频问候，会比给衣食等物质更能让父母快乐。

四、子女复制父母的规律

子女由父母哺育教养，经过十月怀胎、三年哺乳、十年教育，逐渐将儿女养育成人，这其中儿女不但继承了父母的基因，更会在一起生活的过程中，将父母的一切习性、惯性、秉性、个性及待人处事的点点滴滴，深深烙印在自己思想深处，体现在自己言行之中。也就是有何种的父母亲，就有何种的儿女，这是毋庸置疑的。

“祖传父、父传子、子传孙”是客观存在的过程，养儿育女是父母亲的职责，在一个家中，子女都是传承了父母的基因和生活习惯成为自己的生活习性，从而产生“子女是父母翻版”现象。这些子女也会再次经历相似过程，传承给后代子孙，如此一代传一代，这就是父母传承基因本质与生活方式给儿女后代的过程。子女的行为源自父母，如果希望子女有何种行为，父母就要以身作则，才会有期望中的结果。

子女能感恩父母无私、无微不至的照顾吗？不一定，很多人经常会认为父母照顾自己是应该的。子女对父母的感恩与回馈，是从父母对祖辈的感恩与回馈中而学到的。在这种人生规律中，想要子女对父母所付出的养育能感恩回馈，奉养双亲做孝道传承，就要父母自身能做到，给后代儿孙有个好的榜样，父母应时常看望问候长上、相互照顾，才能将孝道传承给自己的后代子孙。

父母在生养子女的过程中，不可避免地将自己的生活习性融入子女生活当中。所以，虽然每个人都具有独特的个性，但是或多或少都会有父母遗留下来的影子，若能仔细观察对比，就会发现子女皆是父母的翻版。子女在年轻时，还不太明显，但是年纪越大就越有父母的影子，越来越像父母亲，部分人的行为甚至是父母行为的翻版。人类文明的过程，正是父母将自身思维方式和行为习惯，传承给后代子孙的过程，这也是孝道的传承过程，根植于生存过程的每个人、每一天、每件事。

相信有敏锐观察力的人，必然想突破这种惯性，真正改变自己的气质，由此达到提升。子女传承父母的基因，与当地的风土民情结合，形成自己的习性、惯性、秉性、个性，在此过程中，通过孝道传承，让父母子女能相互提升，才是良性过程。

父母不断改正自己的错误，弥补欠缺和不足，身体力行成为子女学习的榜样，这样才能在子女模仿父母行为时，给子女提供良好的示范和榜样，并在子女成为父母之时，继承不断改变的观念和方法，对自己进行提升，将更加优良的道德观念和行为习惯传承下去。如此，不断循环，成为个人成长、家庭兴旺、社会发展的基础，这就是孝道传承对于人类进化的意义所在。

第二节　悌

一、悌道是交互学习的过程

群居生活中通过婚姻嫁娶串联起每个家庭，每个家庭中以父母子女为基础，其中兄弟姐妹在未来形成妯娌连襟的亲戚关系，相互联系成为一张延展的“社会关系网”。家庭中的女儿出嫁后，就会担负起丈夫整个家庭的生活起居事务，而有自己的发展；男方因迎娶产生的妯娌关系中，女方承担对自己家人的照顾，这就是亲情伦理的开始，是重要的社会关系。这种由兄弟姐妹产生的分支和联系，就是“悌道”产生的社会基础。“悌”以和睦为根本，“道”以纲常为根基。

每个人都是父母养育的儿女，未来也都会成为父母；有自己的兄弟姐妹，以及父母的兄弟姐妹，也就有了“伯叔姑姨舅”及“爷爷奶奶、姥爷姥姥”等关系。这就是人伦大道，其中的种种角色变化，就是亲情伦理的联系，是维系社会稳定的基石，对每个人来说都是弥足珍贵的。

兄弟姐妹及其子女构成一大家庭，在其中，每个人扮演的角色都是不同的：同父母所生即自己的兄弟姐妹，自己所生育的儿女，又是自己儿女的兄弟姐妹，这是人类繁衍的自然过程，是实施“悌道”的客观基础。这层关系，也是传承及改良的过程，不同家庭间的嫁娶形成的关联形成的复杂社会关系。人类就是借此关系的串联，来维系种群的延伸。

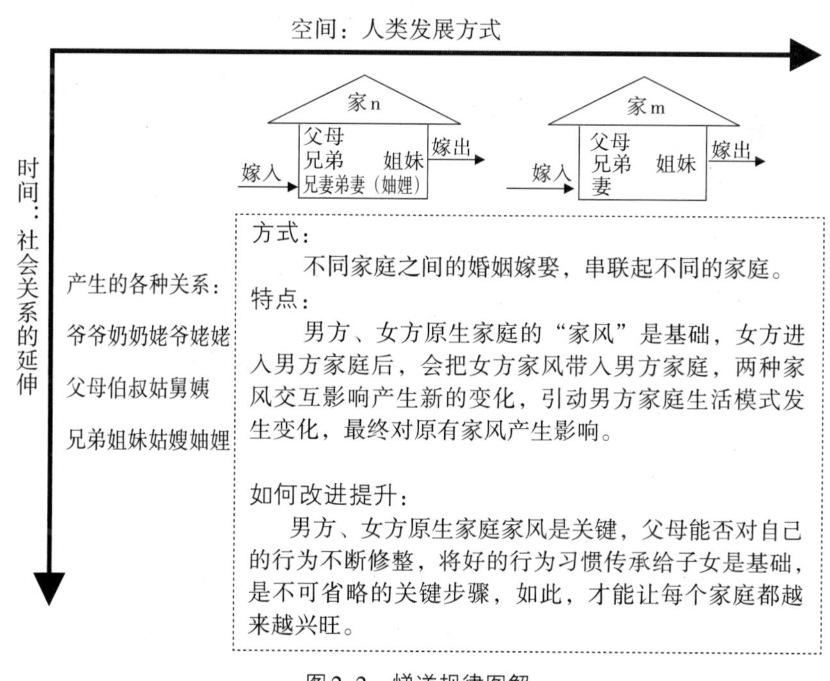

图2-2　悌道规律图解

从个人角度来看，每个人都会因年龄而转换不同的辈分，扮演不同的角色。“悌道”的传承，促进不同家族家庭生存经验的融合，无论任何国家皆是如此，“悌道”的施行，不仅是对兄弟姐妹、妯娌连襟而已，也包含不同家庭之间的情感相连和圆满融合。

二、悌道和睦的基本方法

悌道传承中，兄弟姐妹的血缘关系是基础，是最基本的社会关系，理顺兄弟姐妹间的情谊，是关系到每个家庭和睦与否的关键。兄弟姐妹若能和睦相处，少有争执，未来就能和谐圆满。发生争执时，要能用包容心来对待，互换角度考虑问题。如果让对方难以下台，这就有失亲情和睦。针对问题有良好的沟通，找到解决的办法才是正确之道。

“兄友弟恭、妯娌和睦”是悌道的含义，兄弟姐妹在尚未成年之前，都会生活在一起，这段时间的情谊相当深厚，长大成年后才分居各地，成立各自的家庭。在一起生活的过程中，兄弟姐妹每个人心中难免会存有一些芥蒂和争执，这就要看每个人是如何将这些矛盾释放出来了。若是无法释放出来，虽然生活在一起，却形成了彼此的间隙，经常会发展为难以化解的隔阂，甚至会造成兄弟姐妹间难以弥补的裂痕。各自成家之后，如果妯娌之间有不同的见解，对事情的看法和角度不同，就经常会产生口角纷争，这些就是问题的起点。要如何来做化除？那就要兄弟姐妹与妯娌之间，放下个人成见，学会转换到对方角度看待问题，才能把事情圆满处理。

一般在兄弟之间比较不会产生间隙，矛盾大多产生于妯娌之间。因为妯娌所处的生长教育环境不同，就会有不同的角度和见解，进入新的家庭环境，又牵扯到兄弟姐妹个人的权利、责任、任务不同，就会形成不同的立场，在解读同一件事情时，就会产生不同角度与见解，于是，就产生了各种冲突。此时，需要能理解各人所处立场、角度、见解的不同，不要再激化矛盾，不要由此进一步形成兄弟间的摩擦。

在生活中，兄弟多因彼此的子女问题引发争吵，由于兄弟的子女相互欺侮，引发兄弟间的争执，因对问题不同角度的认识、不同的处理方法而造成冲突。此时，兄弟双方若能以亲情来对待，很大程度上都有圆满的化解，由子女引起的这些问题就不会产生太大的间隙，若是能将兄弟姐妹的子女当作自己的子女来照顾和关爱，更是化解此种问题的最佳方法。

如上种种，各种家庭问题正是一点一滴、长期累积下来，由观念不同而产生的矛盾，在双方承担责任、权利、义务有不足或欠缺之时，就会激化；再加上管教儿女的不同态度，特别是溺爱偏袒自己子女时，更会扩大隔阂，激化兄弟家庭间的矛盾，让兄弟相互交恶；再加上妯娌添油加醋，那“悌道”就荡然无存了。这正是兄弟及家人不同角度和见解所引发形成的，正是各种家庭问题的起因。

如何才能有良好的解决方式？先要有良好的沟通，在争执刚起时，双方先各退一步，站在对方角度考虑问题，才能有良好的结果，这是做到“悌道和睦”的基本方法。

三、男方家风是妯娌和睦、夫妻和睦的重要基础

兄弟的情谊是给妯娌的一个示范，兄弟情谊若是十分深厚，对妯娌和睦也会有帮助，这是一对新婚夫妇结合后是否和睦的关键，影响着整个家庭的氛围。如果兄弟之间原本就争执不断，各自成家后想要有安适平顺的生活，恐怕难以达到，因为在新媳妇进入先生家庭时，若兄弟姐妹相处得不好，就会影响到新家庭的和睦气氛。在新媳妇入门后能否以家庭为重，做一个使家庭圆满的福星，原来家中家风是否和睦，可以说是相当重要的基础。

兄弟姐妹和睦要从珍惜彼此的情谊开始，在地球七十亿人口中能成为兄弟姐妹，是相当不容易的事情，兄弟姐妹情谊弥足珍贵！如果当下不珍惜，等到年老时回想起过往的种种摩擦，定会哀叹自己太短见，觉得自己真是不应该如此，后悔当初只因一些琐碎杂事就弄到如此不堪的局面，甚至连兄弟姐妹的情感也全部断绝了。在产生矛盾之时，若能想想当初父母照顾自己兄弟姐妹的过程，必然可以在争执之时各退一步，也就可以海阔天空了。

兄弟姐妹的情谊，更是源于彼此拥有相同的基因，细想一下，能做自己兄弟姐妹的人能有几个呢？能否珍惜？能否情义相挺？能否长远弥坚？兄弟姐妹是一种相当不易的缘分，值得用心珍惜，这种关系不是每个人想要就能有的，也不是用钱就可以买到的。每一位父母也都是期盼子女能相亲相爱、相互珍惜，您能感受到这种情义和情谊中，难以斩断的联系和温情吗？

每一位媳妇都是妯娌关系的基础，是悌道的重要环节，一个家庭能否迎

娶到一位“圆满家的福星”——好媳妇，丈夫家庭的家风是否优良有“德”，才是最重要的因素！新媳妇在进入丈夫家庭之初，难免因与自己以往的生活习惯不同而格格不入，如果新媳妇在适应新家庭的同时，能够做一个使家庭圆满的“福星”，相信是每个家庭都期盼的事情。

妻子能够兴旺家庭，做个使家庭圆满的福星，不是想求就能得到的，她能兴旺家庭，对丈夫事业会有绝大的帮助，不然男人再怎么努力奋斗，若是欠缺了一个使家庭圆满的福星——好妻子，男人的努力及成果都会大打折扣的。一个家庭的兴旺，正是需要夫妻双方共同努力，才会有成长和结果，每个家庭都期盼能娶到一个使家庭圆满的福星，但这还要取决于自身家庭的家风传承，自身家风好才能有如此好的女主人来到家中，未来才能兴旺这个家庭。

四、“妻子”对悌道和睦的关键作用

“悌道和睦”的关键是妻子能够成为使家庭圆满的福星，而是做一个整日制造问题的人，造成家庭中婆媳、妯娌间的矛盾，这是每个女人都可以掌握与创造的。好媳妇与婆婆之间，能因相互尊重疼惜、体谅包容而使家庭更圆满。在一个家庭中婆婆和媳妇应该是最亲近的人，能够角度互换多为对方着想，才能和睦圆满地生活在一起。

（一）妻子是家庭圆满的关键角色

作为一位女性，您是否也想成为一位使家庭圆满的福星——好媳妇呢？那么，“用心对待每一个人”就是最基本的态度与方法，必须先对丈夫家庭的生活所需有所了解，从照顾老老少少的生活起居中学习成长。相信每一位女性都希望自己是一个使家庭圆满的福星，希望自己作为家庭的后盾，能兴旺自己的家庭。

在当今时代，一位贤能女性必须要“十八般武艺”样样精通，各项技能与才艺兼备，为人处事还要八面玲珑、面面俱到，这种条件，您是否认为十分苛刻呢？若还以为“女子无才便是德”，相信很快就会被扫地出门了。当今已是21世纪，若思想观念还停留于往昔，那自己家庭也只能是保持相当平凡的生活而已，想要有什么作为就很难了。

新时代的女性要不断学习成长，也要兼顾好家庭责任、调节好家庭气氛，要好好对待丈夫、孝顺老人、与妯娌和睦相处，这一切您准备好了吗？若是没有，您愿意努力付出吗？未来一切成果，都是经由自己学习、熟能生巧来取得，从而达到自己所期望的目标。

妻子嫁入后，没有领丈夫家的薪水，有的还要到职场上班工作，和丈夫一起养家糊口，妻子付出的辛劳不比丈夫少，丈夫应多加珍惜。不论丈夫家中贫富，妻子也请勿怨叹，现在虽是既成事实，但未来还是掌握在自己手中，看自己作为努力而决定，妻子能否够照顾整个家庭大大小小，一切事情是否和睦圆满，这正是未来家庭兴旺的基础。

当代新女性，要有悌道和睦、家庭圆满的观念，成为一位使家庭圆满的福星，不知您是否可以做到？如果一时之间难以达到，只要有信心努力学习，相信每一位女性都能做到。

（二）女性的成长过程

每个家庭中的婆婆，起先也都是什么都不会，从一点一滴中学习的新媳妇。媳妇用好语气请教自己的婆婆事情要怎么处理比较好，婆婆自然会教给媳妇，多问多请教，边看边学习边应用，有样学样、没样自己想。期间，媳妇难免有做错的地方，也可能会受到婆婆、家人的埋怨，但不可怀恨在心，要更加好言地来请教、用心来改变，嘴巴甜一点，经常称赞婆婆的教导，相信几次以后，婆媳之间的感情会增进很多。

媳妇生儿育女，所有过程都是重新学习，是个“不会就问、问了就做”的过程，谨记每次的经验，几次之后就熟能生巧了，自己也就会伶俐很多。天底下所有伶俐的婆婆，都是经由学习而来的，其实每一件事、每一个过程，都是媳妇学习成长与改进的过程，日子久了，一切也都会顺手了。此时，媳妇已经可以掌家，婆婆也可以享清福，不再管理家中事务。等媳妇自己的儿女长大婚配后，自己也开始扮演婆婆的角色了。此种“媳妇熬成婆”的历程，正是很多女性都要经历的过程。

媳妇与自家的兄弟姐妹一般都能相亲相爱，但是如何能处理跟丈夫家人的关系呢？必然是从使家庭圆满作为学习成长的基础功课，不要对丈夫家庭带有偏见，要学会面对现实、接受现实，每位女人都想要嫁个好丈夫，那是

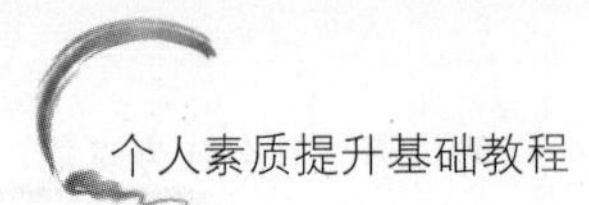

否真正好的丈夫很少，或者别的女人都相当识货，把好的男人很早就订走了，只是把剩下不算太差的留给自己做丈夫了呢？这种观点不正确。每个女人要兴旺自己的家庭，自己所挑选的先生性格如何，所嫁家庭是贫是富，都是要自己与所有家庭成员共同面对的。这对每个女人都是很大的考验，要运用自己的努力来学习成长，要明白这是每个女人都要经历的学习成长过程，不要说自己什么都不会，这一切经由学习成长，慢慢就都会了。

例如：少女时会照顾子女吗？每个人都是经由婚后的学习成长学会的。激励自己勇敢面对各种事情和问题，不懂就请教长辈和有经验的人，在不断努力学习中，也就熟悉这个家庭中所有大大小小成员的种种习性了。所以说能否成为一个称职的使家庭圆满的福星，就要看每个女人所付出努力是否及格了。要如何运用自己的智慧，来圆满成全自己和先生，圆满成全先生的兄弟姐妹，这就是每个女人一生的功课和成绩单！

一个家庭的圆满，关键是媳妇能与兄弟姐妹及妯娌和睦相处并产生亲情。相信每位做媳妇的，皆期盼家庭中大大小小可以和睦共处，而不是整日吵吵闹闹，否则就是表现不及格了，也就是没有做到悌道和睦圆满。都无法选择自己的出身，但是可以选择自己今生如何作为，每位女性都可以将一个不良家庭变成兴旺家庭，使整个家庭圆满的。

作为一个女人，是否觉得这样太累？试想一下，若是整日为了一些小小的问题争吵不休，又为了家中财产兴讼、对簿公堂，让这个家得不到安宁，如此情景您的丈夫会做何感想？作为妯娌间、婆媳间的“夹心饼干”吗？媳妇又于心何忍呢？要知道丈夫不论偏向哪一边都会得罪人。那媳妇是否在“悌道和睦”上能有更大的付出呢？如此才能化解那些婆媳及妯娌间的不良关系，通过自身的行为榜样传承给下一代；而给后代子孙好的榜样，这都是自己可以在当下做到的，您愿意试一下吗？

第三节　忠

人与人、团体与团体相互串联：

人是群居动物，人与人一起构成的一个个团体，在团体中，完成自己的职责是对每个人的基本要求。

特点：

团体中每个人是否能圆满完成自己的任务，不只是关系到上下，更是关系到整体运行的大事，忠于自身职责，尽善尽美地完成自身的任务，自然会形成以自己为中心运作的“功能模块”，承担更大的责任。若是常常出问题，当然会很快被替换掉的。

如何改进提升：

忠于职责、讲求诚信，就是最好的方法。

图2-3　“忠”“信”的社会意义

一、“忠”的基本含义

“忠”是以“信实”为基础，对一件事情从头到尾以“不二心”来圆满完成，并在执行过程中有恒心毅力。“忠”是行为的基本准则，生存过程中，很多事需要他人配合，对他人尽“忠”、对事尽“忠”，是一种“耿直不二”的做事态度和“忠心不二”的做事原则。圆满完成自己的职责，为他人服务、

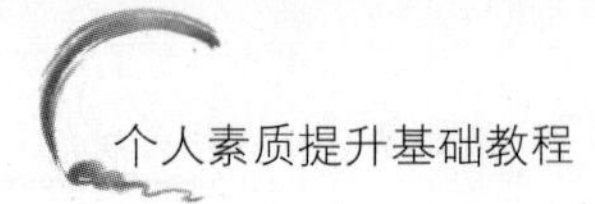

对团体负责，正是推动社会正常运作的重要环节。

“忠”是在工作中从头到尾，对领导者的支持有始有终，对职责不变其心、不改其志的过程，此“忠之道义”就是待人处事过程中呈现出来的“忠道精神”。人性善变，能够有“忠道精神”的人渐少，在对人对事过程中，如果无法贯彻如一，就是欠缺 “忠道精神”。生存都是经过了事务链、食物链、通货链结合的过程，一件事情的成败关键，往往取决于对人对事的尽忠态度，不因重利而改变自身的心态。同理，在战场上必要忠于国家，不可因为战况不利，就改变对国家的忠心。

当代也需要职员“忠”于领导和团体，有仁德的领导，让下属感受到切身关怀，职员就会自发自觉地忠于领导和团体，这就是领导者 “忠之道义”的实质功用；团体的领导若是没有道德观念，无法建立忠之道义，就很难让职员信服，职员就难有自发自觉的敬业行为。

“忠”是做人处事最基本的准则，古言“拿人钱财，与人消灾”即此意。有些人拿了钱财后却不与人消灾，此种作为背离了“忠道精神”的“信实作用”，既无忠也无信。做出此种行为的人，一生之中就难有出人头地的一天，因为做事不忠、对人背信，背离了最基本的纲常伦理，处理任何事情都会很容易见异思迁，难有坚定的信念，对事情从头到尾难有坚定的毅力，如此，很难维持良好的人脉圈子，在未来也很难有所成就。

从一件小事能否圆满完成，就可以看出一个人做人做事的态度，从处理一件事的过程中就可以看到其人是否具备“忠道精神”。那些做事偏离“忠道精神”的人，往往对事情难有恒心和毅力，心中也不会存有“忠之道义”，这也是发生见利忘义、见异思迁等不良行为的思想根源。

二、忠之作为

“忠之作为”是对上级领导和下级职员的社会要求。作为“上级”，要有仁德的胸怀，来照顾下属的生活，让下属有安适的生活和顺畅的工作条件，无后顾之忧，这才是履行了“上级”的职责。作为“下属”应将分内之事做到尽善尽美，不断改进工作方法，提高工作效率，不可有偷鸡摸狗、阳奉阴违、浑水摸鱼的行为，更不可有吃里爬外的不忠观念和行为。“上级”要能关照下属，“下属”才能以忠心耿耿的行为来回报，而有尽善尽美的作为。

正是不同团体中领导和下属的相辅相成，促进了团体的进步、社会的发展，若是只有领导而无下属，又如何能将事情做到尽善尽美？一切事情只有领导一人来做时，就必须要一身多用，一个人就要分开很多步骤来做事，这不是太累了吗？必须要能将职责任务分配给所有成员，建立分层管理制度，如此才能“人多好办事”。

但是否人一多，效率就可以提升了呢？不一定的。关键在于领导要广见博闻、思维逻辑通畅，同时要有很多分层负责的人才，在处理事情过程中做到集思广益、分工合作，集合大家的力量把事情做到圆满，若是大家同心、上下一力，泥土也能变黄金，就能够完成团体的任务了。

要想大家共同一心集合力量把一件事做好，就需要从多方面来圆融合作。不怕做错事，就怕对事不能全心全意，怀着可有可无、漫不经心的心态，这样是无法将事情做到尽善尽美的。对事情有否尽心尽力？对事情有否忠？关键取决于个人对事情的态度，若是有忠于事情的态度，必然会全心投入，把事情做到尽善尽美。

当然，也需要有将事情按轻重缓急来分段实行的智慧。“忠”的做事原则：对别人所托付的事情，在自己能力范围中的，要尽力来完成；倘若自己能力不足之时，必须婉拒，以免造成允诺之后，又难以完成的“失信”，失信的同时也是没有做到“忠于职责”，对一件事情就造成了两种不良影响。所以，要明白其中关键就是在允诺之前，自己先要考虑清楚，不要答应在先，无法完成在后，就会失信失忠，此种情况最好不要有。“忠信”是相互连贯的，是值得他人信任的根本，轻易许诺造成失信失忠，这是得不偿失的行为。为人处事一诺千金或轻诺寡信，您想做哪种人？这就关系到自己平时为人处事的行为是如何了。能否坚持于事情的圆满完成？就可以看出一个人是否有“忠道”精神。

“忠”更是一种涵养，每个人在待人处事中皆不相同，正是“一种米养百样人，各个行为难相同”，通过信实作为不断成长，需要考虑清楚后再对人允诺，答应后就要全力以赴，做到尽善尽美，这是生存过程中，人们相互扶持、共同成长的关键。施行“忠之道义”，就是“敬业”，正是可以利人利己，让所有人有更大成长与收获的行为，也是促进社会良性发展的重要环节。

三、"忠道精神"的社会意义

通过系统学习重温"忠道精神"，明白追求事情圆满完成，抵制"利字摆中间、道义放两旁"的不良思想。若是只知道把利益放在前面，这种利益作用很快就会消散，无法用金钱买回"忠道精神"，甚至对他人或集体造成而且伤害，对社会造成不良后果，以致难以弥补，这种"见利忘义、见异思迁"的现象，又影响到更多的人背弃忠之道义，导致无法施行"忠道精神"。

若是自身遭受"不仁不义、不忠不信"，心中又做何感想呢？再试着互换一下角度，看看自己是否已经陷在"利"字当中，见利忘义了呢？若是遇到这种丢弃了自己良心，遗弃了"忠道精神"的人，您愿意与其共事否？相信是没有人愿意的。

对"忠道精神"是要长远坚持的，不可只见"利"而变心，产生无忠无义的行为，虽然可以让人得到一时的称心如意，享受一时的舒适之乐，但"忠之道义"却荡然无存了。这种人虽是当下受益了，但人格信用早已破产，被周围众人记下一大污点，未来少有人与其合作，前途早已暗淡。此种不忠不义之人，也是所有人必须警惕的反面教材，自身切不可犯之。

"忠"是对事不二心、不变其志，对团体领导忠心耿耿、始终如一的态度和作为，任何团体中，都要有不变心志的忠之作为，这是人与人之间、团体与团体之间能相互交流、共同成长的基础。要能认识到，每一位成员都要能坚持忠心而不改变其心志。在任何一个团体单位中都有上级领导或管理者，也必然会有下属或职员，每个人都要认识到：在上位时，要以仁义对待下属、施行关怀，让下属没有后顾之忧；在下位时，则要尽忠于单位、团体，尽心尽力、尽善尽美地完成自己职责，如此才是正道。

上下级在共事中践行"忠道精神"，完成团体的职能，促进团体的发展，这是事务链中的基本要求，每个环节都运行正常了，团体也就顺利向前发展了，自然也会安乐平顺。

四、"忠道精神"对个人的意义

在为人处事过程中，人多是考虑自己付出了多少，而经常推责于他人、埋怨他人，此种行为被别人看在眼中，如果下一次有事情，就不会再托付了。也总有部分心存侥幸的人，会以为这样下去，事情不给自己做正好，多一事不如少一事，殊不知在他人的心里，他已经被列入了“不再交往的黑名单”，下次如果有好的机会，也就跟这样的人无缘了，这是一种很大的无形损失。但是这种不知损失，还在庆幸多一事不如少一事的人有不少。如此做法，想要改善自己的生存环境，是不可能的。

处事有忠道义气、做到尽善尽美，是让自己向上提升的基础，自己努力付出了多少，自己心知肚明，别人也会打出分数，是有“忠道义气”得到大家称赞，还是只会偷鸡摸狗、浑水摸鱼？就看每个人对事时的心态和作为了。如有“得过且过、可有可无”的不良心态，自以为是赚到了，其实，早已是丧失了很多好机会。这正是对事情不忠所导致的，您是否也是在无形中失掉了好机会？

人生过程中，对一件事是尽心尽力，还是敷衍了事，会影响到自己未来境遇的好坏。一位对事尽忠、做事尽善尽美的人，虽然可能在当下没有很大的回获，但自己的付出一定有人来肯定，在未来一定会有更大的回报，因为人生正是在自己努力之中见真章。做事情不要以为别人都看不到，若是抱有侥幸心理，最后就会失去很多的好机会，得不到别人信任，何苦来哉？

对事情全心全意地努力，对“忠道义气”的施行，正是在每个人的努力付出之中，决定着未来收获的多少。这不仅是关系到改善个人生存的环境，更是关系到个人能否提升精神境界。

第四节　信

一、“诚信”是社会行为的基础

在社会活动中，人们通过谋生职业和食物供给满足生活所需。在整个食物供给链中，有不同的人从事不同行业，各行各业串联，才能满足食物供给。与食物供给对应的，是各种职业事务链的相互配合，若是没有食物供给的需求，也就不会产生各种谋生职业了。“食物链”与“事务链”通过“通货

（金钱）链”联系在一起，对于食物供给、谋生职业，若是没有金钱的流动，就难有食物链和事务链的相互串联。“金钱”是每个人生活所必须，如果欠缺了金钱，就无法让生活安适和温饱，也没有办法满足各种生活所需。

“金钱”与“信用”，在生存过程或人际交往中相互作用，对他人的允诺是否“守信”完成，关系到他人对自己的认可与肯定。人经常会遇到需要资金周转的情况，假如欠缺了金钱，就必须考虑向亲友或其他人或机构来借贷周转，在日常生活中有信用，就能得到他人帮助，渡过难关，正是为人信用与否，决定了他人是否愿意帮助。若是信用具足，在金钱上则较不会有欠缺；若是欠缺了信用，于金钱的运作势必会大打折扣。人们累积财富，可以说“信用可靠”正是必要条件，具足信用是具足金钱的前提。

能否让事情处理得到圆满，往往取决于人与人之间是否“信守承诺”。“信用可靠”指完成自己允诺的事情、做个“诚信”的人，不可成为一个无信之人，无信之人定会被他人轻视，若是被贴上“拒绝往来”的标签，那前途就堪忧了。

个人“信用”的建立，需要有“人不可以轻易允诺”的观念，允诺他人之后必须要施行，如果难以按原先约定完成，则必须及时告诉对方，重新修改约定，避免失信于人。做人的基本要求就是“守信用”，这样才不会被人看轻而谢绝来往，待人接物中必要遵守信用，才会受人欢迎。

轻诺寡信的人，在信用考核中是不及格的，多为他人所唾弃，难有值得他人尊敬的地方。做一个信守承诺的人，所交的朋友也会比较多，遇到困难挫折，就可以得到他人帮助而顺利渡过难关，这是人与人之间相互信赖的结果，也是自己的信用被他人肯定的结果，因为众人都愿意同守信用的人来交往。

“诚信”是言行的基本准则，一个有信用者是被众人肯定的，有良好的人际关系，可以创造更多相互成就的机遇，对一个有信用的人，只要一句话就可以决定结果，这也是人与人之间“信实可用”的根本，在待人接物上，若能以一句承诺而相互依赖，就是值得“信用”的表现。

二、信用可靠与轻诺寡信

在生活中我们都会跟他人互动共事，这其中就有许多事情必须是要自己允诺承担的，方可促进事情的发展。其中，对自己允诺的事情是遵守承诺还是轻诺寡信，就可明白一个人是否有“诚信”的价值观，是否是一个值得尊敬的人，允诺的事情能够完成，就是“信实”，一个轻诺寡信的人，是无法令人信赖的。“一诺千金”或“轻诺寡信”，构成不同的个人信用基础。

“信用”是人与人交往的依据，如果是轻诺寡信的人，就难以得到对方信任，与不能得到信赖及肯定的人一起合作能有好结果吗？“信用可靠”是合作的基础，对于所承诺的事情，若产生无法履行的情况时，必须要事先同对方协调，千万不要事到临头才来告知，如此无法达成双方的约定，那也同样是“轻诺寡信”的人，也会被贴上 “没有信用”的标签，甚至被认为是不能来往的人。人与人的信赖，正是建立在双方履行约定的基础上，并能圆满达成，如果在过程中无法实行或可预见到期无法完成，就必须同对方及时沟通，重新订定时间与条件，才不致于产生“轻诺寡信”。

“诚信”，就是做人做事有“信用”，不论是工作、生活都是一样，只要是自己所应允的事情，必须施行，才不会失信于人，对于“轻诺寡信”或“信用可靠”的人，您会选择同哪一种人来往呢？相信都是选择同有信用的人相互共事，这样才能让彼此放心，以负责的态度处理事情，让双方满意，由此可见，“信用可靠”可以促进社会良性发展。

有些人认为“信用”可有可无，随意应允他人，事后也更不当作一回事，不打算信守承诺，视自己的承诺为“玩笑”，这就是“轻诺寡信”者的突出表现。同此类人接触时，每个人心中都会打个问号，会考虑此人应允之后是否可以按照约定来实行，每次都要提心吊胆。长此以往这种不重信用、轻诺寡信的人，就会被人贴上不可深交的标签，自然也会被人拒绝往来。

人不可轻易承诺他人，必须要圆满完成所答应的事，一旦无法按照约定行事，就会变成不守信用的人。答应别人后，就必须全力以赴，不然一开始就不要答应别人，否则失信于人，让自己成为背信之人。同理，若是同不重视信用的人有生意往来，那自己终日都是提心吊胆，不知道哪一天会被这种人拖累或出卖，连带断送了自己的信誉。

人不可轻忽自己的承诺，不能让自己信用破产，这样的行为会让自己陷入人生困境，变成他人的“拒绝往来户”，要知道世间“信用”是相当重要的，处理事情的时候，正是人一句话的承诺，有“轻如鸿毛”或“重于泰

山”的区别。

承诺又不履行，就是一个轻诺寡信的人，这种人答应了一件事，当事人若是真正相信他，那就错了，因为此种人会连带使合作者也陷入困境，甚至有一次这样不守信用的事情发生，就会让合作者的信用也遭到损失。这虽不是合作者造成的，但却是合作者不提防“轻诺寡信”之人引起的，正是合作时不够谨慎所致，为何会在一开始就相信这种轻诺寡信之人？必须要事先就防止，避免让自己遭受轻诺寡信之人的牵连。

无信之人的一般特征，是事前会答应得十分爽快，到后来就会让合作者尝尽各种苦楚。对这种轻诺寡信之人，必须做到事前防止，才能未雨绸缪。

三、“信实可用”，光明可期

图2-4　公共信用信息服务

一个轻诺寡信的人，会让自己及合作者信用败坏；反之，信实可用的人，则会与合作者一起提升成长。有些人有了愿景和目标后，会按循着目标坚持实行、贯彻始终，绝不轻诺寡信或信口开河，这种人是真正的“信实可用”，也往往比较受人欢迎，因为这种人只要允诺的事情，就一定会做到，只要一句话就会奉行到底。这种人也比较容易受到他人欺骗，但是若能奉行诚信忠诚的信念，人生就会有好的成绩，成为他人所倚重的有信之人。

对于职责使命能意志坚定地施行，对义务责任持之以恒，在人生中，经历许多考磨检验之后，就会把不可能的事情变得可能，达成任务目标，这就是个人或团体得到“信实可用”的过程。每个人的“信实可用”都是由零开始，慢慢成长，达到自己的要求和他人的期盼，在处理问题的过程中，真正做到大改进，才能完成自己的职责使命，才能使自己信实可用，在未来才会有更多的资源，才能成就自己、成就他人，人生未来，光明可期。

第五节　礼

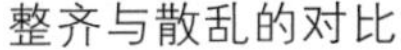

整齐与散乱的对比

整齐划一

礼仪是团体中成员遵守的行为准则：

上图可以体现礼仪在团体中的重要作用，有礼仪就能形成合力；没有礼仪，就会散乱无章，集体的发展更是无从谈起。

特点：

礼仪是前人总结并制定的规则，后人延续执行并不断完善，具有现实性和延续性，在不同地域、不同团体都会形成不同的礼仪规制。

如何提升：

礼仪是团体中所有人都要学习并遵行的，必须在平时就要训练有素，方可在需要时有所表现，而能有整齐一致的行动，对外展现良好的形象。

图2-5　礼仪

一、“礼”是规则

“礼”是端端正正的行为，是规规矩矩的心态，以及整齐划一的行动、干干净净的行为准则，“礼仪”“礼貌”都是“礼”的衍生，在不同范围内起着相同的作用。“礼仪”是团体成员共同遵循的行为准则，代表对外的整体形象，对自己、对他人都是一种赏心悦目的感受。

不同的国家、地区、团体单位，有各自不同的礼仪制度，可以通过不同团体的礼仪，来观察其行为准则是如何、水平层次又是如何。其成员对“礼”的遵守程度，能表现出团体成员的知识水平与文明程度，这也是为什么要有礼仪的原因。所有成员共同遵守礼仪规制，才能达到高层次的水准，如此，才会让外人愿意来亲近，让更多的人遵循好的礼仪规制。礼仪中的规范和制度，是经由前人不断总结制定、后人共同遵循的，不同的团体有不同的礼仪规制，但礼仪的作用都是将群居生活中的散乱行为，归纳为整齐而有条不紊的行为。

人类世界的行为准则，就是遵循着礼仪规制让每个人的行为都要符合而不逾越。若是没有礼仪，就无法有平顺的团体生活。如果一大群人聚集在一起没有礼仪约束，就只会见到散乱甚至混乱而已；而所有人都能遵循礼仪，就会有整齐有序的生存环境，也不会杂乱无章了，所以无论任何团体或成员都要遵循礼仪规制。

二、“礼”的行为表现

“礼”呈现出一种整洁的示范，作为团体的行为准则，若是没有了礼仪，人的行为又以什么为依据呢？端端正正的行为是让不同团体中的成员，来调整个人行为，让所有成员在行为上，都能有更高层次的改进。

“礼”的作用是平衡人与人的距离，在人们的社会生活中，通过礼仪的施行，让大家能有整齐的行为而不互相干扰并给人好的感觉和印象，让人看起来很顺畅、有高层次的观感。“礼仪”就是人与人之间的规范，有整体协调的作用，若无礼仪制度，任何集体都会像散沙一盘，人与人之间若无规范、缺少礼仪，就会让外界产生不良的观感。

人与人接触时，开始都会较为生疏，会按着礼仪规范，有规规矩矩的态度，但随着逐渐熟悉，也就不会太拘束于礼仪，言行也会较为松散，而影响了外界对其的观感。如此可知，礼仪是相当重要的，不论在任何集体中，都必须有共同遵守的礼仪规范。在一个团体中，礼仪规制是否健全、训练是否确实、行动是否遵行标准整齐划一，这些都同整体形象有相当大的关系。而这一切，都取决于每个成员的行为是如何。

以礼仪作为标准和架构，不同国家、团体有不同的礼仪规制，施行不同的“礼”之作为，来规范成员的行为。社会行为规范，也是通过“礼”而有规规矩矩的态度和行为，需要所有人共同遵守。古代“四非”——“非礼勿视、非礼勿听、非礼勿言、非礼勿行”，就指出不符合礼仪的行为不应施行，避免对他人造成不良的影响。

社会正是以“礼仪”为规范，以规规矩矩的态度和行为为标准，每个人也是以“礼仪”为规范，才不会产生不良行为，而影响他人的正常生活，所以每个人都要遵行才是。在团体中，每个人都遵循礼仪标准，才能有一个良好的整体形象，才会让外界有好的观感。每个地方都有各自不同的风俗习惯和礼仪规范，对于整体礼仪，必须在平时就训练有素，在需要时才能有整齐一致的行动，才能对外展现良好的形象。

第六节　义

在群体生活中的交往

人与人的交流合作：

人与人之间的交流合作，有规则也有情感，交流中人与人相互的观感，对合作有直接的影响。“义”就是彼此间相互扶持、相互支持的情感作用。

特点：

“情义、情理、情感”相融，才有合情合理的行为，是人所期盼的，而囿于规则或是不分好坏的支持，都无益于事情的圆满完成。

如何改进提升：

人生是一个“义理情操”彼此成全的过程，不论遇到何种状况，尽量不要同他人结怨，造成彼此的不良关系，自己能付出多一些，使彼此都能得到好的结果，这就是改进的有效方法。

图2-6　社会活动中的不同情感作用

一、“义”的含义

“义”是情感作用的正道情谊。人与人之间的“义”，是付出真心、相互扶持的情谊，也可以说，人与人之间的“义气”，就是以情感为基础，有情有义地相互扶持。父母、夫妻、儿女、兄弟、姐妹等的情义和情感是相当亲密的，彼此是一种无微不至的相互扶持、牺牲奉献、无私关怀。朋友、同事、知心挚友间的情义情感，有时会比自己兄弟姐妹更加深厚，对这种深厚的义气情感，您有过切身感受吗？人的一生，是否能遇到此种知心好友来相伴，而不是只有扯后腿的人？在生存过程中，自己是否付出义气情感，还只是等着别人来为自己付出而已？这就是人与人之间“义”的相互维系。

“义”是正正当当的行为，“情”是相系在一起的牵挂。父母、夫妻、儿女、兄弟、姐妹等，虽然有亲情维系着，但也要有相互扶持的义气，能心甘情愿地扶持对方，就会有令人满意的结果。人生是一个义气情感结合的过程，“义”为仁德的表现，相互扶持的良好氛围。

二、“义”的行为表现

“义”经常表现为对事情有相互支援的道义精神，一种能为朋友两肋插刀的气势。是否能有朋友对自己有“义”之精神，要看自身平日的付出中，是否对他人有情义支持，如有，则在人生会有很大的受益。“义”在生存过程中，由情感来支撑符合情理的行为，形成“情感义理”融合的行事准则，就是常说的“义气”。

在社会活动中，常常会有对某人印象特别好、感觉也不错的情形，好像认识好久了，也十分亲近，这种情况就是人们常说的“气场相合、思维同频”，这种情景为“情感、情义、情理”相融，奠定了良好的基础。人与人的相处中，若能有“情感、情义、情理”的交融，也就有了“相互支援、相挺陪伴”的行为，这样的人相处在一起，就是“好朋友”的交情，这种良好交往就会凝聚起好的情感作用，再有种种良性行为加在一起，就有可能在一起共事，也有机会让这种关系长久持续下去。

一般有相近气场、思维同频的人，对事情的看法与做法也比较一致，才能有相互支援、相互配合，而有真正的“情感、情义、情理”的融合。反之，彼此气场不合、思维不同频，也就很难产生真正的友情。人与人之间若没有“情感、情义、情理”的融合，也不要同他人结怨，甚至让他人讨厌，因为这会在未来形成对自己相当大的阻力。如果他人对自己的一切都看不顺眼，下一刻就很可能是要遭殃了，这正是彼此之间的不良言行所累积产生的，当事者一般都没有发觉，会认为没有得罪过对方，也未曾与对方有过节与冤仇，为何会平白无故遭受如此对待？

如果发生交恶的情况，要先检讨自己的行为，反思整个过程，找到问题点，才可以化解心中疑惑。其中彼此的性情习惯、思维角度均有很大的影响，但不论自己对他人感觉如何，出现问题时自己都要有担当的勇气，而不是推脱敷衍，要亲身负责，才能化解不良困境。

一个人是否值得他人两肋插刀来协助与扶持，在于彼此之间的义理情操是如何，取决于平日处事过程中的言行作为是如何。人与人之间需要义气情感的相互成全，在处理每一件事情的过程中，都应有一份义理情感的相互支持、相互支援，这才是正道。

从夫妻的角度来看，彼此已有数十年一起生活的情感，经由年轻时的英俊帅气、美丽娇艳，夫妻双方是否头已经秃了、身材也走样了、皱纹加深了、牙齿也渐渐掉光了、身体机能一日不如一日了？夫妻是否能彼此钟爱一生呢？这就是对双方情义和情感的考验。要明白一对夫妻的情感维系，不要只看重在年轻时的外表，因为每个人都会有老态龙钟之时；还要能不断检讨自己的缺点是什么，时时反省、不断改进；最后，还必须有义气情感的维系，夫妻才能一生相伴、恩爱，不知您是否能做到？

人的一生，在人际关系中的相互扶持，才能让每个人有更大的成长与收益。尤其是面对要相伴一生一世的夫妻，更不可失掉“义之情理”，应有“义气情感”来彼此成全，夫妻双方能有正正当当的行为，才能成为子女的模范榜样。夫妻之间若只是单方面改变往往很难，夫妻共同改变才较容易实现，这样才是夫妻的情义相挺、义气情感的正当行为，让双方能有真正的提升，从而改变家庭关系和家庭氛围。其中第一步，正是通过自身努力改变，通过自身行为影响家人一同改变，才能成就家中每一个成员，这才是义气情感的最佳表现。

人生中，可以相互扶持的机会是很多，不要轻易与他人结怨，人与人之间的相处，就是彼此义气情感、义理情操的圆融与成全。人生之中如果能有许多好朋友、好亲戚、好兄弟、好姐妹、好父母、好夫妻、好儿女、好同事，等等好人缘的话，那就能有情有义地过一生；反之，则是要无情无义地过一生了，这都是由自己当下的行为决定的。

人生是一个“义理情操”彼此成全的过程，不论遇到何种状况，尽量不要同他人结怨，造成彼此的不良关系，自己付出多一些，就能让彼此都能得到好的结果。不要一味坚持：“我的个性就是如此，不然你要让我怎么样？”对于这种人，刚开始大家可能会有好的感觉，一段时间了解后就会一一离开，避之唯恐不及，不敢同这种人一起共事，生怕在哪一天会被这种不良情绪影响到。相信这种人的朋友也很少，经常把好事办成坏事，甚至还会树立很多的敌人，未来还会好过吗？

每个人的人生都是相当不容易的，当下的行为是区分未来光明与否的依据。如果是善良的人，一般不会同人结怨，一生也就比较平顺；若是所结怨恨太多了，想要修整改变，就必须从检讨自己讲话的语气开始，检讨自己的行为是否嚣张跋扈、目中无人。如果能发现其中不足或欠缺的地方并修整改变，相信还是有转机的。

反思自己的思考方式和言行举止，是否已是他人眼中“不好相处的人”，是否每到一处都会得罪很多人，受自己性格来左右自己的人生呢？您能发觉吗？不一定的。若发现不了，就很难改变。如此，遇到挫折困难是必然的；若是能发觉，就有改变的可能，若是能改变，就会有好的结果，您可以试试看。

人与人之间，彼此能有“情感、情义、情理”，是他人的福气，也是自己的福气，一生可以有很大的获益。所以我们都要好好珍惜人生中的“义气相挺、义理成全”。

第七节　和　合

一、当代社会需要“和合”之道

人类在世界不同地域群居而生，不论是在家庭或是单位团体中，都希望与他人相互扶持、彼此合作。尤其是当代，交流更是已打破地域限制，不同地域的人彼此之间产生越来越多的联系，人与人之间想要在一起生活或共事，就必须要有“和合”心态，方能有团结、圆满的合作，从而解决各种问题。故而“和合”之道是人与人、团体与团体之间相处的重要原则。

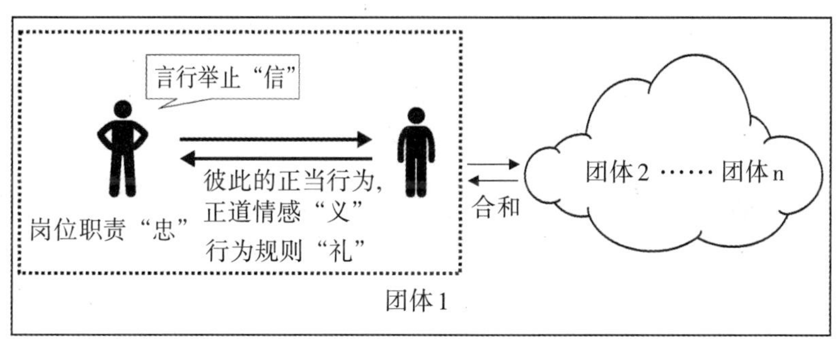

人与人之间、团体与团体乃至国与国之间的相处原则：和合

“和合”当代社会所需的重要原则：

“和合”是一种尊重对方的态度，理解对方对成长的期望，明白“己所不欲、勿施于人”，在合作中能转换角度为对方着想，形成合力促成合作的顺利实施，完成双方约定的目标，是合作中重要的原则。

特点：

“和合”以圆融为方法，包容双方的观点；以圆满为目标，实现双方的约定。

如何改进提升：

在做好本职工作的基础上，以不损害双方利益为原则，学会转换角度，理解合作方的出发点及要求，积极沟通、达成共识，不以主观臆想做决定。

图2-7　当代合作的基本原则

团体中要有完善的规章制度，才不会产生不认同与相互对立，作为团体成员不要一意孤行，做事情要让大家满意，圆融大家的观念感受，肯定别人的付出。一个有成就的人，在做事时能与他人相互包容，这是成功的关键。每个人都认为自己做人做事是相当正确的，但是否都圆满与圆融？这可以从他人对自己的态度中（是受人欢迎或是排斥）看清楚。

如果在做人做事方面不及格，在为人处事方面让别人感到讨厌和不悦，无法得到别人的肯定，就算再怎么有成就，也是无法“和合”的。而且，这种人在群体中，经常会成为他人的“眼中钉”。在不同团体中，人我之间的合作应相互成全、彼此圆满，若是别人将自己视为敌人，在背后不断地扯后腿，那不管自己再怎么努力也是枉然。

该如何与人相亲近，而不是相互排斥呢？人与人之间的情感是一种微妙的平衡关系，自己对人好，别人也自然会对自己好；反之，自己对人不好，他人自然也不会对自己有好眼色。相信每个人都是喜欢别人的肯定和赞赏，要得人肯定，要先学会肯定他人，如此，别人乐意同自己交往，这样才能相亲相近共事在一起。若是持仇视一切的态度，就会树立很多的敌人，自认为表现良好，实际已经得罪了相当多的人，已经没有了好人缘。是否还会以为自己是个“和合”的人？其实，早已经变成了他人眼中的难以相处的人，自己反思下自身行为，是否如此呢？

每个人都希望得到他人的肯定，这也必须从圆融人际关系做起。无法圆融人际、人我相处交恶，就会在别人的评判中不及格。为何会如此？就是因为人都是以自己的观感来做事，自认为表现良好的时候，但在别人眼中却可能是一位不好相处的人，自然就不会与其合作，甚至还会被列入黑名单、拒绝往来。他人为了避免日后遭受打击和报复，抱着“好好的人不做，为什么还要树立敌人结下仇恨”的态度，遇到难以相处的人时，都会有“快闪吧”的想法。

这种不好相处的人，他人多会在背后指指点点甚至含恨在心；这种人又自视甚高，根本不把他人看在眼里，也不认同别人的努力，就无法能有“和合”；这种人也没有“和合”的观念，共事时言语举止都相当跋扈，有时还会得理不饶人、欺人太甚，难以与人和谐相处。这所有问题都是因欠缺了“和合”之道。

“和合”之道是团体合作必要的基础。每个人都要有“和合之道”，人与人之间能“和合”，才能解决遇到的问题，才能让团体兴旺发展。

二、“个人英雄主义”已经不符合时代

在团体中，总有部分人喜欢“个人英雄主义”，想让自己在团体中较为突出，经常会给他人不好的感受，其行为让他人难以认同、难以给予肯定。这种“英雄”，经常是按照自己的想法行事，并不顾及他人感受，种种不友善行径会在不经意间刺伤他人，引起他人的排斥。不论在单位、团体或家庭中，个人英雄主义都必然会引起他人的不满甚至是厌恶。如果只突显自己，经常会有无心之举，在有意无意间损害他人权益，影响别人对其的观感，态度嚣张、言语犀利，再加上得理不饶人，此种“英雄主义者”的所作所为，不但得不到他人认同，反而会让人厌恶和排斥，根本就无法与其一起共事。

他人与“英雄”产生了很大的排斥，他人也会否认此种“英雄”努力付出的一切，让“英雄”遇上一大堆的困难问题，形成很多的不良人际关系，这也正是日后不良问题的开始。这让原本应该一起共事、相互扶持的过程，因个人习性、生存环境、考虑问题的角度不同，而让彼此难以相互认同，观点难以融合，结果自然就无法让大家满意了，甚至还会衍生出很多的问题。

对别人的付出要给予认同。每个人都希望自身努力能够得到别人的肯定与赞赏，如果自己得不到他人的肯定与赞赏，就应该自我反省，改善做人做事的态度和方式。例如：他人对自己的做事能力是肯定的，但在做人方面不被他人认可，受到批评甚至被人加入拒绝往来的黑名单中，等待有机会还会来扯后腿。这样的情形，正是自己早已得罪了很多的人而没有察觉，还以为自己有多么厉害，更不会了解到自己正是别人眼中难以相处和沟通的人！

我们要能圆满自己、圆满他人，能包容自己、包容他人，而不是执着于自己所认定的角度就作为大家的意见，这样得罪人后还没有感觉，就会被人打入黑名单。别人在背后指指点点时，自己心中会做何感想呢？会高兴吗，还是认为那是别人的看法而已，根本同自己一点关系都没有？这是相当无可奈何的，如此正是种种问题的开端。

对所有不良作为，当事者都应该好好反省自己，因为人与人之间的相处，是相当微妙的，可以说结果好坏都是自己行为决定的。在团体中，自己

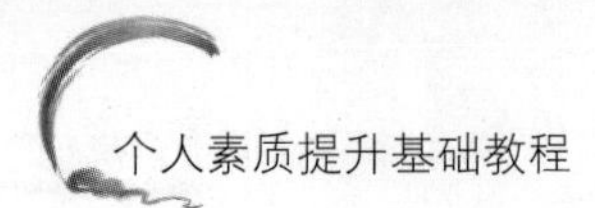

必须能和他人形成合力，如此才能促进团体的发展，而不是将团体的力量消耗在内部矛盾中。

三、强迫他人接受自己的观点，是矛盾的根源

人们经常以自己的认知、观念来要求他人，为何会如此呢？相信一大部分人都是认为自己的经验是正确的，认定事情本来就是应该如此才对，都认为这么做才是理所当然的，无法顾及他人感受是如何。别人对自己感受也是一点也不了解，自己对他人的意见和态度不屑一顾，不与人结怨、不令人讨厌，那才奇怪呢。

每个人都有“性格缺点”，自己习以为常、对此一点感觉都没有，正是要通过与人的相处来发现并修整的，所以自己要时常反思反省，才能够觉察与改变，这是个漫长而艰难的过程。别人看到自己的“性格缺点”后，多不敢说也不愿说，因为帮助他人指出缺点，是一件吃力不讨好的事情，言语稍有不当，就会被人怀恨在心或者当场反击，甚至事后报复，真是让人觉得是“吃饱了没事干，才招惹如此是非，不管他人的事情，不招惹他人，那才是真正的聪明之道”。故而，人与人相处就会形成如此现象：自己有许多不好的行为动作出来后，在他人眼中会变成了一个难以相处的人，却无人会告知一声。

最怕的是，看到这时还认为这里所说所指的都是别人，自己绝对不会是这样的人，还认为自己是一个他人眼中完美的人呢，这正是有这种“性格缺点”的突出表现。人对自己的“性格缺点”都不知道，别人也不会来告诉你这些毛病，因为每个人都不想给自己招惹麻烦。见义勇为的人少，在背后对人指指点点的人多。

同样，对自己的“性格缺点”就算知道了，大多数人也没有勇气、没有毅力做出修正、改变，只是不断给自己找台阶，随顺自然让自己慢慢“腐烂”，在生存中不断反复着缺点度过一生。往往人的“性格缺点”，会给团体带来很多困扰，也增加诸多成本付出，即常说的“内耗”，这是一种不应该有的行为，您是否也有这种“性格缺点”呢？这种缺点正是“和合”之道中的各种问题产生的根源。

人对自己的所作所为，经常会认为是相当正确的，正是此种认知给团体、单位和家庭带来了很多的不良示范，只是自己家人、同事都习以为常了，也

就放纵不计较如此的不良习性了，不会说、不想说，甚至会是姑息。如果同当事人说了后他就会改正吗？一般是不会的，经常还会招惹出更不好的气氛，为了家庭、为了同事间的和善相处，人们经常都是忍一下，不去招惹到有此种坏脾气的人，要是有事情发生，就息事宁人、相忍为安，即常说的"退一步海阔天空"。

一般人会认为"千错万错，自己都不会有错，千不该万不该，都是别人的不该"，有此种"自以为是"性情的人，认为自己是个完美的人，可以说是一点改错的机会都没有。这种人的思维，差不多已经定型了，除非有重大事件发生，真正踢到了铁板之后才会改变，才能真正认识到自己的问题和坏性格，不然是没有办法改变的。这就是人的劣根性，说是比较容易的，但是真正下手改变时、真正去做时才会发现是困难重重的。

这种自认为完美的人，特点就是多年不变样，从来不改变自己的不良性格，自认为永远都不会错。为什么会这样呢？正是先有家人的放纵，再将性格缺点带入职场单位、各种团体中，呈现出种种不良习性；在团队中，会自以为自己的认知是千真万确的，不会顾全大局，经常得罪别人，伤害他人的自尊，自己一点都没有感觉，还认为自己相当有能力，经常轻视他人、抹杀他人的付出和努力，甚至态度傲慢、行为张扬。殊不知，自己早已被他人列入不可交往的黑名单了，却还在洋洋得意、不可一世。

如有上述情形，就是不清楚"和合"之道，只知道表现自己，却没有得到他人的认可，是一种不良行为的"模范"。这种人无法与同事、朋友友善相处，又如何能在单位团体中与人圆融合作呢？对团体的"和合"没有任何帮助，您愿意和这种人共事吗？相信遇到此种人后，心早就凉了半截，是否如此呢？

四、"和合"是圆融

一个人的不良性格，会给周围的人不好的观感和影响，经常是自己没有发觉，也不会检讨自己的行为，这样当然难有彼此的圆融。要如何才能圆满处理好人际关系呢？应由肯定他人的努力付出开始，也要在共事中相互扶持，真诚关心他人，真心帮助别人，这样才能有好的人际关系。

人与人相处要有彼此成全、彼此提升和成就的心态，而不要经常与他人

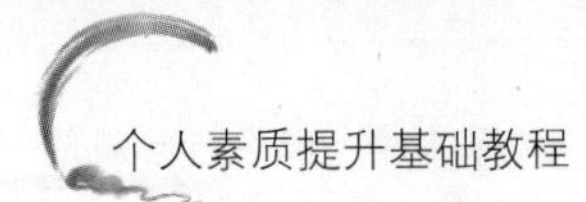

结怨，让人感觉到自己是个难沟通、难相处的人。经常给他人一点帮助、一点方便，别人也会给予自己回馈，这种维持平衡，在举手之劳中成全他人的行为何乐不为呢？

古语“得饶人处且饶人，得势之时多行善”就是此理，这样做以后也会有很多人来帮助、提携。这种举手之劳可以时常为之，但也不要以必须给人帮助为目的，这会对自己形成一种很大的压力。人与人之间相互成全，才是形成良好人际关系所应有的基本行为。

每个人的人生之中总会有高潮与低潮，高潮得势之时，必须明白日后也会有低潮时的颓势，而不要处在高潮时气焰高涨、不可一世，以为自己永远都会好下去，此时如果能帮助他人、给人一点方便，这种便利他人的作为，往往会给自己未来遇难时带来救星，甚至得到难以预料的回报。人与人之间的相处就是如此微妙，经常跟人结怨，以后若自己遇到困难灾殃时，就会被他人落井下石以报前愆，这种情形您可曾见过？

人生不会永远处于高峰，总有低谷的时候，起起伏伏，每个人都在演着人生的一场大戏，没有什么人可以永居高位而不坠落。在能帮助他人时，给予他人一点方便，未来他人就会回报于你。这是自己可以创造的，要想未来有人扶持，那在当下就不要同人结怨，要看清楚，不要因为自己当下位高权重而作威作福。这正是自己可以创造良好未来的时机，不可强势逼迫他人，如果是这样，又如何能在未来有好的回获？

这就是人生起起伏伏的规律，自己以往的行事，决定未来的分别，正是自己来挑选，自己来决定的。对此，您做何感想？自己的作为就是如此形成未来不同结果的，想要好的改变吗？期盼每个人能有大方向的修整才好。

五、认识到自己的缺点，立刻开始改变

您知道自己的“性格缺点”吗？一般人都不知道自己的缺点，而别人可以看得一清二楚，只是不会当面告知你而已，只有比较亲近的人才会说真心话，告知你的缺点及不足之处。如果，在别人眼中难以相处的人就是自己，您做何感想呢？若是不了解自己的缺点和不足之处，又如何修正自己呢？那是很困难的，因为人的本性正是难了知、难改变，若能有改变才是正道。

人，一般不会当面讲他人的缺点和不足，担心被怨恨、仇视甚至羞辱。

对这种“忠言逆耳”的规劝，一点都不知道珍惜，这是人类最大的通病。如果能明白，自己遇到千奇百怪的困难及其中的无可奈何，正是自己能够成长超越的契机，更是已有别人已经示范了一遍又一遍，让自己不必重蹈覆辙，就能有此种体会与成长，又何乐而不为呢？

人与人相处过程中，发生矛盾的时候，应该相互沟通，着力于把问题处理好；在双方有不良感受时，就有必要坐下来好好谈一谈，把感受同对方剖析清楚，让双方都有更深的了解之后，才能有良好的合作。而不是一直放在心里不说出口，久了就会形成一股无形压力，造成心理疾病，最终影响到自己的身心健康。所以，人们可以将不如意的感受，找个没人的地方大声呐喊出来，心里就会快活些，未来就不会形成心理疾病，这种无形压力积存在人体内，长久之后，必会引发很多的病症，正是影响人们身体健康的无形杀手。

在处理事情的过程中，因每个人都有不同的角度和观点，对事情就会产生不同的见解。如何在问题点上达成共识，有一个“和合”双赢的圆满局面，首先应该明白虽然彼此对事情的看法不同，但是却可以有相互支援、相互扶持的态度，如此才能把事情做到尽善尽美，这就是“和合”圆满之道。

第八节　廉

一、“廉”是清清白白的行为

“廉”是清清白白的行为，不欺暗室、不贪不取，是基本的行为准则。其中不欺暗室，是指无论人能看见或者看不见，都要让自己不偏离于“廉节”的行为准则。

每个人原本都是具有廉耻之心及廉节气度的，只是在遇到具体问题时，此种心态气度能否发扬展现而已，遇到问题，经常只是心里明白，但是难有廉节的行动，这就是人的行为背离了廉耻之心，没有廉节气度。

“廉”以道德观念为基础，以廉节气度而施行，对不属于自己的物品，决不贪求或拥有，“廉”作为行为准则，是一种内心坦荡荡，没有丝毫罪恶感的

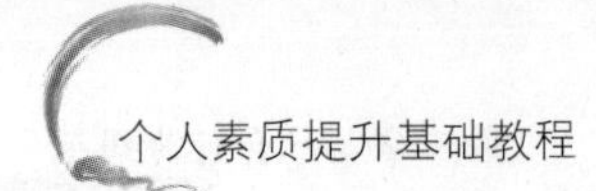

行为。若是经常做出逾越行为准则和规范的行为，就离不开内心的煎熬，对所有的错误行为，首先就会由自己的廉耻之心来认定是否有亏暗室、是否欺了自心，在廉节气度显现时，也必须要能改正错误，做到“不二过”。如果已经没有了廉耻之心，也就没有了改正错误的机会。

二、廉节气度

看一个人的行为如何，就可知一个人是否有廉节气度。人的行为是由思想来决定的，若是行为符合道德规范，就会有廉节的行为，像竹节一般节节增长，加添德性。古人将“竹性”喻为“德性”，这也是中国人喜欢竹子，到处都有雕刻竹节的原因，即“竹性德性，德性竹性”，用竹节喻廉节，竹之气度即廉节气度、人生的气度。相信大家都能明白竹节是往上提升的廉节气度，深受国人喜爱。

清清白白的行为，竹子般的正气，即以廉节气度做行为准则，提升原有心性，正是道德观念的体现，此种不贪不取的行为应是典范。很多人因贪了一点点小便宜，把自己原本应有的廉节气度丢弃，在人生记录上涂上了一笔不良的色彩，而影响到自己未来的发展。

图2-8　中国人用竹节比喻廉节

古代流传下来的“杨震畏金”的故事，其中“天知、地知、你知、我知”四知，即是廉洁自律的表率，让后人明白不亏暗室、不能欺心、不昧良知、不贪欲求，用这种廉节气度提升自己的行为，让人生宛如竹节一般往上提升，这正是人间最佳的成就。“四知”的故事，也说明在每个人起心动念之初，就已经决定了未来的结果，这正是古代圣贤检点自己行为、改变人生的方法。

“廉”通过清清白白的行为，遵循不贪不取的原则，指明每个人都要通过努力来创造与获取，从无中来生有、有中来存实、实中来具备一切。人生不怕出身贫寒，要知道“命中无时”才能有向上奋斗的意志和力量，未来正是由自己来决定的。

三、“廉”毁于“贪”

“廉”是人生清白没有污点，若是有“贪一点小便宜又何妨”的观念就有失廉节气度。人都明白什么是廉节，但若是没有真正将“廉节气度”践行于生活之中，就会在遇到问题抉择取舍之时犯错，就会有“利字摆中央、道义放两旁”的行为，廉节气度早已不知丢到哪里去了。现实中，若是认为贪点小便宜无妨，贪多贪大才是不该，此种心态遇到取舍时刻，内心就会挣扎，不知如何是好，良知与现实之间相互拉扯，让自己良心一直饱受煎熬。

欲求心态的不断增强，对物质的欲求不断膨胀，使人们已经对“贪”的行为失去了戒心。媒体导向中越高级越好、越多越好，也助长了人的贪得无厌的心态，对原本不是自己该拥有的，也来贪取欲求，让“廉”之准则荡然无存。此时，每个人对自己行为的良劣已经没有了觉察能力，难以改变自我心态，以至于丧廉失耻，将廉节气度败坏了。

人的生存过程中，对想要拥有的财富和物品，必须按部就班、一步一步来累积，通过自己不断努力来获取拥有，而不是通过奸诈作为或巧取豪夺、不择手段地来拥有，那自己的“廉节气度”就早已消逝了。古人将廉节喻为竹节，也是表达自己的坚持，看一个人坚持廉节，还是认为贪点小便宜也无妨，即可明白一个人的廉节气度是如何。

四、“廉”之成就

人最期盼的是什么？人生最需要的是什么？相信很多人会说：“最需要‘金钱’，金钱可以购买世间一切物质，若无金钱，在世间可以做什么？人生一世的吃喝拉撒睡、衣食住行育乐，每一样都必须有金钱支撑，金钱不是万能的，没钱却万万不能！”您是否也会认为是如此呢？

人当然可以追求金钱，但是获得的过程要正当，应该运用自己的知识经验，获得智慧的成长，应用善良和智慧使自己德性增长，如此建立良好的人脉，那么得到金钱财富就比较容易了。通过廉节的行为获得金钱的富足才是正道，最怕的是运用不正当的方式方法来敛财，那人生再怎么富有，也过不了“廉节”这一关。

如何具备“廉”之成就？要气节如同竹节般，一节一节地成长，是小竹、中竹还是大竹，就要看自己本身气节高度有多少，不贪不取不妄求，就能成长并获得成就。可以反观一下自己的成就有多少，这就好比小竹小德、中竹中德、大竹大德、无竹无德，能明白人生有“廉”有德，方能有大气度和大成就。

让人生有竹之高风亮节，一生清白的行为即一节一德性，都是由自己的行为来成就，自己是否行德，决定着未来福祸、善恶、好坏的分别。

第九节　耻

一、“耻”（恥）是人通过外界反馈，修正自身行为的能力

“恥”（耻的繁体）是以耳传心，人有所作为后，外界反馈信息经耳传于心，引发自身对于行为正确与否的思考。“耻”之心，就是人类本能所具备的“明白什么能做，什么不能做”的能力，“耻”之心人人皆有，不要自我埋没了羞耻之心，若是不知廉耻，虽然具备了躯体，但是心中廉耻荡然无存，行动脱离了人本能的作为。

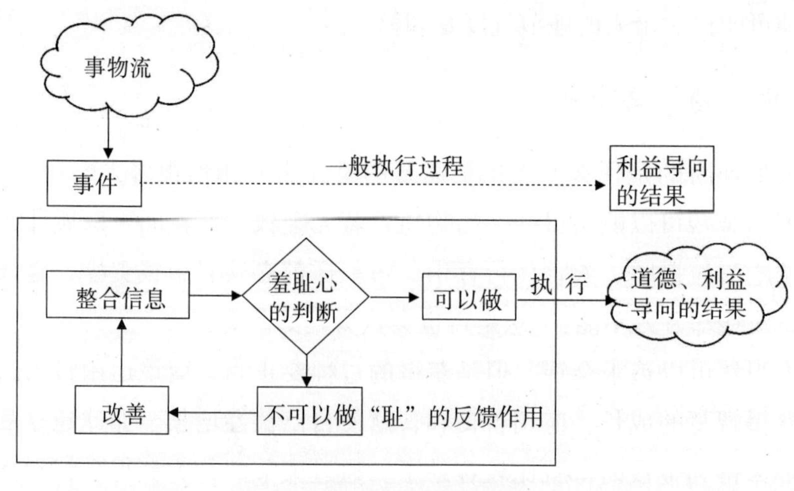

图2-9　自我反馈修正示意图

人的行为是否合乎道德规范，需要“羞耻之心”对自身行为省察检点，控制自己的行为，如此才能减少不良后果。生存过程中，人人都应该遵循道德观念和纲常伦理来行事，虽然不同的地方风俗习惯不同，教育程度也不同，但是在相同地域中，必须遵守共同的行为准则而不可逾越，若有逾越行为，彼此就很容易产生冲突，造成对人对己的不便。其中不守规则的人做出的逾越行为，就是羞耻之心无法起动造成的。

人区别于动物之处，正是有羞耻之心。人是一种高尚的物种，被称为万物之灵长，其行为是不可逾越羞耻之心的，依道德观念和纲常伦理而行，就是人类高尚品德的展现。外界对自己的不良评论，正是自身行为已经有所逾越，他人对自己的提醒和警告，此时若能有所改正，及时调整自身行为，则会避免很多的不良后果。

以耳传心，合起来就是“恥”（耻）字，也是“耻”如何作用于自己的过程。他人对自己的评价，引发自我思考，让自己评判已发生行为，看是否符合道德观念和纲常伦理，这就是人能透过他人言语态度，来检验自己所作所为是否得体。

这也是人区别于动物的地方，人若无羞耻之心，其行为就会同动物一样，完全自行其是，不顾及道德观念和纲常伦理，与禽兽就没有分别。人一般不会用兽性来处理事情，但也有人会同禽兽一样行事，此种人虽然是具备了人的躯体，却早已背离了人的行为准则，也就丧失了人之基本，就会被他人视为禽兽，又有何威风可言？也只不过是自己贴上了禽兽标签，被人敬而远之而已！

人之羞耻感，是来自天性中的羞耻之心，人人天生都具备这样的条件。在观察他人行为之时，自己的羞耻之心也会彰显出来，知道什么可以做、什么不能做，如此，才能减少自己行为中的偏差。正是因为具备了羞耻之心，拥有人的躯体，方能称为万物之灵长。一个地区的风俗习惯，是当地所有行为习惯的总合，无论男女老幼，所有人都应该自觉遵守，端端正正做人，清清白白做事，不做偷鸡摸狗、浑水摸鱼之事，方能谓之以“人”。

二、“廉耻”对家庭稳定和谐的重要作用

人有男女之别，夫妻共同组成一个家庭，双方不可逾越夫妻之道，谚语

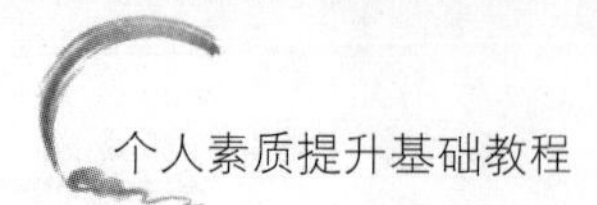

中有“夫妻之间不可有二色”“男忠良、女贞节”的说法，如此才能合乎夫妻之道，这是家庭和谐稳定的基础，也是降低离婚率的关键所在。

古代男子三妻四妾的陋习，是对女性严重的歧视，相当不公正平等，假设女性也可以随心所欲，嫁三夫四男，请问这样是否会比较公平些？大家会喜欢吗？相信有廉耻之心的人是不会如此的。夫妻之间正是因有廉耻之心，清清白白地行事，时常反省检点自我，忠贞地相互保护与爱护，才能让家庭稳定并长久受益。

夫妻双方都应有廉耻之心，不可有外遇之情事，如果一方有外遇，另一方也有外遇，那彼此心中做何感想？如果夫妻双方各自有外遇，还会珍惜过去现在的所有情感和情义吗？很难！这时已经没有了廉耻之心，甚至会觉得外遇偷偷摸摸的气氛十分好，经常在内心忐忑不安中充满激情期待。其实，所得的也只是当下短暂的快活而已，此种不良行为在人生记录中是一个大大的污点，永远不会抹除，您认为这样惭愧吗？应该吗？值得否？希望在外遇之前好好三思，避免后悔痛苦。

例如：某人有不正当的男女关系，某人生活作风有问题，对这种行为不检点的人，视外遇如平常，做出寡廉鲜耻的行为，为了当下刺激、爽快，赔上了自己以往辛苦的累积，辜负了家中妻子或丈夫的情义，又如何会有幸福圆满的家庭？甚至赔上了自己的光明前程，这样的事例就不一一列举了。

要想跟自己的丈夫或妻子共同创造幸福美满的家庭，就要明白“廉耻”，遵循清清白白的行为准则，用“耻之心”检点自己的行为，不要给家人蒙羞，让家人能有和谐稳定的生活，才是正道。偷鸡摸狗的行为，让自己的辛苦累积消尽、家庭破裂，连累家人又自己痛苦，您认为这样好吗？不要因为贪图一时之乐而造成终生遗憾。对尚未行动的“有心人”，切要检讨自己此种心，思考一下这样做是否值得，这都是自己可以决定“做与不做”的。

现在存在一些缺乏道德观念、笑贫不笑娼的现象以及寡廉鲜耻的作为，违背了人伦道德、纲常伦理，不是好现象。对于逾越者，未来会遭逢更大的羞辱和损失，将自己的财富及名誉一一损耗至尽，这是一种得不偿失的行为。人必须要有“耻之心”，检点自己的思想和行为，不能做的坚决不做，才能遏制这种行为偏差，避免因贪图一时享乐，却使一生的前途暗淡，造成长久的悔痛，这是不值得的。望能好好反思，期盼人间减少外遇现象。

三、“廉之准则”和“耻之反馈”

“恥”（耻）之心，正是对自身行为的反馈，能有效阻止不良行为的产生，“耻”是对自己良心的负责。对“耻”的作用要有清晰的认识，在任何事情中都要有“耻”之心，对自己的行为做出约束。“耻之作为”就是经耳再传于心，引动大脑中思考，再转化成行为，使行为合乎于道德观念及纲常伦理，产生良性的社会效益。

其实很多人都明白什么能做、什么不能做，本性中都知道羞耻是什么，但是，经常又在遇到具体事情时，被局部环境利益所迷惑，产生各种基于自身利益的行为，从而忽视了羞耻观念，这种情况就是不良行为起点，是产生不良结果的根源。

只有能真正认识到自己过去所作所为中的错误，才能有真正修改的一日，否则永难改除，最怕的是，还经常给自己台阶下，认为稍微犯一点错误是没有关系的，时常地姑息自己，其行为就难以让他人认可了。

若有“只要我喜欢，有什么不可以”的这种态度，在不违背人伦道德或不侵害他人权力的前提下，大可来施行，但最怕是背离人伦道德，又影响别人正常生活和家庭和谐，产生了损害他人权力或破坏他人家庭的行为和结果。此时互换角度，如果别人也如此损害了你的权利，破坏了你的家庭，你会有何感触？会高兴吗？这就是人应有的基本认知，必须要有羞耻之心。

每个人都是经由学习教育，明白什么事情可以做、什么事情不能做，通过自己的行为，书写未来，其中，最怕的就是羞耻之心早已丧失，行事昧着良心，专做偷鸡摸狗、寡廉鲜耻之事，而且习以为常、无知无觉。每个人的言行都会影响未来的得失，故此，将廉之准则与耻之反馈结合起来，既有行为准则，也有反馈修正，如此才能成就每个人的幸福未来。

第十节　智

一、智慧的定义

人生是一个增长知识、累积经验的过程，只有通过面对各种问题、解决问题，才能有知识的成长和经验的累积，日后再遇到类似问题，就能应用累积的经验来解决，这就是“智慧”，即本节所讨论的“智”。如何将所学知识应用于日常，在遇到困境时能有更大的成长与收获，这就是“智慧”的展现，智慧让人能在生存过程中有真正的受益。要明白“知识、经验、智慧”三者的关系，才能真正受益，才能获得成长与获得。智慧是在亲身经历后获得的，或是通过吸收他人的经验教训获得的。通过亲身经历获得的经验累积，在下一次遇到类似问题时，能轻松面对并有很大的受益，每个人都是如此。从别人经历中吸取经验教训，也能节省很多不必要的过程，减少摸索时间和付出。人类社会不断发展，正是经由前人经验累积与教导，让后来者知道什么可以做、什么不能做、怎么做更好，从而逐步建立起做人做事的准则。

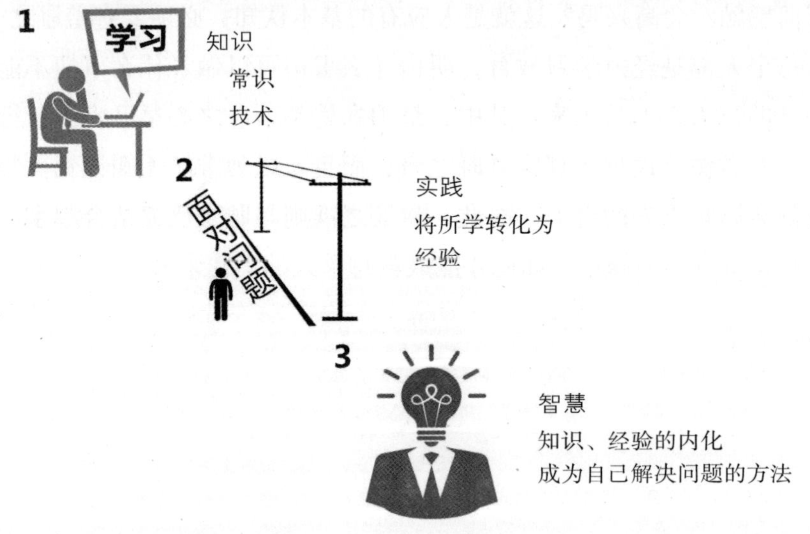

图2-10　知识、经验、智慧三者的关系

人生就是一个不断获得知识、经验的过程，自己的知识经验的累积，或是借用他人对问题的解决之道，让彼此都得到收获及受益。经验的传承与借鉴也正是教育的意义，是人类的进化过程。人是在彼此相处的过程中，来相互学习如何彼此成全，如果有不良行为与不良后果，就要警惕不可再犯相同的错误，避免彼此受到更大的困厄和伤害。还应将这些经验教训谨记心中，下次可以重复应用，让自己能更加智慧地来处理事情、解决问题，这就是“知识经验”内化“智慧”的过程。您是否有将自己的成功经验与家人一同分享呢？让家人有所参考，少走自己经历的弯路，如此家人就会有很大的受益。同样，一个家庭中一对夫妻双方的经验累积会传承给他们的后代子孙，这也是后代子女有父母影子的原因，观察一个家庭中的父母子女，就会发现他们有相同的习性。

人通过学习，把知识和经验铭记在大脑记忆当中，通过学习他人经验和反思自己经历，吸收各种失败的教训，就可以减少很多的障碍和困扰。日后遇到类似情境时，就能应用以往累积的经验，改善其中错误或是不足，弥补欠缺的地方，应用在解决实际问题中，减少很多不必要的困扰。人与人之间就是一种相互扶持与提升的关系，每个人以他人经验为“借鉴”，加上了自己摸索累积，才能减少诸多问题的产生。人类社会累积汇总各种经验，作为教育传承中的基本课程，减少了重复摸索时间，促进了人与人之间的交流与合作，让每个人都有了更大的受益，从而加速人类整体的进化。

智慧的获得与成长，对每个人来说都是从学习知识、学习他人经验开始的，前人教育后人、父母教育儿女、老师教育学生，然后，每个人经历各种不如意、困难、横逆问题，形成自己的经验累积，下一次再遇到类似问题时，就能改进应对方法，避免造成同样的问题。也有很多人无法具备这些经验，原因一是太过散漫不经心，一是太过精明不吃亏，一是可有可无，一是船到桥头自然直，有这几种心态的人，想要有智慧及大作为是根本不可能的。获得智慧都是从认识到自己的不足、欠缺和错误开始的，这样才可以有更大的受益与成长。

二、教育的过程

“教育”就是对累积的知识经验进行总结后，传承给后代子孙，让后来者明白什么可以做、什么不能做、怎样做才好。当今时代更是通过学校教育、书籍、网络等各种形式，将历代累积的知识经验汇总并分享，让全世界所有人都有学习的机会。以“多闻”为学习准则，才能获得全面知识和经验的累积，才可以促进智慧增长，从而运用智慧来处理事情，自然就有更大的受益与成长。“多闻”的学习习惯能让人有丰富的累积，不用咨询他人就可以用来处理问题，并从中受益良多。

学习的内容也许无法马上应用，但是日后遇到类似问题时，自然有机会应用，成为自身经验的积累，成就自我智慧的增长。“书到用时方恨少”，每个人都是在处理问题时，才感觉到所学太少了，出现这种情况一般都是因为在学习时漫不经心，没有深刻地记忆与理解，遇到真正要用的时候，对所遇到的问题与所学知识中的差别就不能融会贯通之。这时就会悔恨当初学得太少了。

一般学习获得知识后，经常是经历一段时间，才有机会应用，如果自己习得的知识少得可怜，那在需要时，就会有“用时方恨少”的遗憾。但是也可以在此时，一边学一边努力，进入“现学现卖”的阶段，所应用的方法虽很难完全顺利如意，但也是在处理事情的过程中增加很多需要的知识，有了此次经历，在未来再次需要时，自然会有很大的帮助。

“智慧”增长的八个来源：1.日常生活当中的累积；2.他人经验的借与；3.传媒知识的获得；4.父母师长的教育；5.同事之间的交流；6.书籍中获得；7.明师、达人的提携指点；8.其他过程所得。

人的“思想”不可避免会被不良环境及不良言行影响，形成不良的固化思维，但是，也可通过此种过程，让自己原本的不良思维，进入净化和提升的过程。每个人都可以经由生活过程，来获得知识和经验的累积，进而转化成为自己“智慧”的增长。

三、“良慧”和“恶慧”

不论在历史记录或当代媒体传播中，都可以看到有部分人应用了智慧中的“恶慧”，造成“一代功名、百世骂名”的情形，甚至当代也有翻身落马而连累家人的情形出现。为了荣华富贵不择手段，落得此等下场值得吗？智慧分为“良慧”和“恶慧”，相信大部分人都会选择“良慧”。

“良慧”是什么？就是有道德观念，做事符合纲常伦理和社会行为规范，利己利他，让自己往良好的方向提升。“良慧”和“恶慧”这两者，对个人未来成就影响是相当大的。应用“良慧”行事，是自己智慧增长而不会形成阻碍，能预先消除未来可能的不良后果；应用“恶慧”行事，虽然马上可以获得相当多的物质享受，但是这种短视近利的行为，在未来会带来很多不利影，甚至这些不利影响会长期跟随你，让你的前途也由光明渐入于黑暗之中。

人世间所应用的智慧，有“良慧”和“恶慧”的区别，这是每个人都应该理解并谨记在心的，不要为了当下享受而任意而为，要了知人生起起伏伏，没有人可以一直处于高位，顺风顺水，低潮往往是伴随在高潮之后。好运不会一直都在，人生起起伏伏、出将入相、上台下台，宛如一出戏而已，每个人都是主角，也都是配角。

如能明白在起起落落过程中，了解世间的变化，掌握人生进程的变化规律，知道如何能有更大受益，而不受到“出将入相、上台下台”的局限，成为一位有真正智慧的人（不只是一般人说的“聪明人”），这才是实实在在受益于智慧的增长。有智慧的人必定是相当聪明，但聪明的人不一定有智慧，能明白这其中的奥秘，则必有所得。

“聪明的人”如何变成“智慧的人”呢？首先要不断提高自己的求知欲，广见多闻；其次要细心观察，由每一件事情的细微之处，看清楚问题的来龙去脉，更可由多角度来审视，明白不同角度看问题的区别，从中很清楚地了解问题症结所在。如此，就能彰显自身智慧，做出准确的判断。这就是聪明人能有智慧增长的过程，不只是仅处在“聪明”的人而已，所有人都是如此，如能把智慧增长同人生相互辉映，而不只限于智慧成长，就会有大方向的提升与增长，从而促成智慧进一步的累积，期盼大家均能如此。

四、提升智慧的关键

智慧增长是一种高层次的提升，人们只知道智慧可以增长，但是智慧可以增长到什么程度，就不为人们所知了。一般人认为的智慧成长，是要经历按部就班的学习，来获得更多的知识经验，这是对一般人来说最为实在的过程，也是个比较缓慢的过程。

在飞速发展的当今社会中，如何让自己的智慧快速增长？这就需要知道

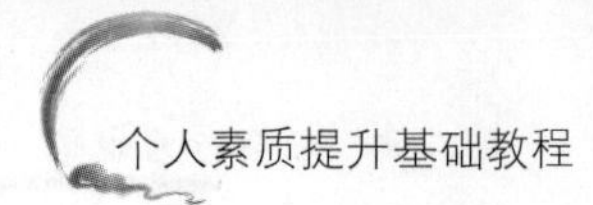

学习的窍门。智慧的快速增长，要能“学有专精”，再加上“明师及达人（有经验的人）”的直接指导，对不明白的地方、吃不透的环节，能做更为清晰透彻的剖析，让你明白自己的缺点及欠缺、不足之处，才能有一个“质”的提升，这种“明师、达人”的直接指导，是让你能有更大受益的关键点。

学会了，只用一次，是应付工作、生活，用一次后，不断透彻的了解，才是提升智慧层次。
任何事情都有提升智慧的空间。

自己努力是基础
对一件事深入钻研，
了解其中细微之处，
掌握所有来龙去脉。

明师、达人的指导是关键
指出错误及欠缺、不足之处，
才能有质的提升。

图2-11　当代提升智慧的关键

要明晰一件事情的来龙去脉，就要亲身经历并反复思索，从而产生深刻认知，并在事后思考过程中，将其中无论是好的还是不好的记忆，反复重复、模拟。一般人无法明白其中的奥秘在何处，也就无法应用此种高层次的规律，让自己受益无穷，这也是很多人的缺点——无法让记忆再生，将很多宝贵经验漏失了。生活不仅是为了“吃喝拉撒睡”，一般人都会误认为满足自己的生存、欲望就是头等大事，反思经历的一切过程皆如昙花一现，必须要能对自己铭记的经验有深刻体悟才是，这样才能让自己有更大的收益。

如何增长智慧？应该放眼整个的人生，对自己的已有的经验有个整体全面的思考，再从当下开始超越，改正自己缺点、弥补自己不足和欠缺，这是智慧获得及提升的真实过程。人是通过知识经验的累积过程，自然形成智慧的增长，这种智慧增长，如果只是用一次，没有继续提升的话，那也仅限于知识经验的获得，只为一时生存所需而已，没有形成更多的智慧增长。

人生如何才能让智慧持续增长？如果只是停留在经验累积，那离智慧增长还差了一大截。人获得知识是比较容易的，因为知识是来自日常生活中的一点一滴，经过了自己的体悟过程，就升华成了经验的累积，每个人也都是通过日常累积经验之后，才有对生活品质的提升，也是自己智慧的增长。智慧增长是一种更大的受益，可以让自己行为准则及行事作风变得更好。智慧成长表现为一种喜悦，是在刹那间明悟人生之理，并化解自己心中的障碍，让自己的思想境界有更大的提升，人们正是在这种智慧的增长中获得更大的受益。

第十一节　仁

图2-12　己所不欲,勿施于人

一、仁慈

人们通过食物链和事务链的串接来满足各自生活所需，每个人都是链条上独一无二的环节，既有追求自己欲求的一面，也有服务他人、满足他人需求的一面。这种客观现实，决定人类在生存过程中的彼此依赖，若能让所有人彼此扶持，就是对人类整体生存环境的提升，而“仁慈”正是其中最为重

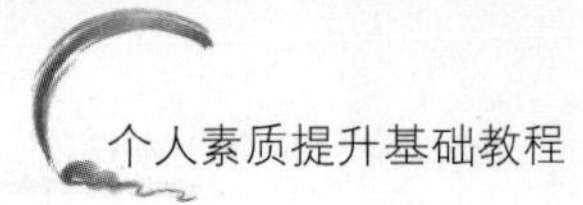

要的天性。

“仁慈”是人的天性中自我德性的散发，是一种“己所不欲，勿施于人”的原则，是一种平等对待的态度，人类能将“仁慈”遍及其他物种生灵，就可以减少很多的杀戮行为，这是仁慈的博爱行为。每个人天生具备仁慈本性，再怎么残暴不仁之人，总会有少许仁慈德性，只是没有彰显出来，隐藏在内心深处，这就是人性的矛盾之处。说一些人残忍吧，但是，在这些人遇到悲伤之时，也会哭得一塌糊涂，为何会这样？就是因为人的天性中就具备着仁慈本性，只是看每个人是否彰显而已。

古语“恻隐之心人皆有之”，见他人受难即心生不忍，这就是仁慈天性的外在表现，再将恻隐之心升华为“仁慈德性”，就是“人之初、性本善”所指的人性本质。一切良好行为皆是以“恻隐之心”为基础，符合“仁慈德性”，“仁慈德性”与“恻隐之心”只是对人性不同表现的称谓，是人类天性中原本就有的特性，不同人的区别仅是在于对待他人或其他物种时，是否会用“恻隐之心”及“仁慈德性”行事，如果所有人都能施行仁慈德性，那世间就会减少很多的不良行为。“仁慈”是人们最能够感受与接受的行为，人类世界本应如此，以仁慈作为行事准则，将会利益子孙后代及万物众生，也是博爱行为的根本，可以让所有人、所有生灵有更大的受益。

“道德”“仁慈”和“博爱”等观念和行为的串联施行，是遵循纲常伦理规范的体现。每个人都能彰显天性中的“仁慈本质”，就能让彼此有相互提升的基础；每个人都有仁慈的一面，人之仁人，就是以“仁”为行为准则，将“仁之德性”由人来发扬，而产生“仁之行为”。

人与人之间，是一种相互成全的关系，遇到事情，需要双方沟通、相互辅助来促成事情顺利进行。每个人天生具备仁慈之心，只是部分人受环境影响而埋没了自己的良知，对于这种缺少仁慈心的人来说，在生存过程中，已经给自己埋下了太多不良的种子。

仁慈之心是人类良善行为的基础，彰显了“仁心”，才会具备“德性”，才能有“道理”的施行，即常说的“公义”，“仁心、德性、道理、公义”加起来就是“仁德道义”。人生都是因为自己的作为而形成未来的不同结果，如此，就要看个人是否能以发扬“仁德道义”来作为自己的行事准则了。

“仁德道义”是每个人生来具备的，仁德是人的基本作为，道义是人的情感相扶，人生如果能有仁德道义的知心朋友，正是因为自己有良好表现，人生中能交到这种知心良友，是很难得的，是值得恭喜的事情，好好努力吧。

二、“仁慈德性”在食物链和事务链中的展现

“仁慈德性”是同食物链和事务链结合的，在生活中的每一件事情，都可以归纳为食物供给或谋生职业，结合食物供给和谋生过程，来展现每个人的恻隐之心，施行仁慈德性，从而使万物众生都能受益，这是人类最基本最重要的道德施行。

人们若只是为了满足自己的口腹之欲，不论任何物种均可以残杀享用，您认为这样好吗？这正是没有彰显恻隐之心，形成一种弱肉强食的杀戮行为，又如何能显现仁慈德性呢？道德经中“天地不仁以万物为刍狗”，其中万物是指包含人类在内的所有物种，只不过其中人类有道德、有思想，可以通过教育过程来防止“天地不仁”作用于人类自身而已。

“恻隐之心、人皆有之”，人皆具备“仁”之本质，表现为仁慈德性，减少对他人或其他物种的伤害，减少大规模杀戮，提升世界整体的德性，能与其他物种和谐共存，让世间万物的生存生长顺其自然，这符合世界环保的趋势，符合当代人类追求健康生活的需求。

三、“仁慈”和“暴戾”

人的行为可分“仁慈”或“暴戾”，若以“暴戾”行事，长此以往就会引发天性中的不良秉性，习惯成自然后，就成为一种难以改变的不良模式，深植在自己思维最深处，不断影响之后的判断，令当事人很难察觉其中的不妥之处，从而增加解决问题时的困难，使事情处理难有和顺。反之，以“仁慈”作为行事准则，就少有上述问题，正是要通过教育的过程，扭转“暴戾”，提倡大家遵循社会行为规范，彰显人的“仁慈德性”。

您能明白“仁慈德性”的重要性吗？人在顺境时，仁慈德性不一定会彰显出来，反而会因为物质享受太优厚了，而容易生出暴戾的杀戮行为，为了满足自己口腹之欲而有很多的不良行为，更有位高权重的人，轻率做出的决定，伤害众人而不自知。分别“仁慈”或“暴戾”的正是体现在自己的行为当中，在人生中，应当记取前人深刻的教训，明白“仁慈”或“暴戾”对个

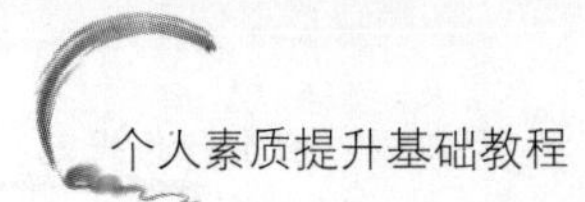

人的重要影响，正是区别每个人未来的根源。人多是因为贪图口腹之欲或酒色名利，而有杀戮和见利忘义的不良行为，埋没了自己的清纯本性，也影响了未来的前途。

每个人都应时常反省自我的思想言行，在处理事务的过程中，让双方都得到满意的结果，不要仅是自认为自己是在施行“仁德”，如果对方没有感受，也只是“自以为”的仁慈。如果坚持己见、难以转变，反而会弄巧成拙，“仁慈”不是自己认定的。每个人不论贫富贵贱，皆是人类一员，若是因为见利忘义而产生诸多暴戾行为，此种不良行为会随顺着自己欲望的膨胀，很快破坏自己的人脉圈子，积累很多的不良后果，未来只能自己面对由此带来的不良结果。

第十二节　勇

一、勇于面对人生坎坷

人生经常会遇到不如意的事情及困难，干扰原本的平顺生活，对当事人来说，在当时真是无可奈何。这种无可奈何常常是很难化除的，形成的困难阻碍，也让人无法心平气和。这种问题在生活中时有发生，若无法及时妥善处理，就会不断累积，造成人生的沟沟坎坎。

问题发生之后形成的杀伤力，分为实际困难和心理压力。从实际困难来看，必须先弄明白所遇到的问题是什么，处理方法可以借用他人经验或是自身经历，一般也会有好友来帮助并提出解决建议，化解所遇到的各种困难障碍，自己通过解决问题的过程，找到正确的解决方法并累积经验。对当代人来说，问题带来的无形压力所造成的破坏，会比实际困难产生的破坏力更大，人们无法阻止无形压力的产生，若当事人自己不敢面对问题，也就无法将无形压力化除，经常受此干扰，长久累积下来，就会形成难以治愈的心理疾病。这种心理疾病在人与人之间传递，延续着无形压力的迫害，如现代医学所说的“忧郁症”及“躁郁症”，这两种病症就是在一股强大无形压力下形成的心理病症，人们深受其害而难以化解。

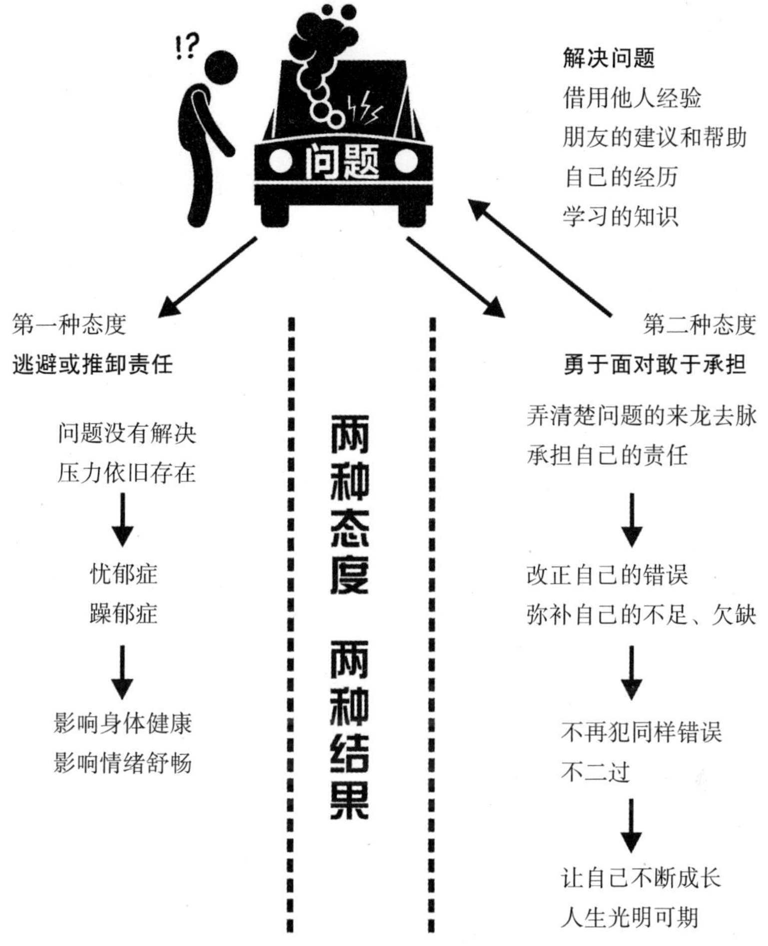

图2-13　勇是一种对待问题的态度

其实只要能在心中放下，症状就能消除，身体也自然会痊愈。此时需要有“勇气”面对问题，首先承担责任和后果，由此产生的无形压力压迫心理的根源多是由“自己想要却得不到”而产生的，“忧郁症”及“躁郁症”多是起于这种“自己得不到，但又放不下”的心态。很多人无法化解，是因为无法放下自己的欲望，若是有“勇气”承担面对“得不到”的结果，其实就能化解所承受的压力，也可以消减对自身的伤害。然后，明确解决实际问题的方法，就能真正化除无形压力。不然，人们无法明白无形压力来源于“自己想要”的欲望，若一直得不到满足，就会产生种种无形压力。要化除这些无形压力，需要当事人有“愿意放下”的心态，那么就会有痊愈的一日。

二、化解人生困境的过程

人生遭遇困境之后，只有硬着头皮往前走，找到问题所在，知道自己错在什么地方，承担自己的责任，这样勇敢面对问题、处理问题的人，才是真正有担当、有作为的人。勇敢地面对问题，把问题找出来，才知道困境不是自己想象中的那么严重，这正是一种经验累积的过程，让自己有能力顺利解决问题，下一次再遇到类似的事情时，就可以很轻松地面对。

但在现实中很多人遇到问题之后怕承担责任，不敢面对问题，一直逃避，任由问题不断扩大，以至于到了难以收拾的局面，还是没有勇气出来承担问题。与此相对的，当事人也就没有经验的增长，没有学会分析问题、解决问题的办法，因为不敢面对，经历一点挫折就退缩，所以一直没有获得处理问题的经验，最终也就没有智慧的成长。那在一生当中，这个问题就会一直反复出现，成为“没有通过的考题”，只有能够顺利解决这个问题，才不会再次出现，这也是对每个人一次又一次的训练过程，每一次的磨难就是增加对此种问题免疫力的机会，同时也可以积累经验，实现智慧的成长，这就是化解人生困境的过程。

有些人在问题发生后，经常会把责任推得一干二净，但是有了功劳却总会归到自己一身，这种行为相当不可取，在“勇”字上就已经不及格了。人生当中经常会遇到各种不如意或难以处理的事情，必须要有承担的勇气，在认识到错误之后，铭记这次的教训，下一次不可再犯相同的错误。现实中很多人都不敢承担自己的责任，有功劳是自己的，有问题同自己一点关系都没有，虽然可以推得一干二净，但是，他人又会怎么看待这种行为呢？在这个过程中，对自己的考核已是不及格了，别人也会着实认为你没担当。

很多人不明白，生活中出现的问题，正是一个向上积累经验和成长的契机，能勇于接受挑战，有认错修改的勇气和毅力，就可以在下一次面对类似问题时做得更好，就可以有相应的智慧来化除遇到的问题。您是否也想如此呢？这就要有承担责任、敢于接受挑战的勇气，相信未来所有的困难对自己来说，都是免疫力增长的过程，也是自己未来成就的原动力。成功属于“勇于承担、敢于面对”的人，如您已能做到，那就祝福您了。

人非圣贤孰能无过，不怕做错事，就怕做错了还不承认，甚至将一切过错推得一干二净，这种不敢承认错误之人，也只能扮演一般的角色而已，想要有大作为那是不可能的。您愿意同此种人共事吗？相信也没有人愿意同遇到事情就会推诿卸过者共事，这种人是不能成为一个成功人士的。

三、“不二过”

成功者皆是有勇气、有担当的人，有问题后能检讨问题根源，修正其中错误与不足，弥补欠缺，并且在修整之后，将此教训铭记在心，下次才不会重蹈覆辙，这也是让自己有更大提升的必由之路。在问题出现后，就能了解自己的勇气及担当有多少；能担当多少，能得到的就有多少。

没有人什么都会，多是经历之后才知道事情应该怎么处理，起初都会有走弯路甚至碰壁的过程，而且还会因为欠缺对事物的了解，造成很多问题障碍。若是没有勇气直面遇到的问题，一再拖延，无法有改正的一日；或是明明知道是自己错了，但一点改正的勇气都没有，也就会一错再错甚至错得离谱。

此种情况身边随处可见，因为无法改正自己的错误，也就无法有更大的提升，甚至会因一件事情而让自己重复受到伤害。要明白必须要有改正错误的勇气，才能成就光明的人生。对于勇于改错的人，都是先有勇气面对问题，之后，才能明白自己的错误是在何处，搞清楚问题的来龙去脉，找到解决问题的方式方法，才能向着光明的未来前进。

人生都是一样，没有哪个人敢说自己一生不犯任何错误，但也有知道错了还不愿意改的人。有一种人，明明知道自己错了，甚至也知道如何改正，却因“面子、情绪”等原因永不改错，这种人被“自己的执念”绑得死死的，把改正错误变成永远都不可能的事情，可以说已经变成了“明知故犯，偏就要这样做”，如此，更加深了自己的困难障碍。还有一种人做任何事情，不知道如何做，又不愿意学习，这两者加在一起，就形成难以化除的困难障碍。

每个人的经验累积，都是来自于每一次经历和每一次错误之后的总结，能知道自己错在哪里、不足欠缺在什么地方，才是能有修整改变机会的主要

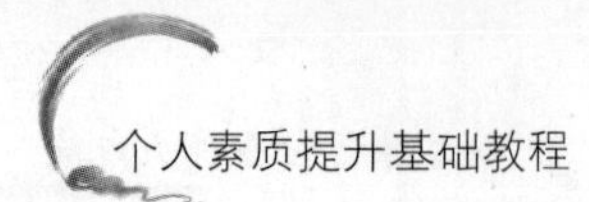

原因，此时，敢于担当的勇气，改正错误再不重犯，就是“不二过”的过程。不论身处何种职位，都是要经过一次次的摸索学习和经验累积，第一次体验时都没有经验，很难做到十全十美。遇到的问题，正是每个人成长的基石，正是每个人通过亲身体验的过程来成长提升。

每个人都会有做错的时候，要有“人非圣贤，孰能无过”，知错能改，善莫大焉”的观念，有“不二过”的正确方法。第一次犯错在所难免，经历第一次之后，谨记其中的经验教训，在下一次面对相同问题时，就能明白关键在何处，而有正确处理问题的智慧，第二次、第三次之后，就有了丰富的经验，可以让自己轻松处理类似的事务。

本章结语：人生的财富

人生之中经常是“花钱买经验”。每个人所获得的知识经验都是相当难能可贵，是花费了很多时间和金钱得到的，其过程很痛苦，也很无奈，也就会对这种“用时间、用钱买到的经验”刻骨铭心，更加珍惜，下次处理相同问题时，用来修正前次错误，让自己得到实质性的提升。人生不要怕错误，要在犯错的过程中，掌握以前不知道的知识和技术，抓住学习和成长的机会，这些过程都是值得未来回忆的过程。人的成长过程，就是一个不断学习成长的过程，就是不断累积经验的过程，在面对每一件事情、化除每一次困难的过程中，累积一生受用的宝贵经验，是每个人学习做人做事的基本。

人生经验是每个人的宝贵财富。人是在年轻时处理各种事情、解决各种问题中学到知识和累积经验，这都是年长后宝贵的人生财富。在老了以后，是否觉得自己是个“宝”呢？如果连自己都不认为自己是“宝”，那自己一生一世的经验累积也就没有实质用处，只是空来人世间游戏一遭而已，连一点成长提升都没有得到，真是相当的可惜。

人要能勇于承担职责，敢于改正错误。所有人都是从不懂开始成长的，一点一滴地累积经验，这是每个人都要经历的上升过程，其中必须要能修正自己错误，弥补欠缺和不足，这才能让自己有真正的提升，不知您能否做到？

若一点改变都没有，甚至都不知道自己错在了什么地方，人生就谈不上提升和成就了。人不怕做错，只怕做错了不敢面对，而变成难以提升的困难阻碍，面对一次次的错误，能有敢于面对和改变自己的勇气，未来才有更大的提升和超越。

人生就是一个不断产生错误、不断修整改变的过程，没有任何人可以脱离这个过程，世界好比"生命改造界"，一方面可以让人有改变向上、提升超越的机会，一方面也让人放纵享乐不断沉沦，人生就在这个好坏参半中不断循环而已。光明美好的未来，是从勇于改错开始，在经历中学习成长、累积经验，让自己有更大的成长提升，人人都应如此。勇于担当、敢于改变，做到不二过，一定是要自己好好努力才行。

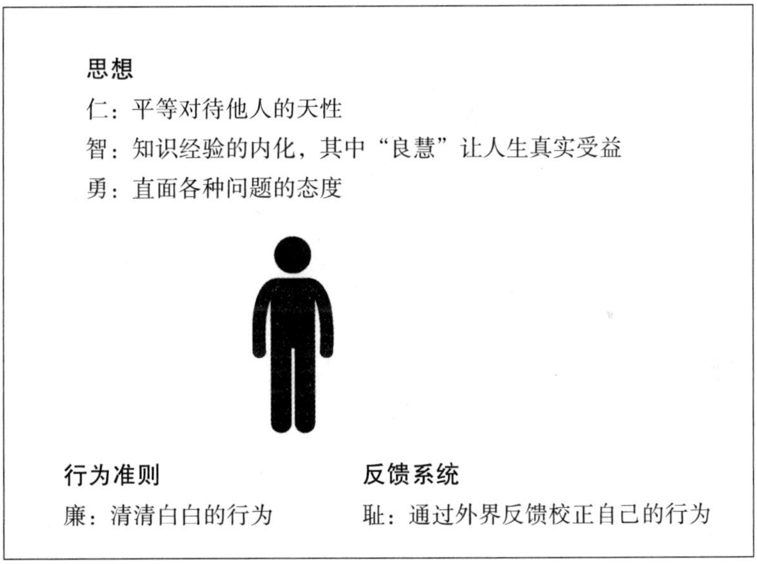

思想

仁：平等对待他人的天性

智：知识经验的内化，其中"良慧"让人生真实受益

勇：直面各种问题的态度

行为准则

廉：清清白白的行为

反馈系统

耻：通过外界反馈校正自己的行为

图2-14　个人的宝贵财富

第三章 孝 德 行

第一节 孝 道

一、中华孝道

（一）舜帝以身作则，带动诸侯效仿，奠定中华数千年的孝道根基

古代中华，人生存于部落之中，散居各地，部落首领称为诸侯，诸侯共主称为君王。自部落时代即有孝的行为，但真正将孝道发扬光大的人是舜帝。

部落首领采用禅让制度，为何尧帝禅让于舜帝？是因为舜帝做到了五点：1.发自内心的孝顺；2.不计较、不比较的仁德举止；3.让所在部落具有繁荣昌盛的能力；4.不居功自傲而谦虚为人；5.家庭和谐。舜帝身体力行孝顺父亲及后母、友爱兄弟，化解了父亲及后母的成见，施行亲民、爱民的政策，舜帝继位后身体力行孝道的行为，带动了诸侯效仿，于此孝德普天下，奠定中华孝道根基并传承至今。

中华文化源远流长，道德观念和纲常伦理是维持社会稳定的重要基石，而孝道又是其中基本。百善"孝"为先，人类繁衍代代相传的过程中，有慎终追远、感恩回馈作为基础，才能有稳定的社会和不断发展的生存环境。

（二）中华以孝治国，代代传承

中华数千年的农耕文化中，需要众多人力建构起庞大的家族体系，"九玄七祖、五服"是中华民族重要的社会人伦体系，孝道传承有着重要的社会作用。自古以来，以"孝"为治国立国的根本，所谓"忠臣出自孝子""百善孝

为先”，都有其现实意义，历朝历代的君主莫不以孝道为根本国策，自古以来，孝道就是中华文明发展的基石。

图3-1 孝道在道德观念中的基础地位

古代“五伦”代表五种最基本的人际关系，有：君臣、父子、夫妇、长幼、朋友，家族宗族是每个人重要的人脉基础，以宗族家族为主的社会体系中，又有以血缘家庭为基础的宗族，自然以孝道传承为最重要的内容，并在此基础上，形成稳定的社会体系。

不同国家都有自己独特的孝道传承，但唯有中华文化被称为“孝道文化”，是因为儒家思想以孝道为根基，并留下了世界唯一一部关于孝道的经典《孝经》，将中华文化中有关孝道的内容归纳记载其中，中华文化奠基于“孝道文化”，并将孝道代代传承。

古代能够识字的人不多，想要读书识字，不是一件容易的事，所以先辈将孝道观念通过生活中一言一行，经由“身教”的方式，将“孝道”观念和行为践行于生活中；同时，透过简短的文字（如《千字文》《三字经》《弟子规》等蒙学读物），让孩子在小的时候就开始背诵，儿女在耳濡目染之下，自然而然地将“孝道”融入于思想和行为之中。这就是中华儿女在日常生活中践行“孝道”，代代传承“孝道”的过程，也是将“孝道文化”转化成为“中华文化”的过程。

（三）孝道源于繁衍

每个人都要经过母亲怀胎十月，才能够出生为人，父母恩情始于怀胎十月，若是没有父母就不会有今日自己。十月怀胎过程由母亲辛苦承担，临盆出生之际更是天人交关的关键，稍不小心母子皆有极大的危险，甚至有可能母或子保不住生命。因此，母亲的恩情比山更高，比海更深。

父母照料子女是其天性，而子女照料年迈双亲，则要看人性德性有否启发；父母对子女的付出是无限的，而子女对父母的付出，时常是有限有条件的，这是人类的劣根性。因为人们会记得当下自己照顾子女的辛劳，而忘记当初父母对自己的照顾关怀。当看到怀抱中的婴儿之时，要能想到曾经父母对自己的照顾关怀才是。

子女成长过程中，由父母劳力劳心来哺育教育，不然，每一个子女如何能无拘无束地成长？等子女成年时，父母皆已迈向老年，不像当年那样年轻气盛，身为子女自然会对长年照顾他的父母亲，有反刍之心及行为，这是人的天性，大部分人都有此种优良天性，无论别哪一个人种、民族都是一样的。

“孝，德之本也”，孝顺父母是天经地义的事情，“孝道传承”需要身体力行，从而做到“以孝传家”。“孝道”从人类整体角度来看，就是对生存繁衍的基本保障。孝顺父母是人类天性，自然界动物也是同样，都是由父母哺育关怀长大的，父母对子女如此，子女对父母也是如此，很少有人对其父母不闻不问、当作陌生人的。

（四）古今生活方式不同，孝道文化发生变化

古代孝道礼仪：要每日三次到父母前请安；父母吃饭时不能就座，要等父母吃完才能上座；父母仙逝时要守三年之丧，等等。现今社会虽然已经不需要如此遵行，但是也要了解其中精神所在并传承感恩父母养育的优良传统。

现今社会已从大家庭转化为小家庭，一般都是一家三口，已非古代农业社会时期的家族聚居，往昔一个宗族人口能有二三百人口，现代家庭一般也只有三代同堂而已，父母、夫妻、子女三代人口最多也不超过十人。因此，孝道文化自然而然也会因生活方式不同而发生演变，现今大部分人会将子女照顾得很好，却疏于对父母的照顾。

自古奉养父母衣食温饱简单，但要做到和颜悦色却不容易。现今人一般有足够的能力照顾年迈双亲，使其生活无缺，但和颜悦色来照顾父母仍旧是很难做到，需要每个人好好地调整自己的心态和作为。现代大部分人都会因情绪烦躁等，对长上父母不耐烦，有时以大声怒骂来对自己父母，您是否会常常见到、听到如此情形呢？

现今“代沟”问题更加深刻了，两代之间意见不同、常有隔阂，有时两代之间常有强烈的情绪产生，彼此都不让步，反而因为是父母子女关系，吵得更凶、更激烈，“强爷生将子”的问题更严重，面对外人时，反而不会有此行为。子女要如何面对与父母的思维差异呢？要如何解决“色难”呢？

“孝道”不是有条件地奉养父母，而是要能体恤体谅父母的心理感受，发自内心地感恩回馈父母才是。奉养双亲不只是让他们三餐衣食无缺，更要对父母和颜悦色、体恤父母心意，意见不同之际，至少需要有“理直气和”的态度。当代践行“孝道”的关键，就是看如何处理与父母的关系了，理念可以不认同，但不能失去做子女应有的态度。切不可任由自己的情绪而激烈地争吵，这样就失去了孝道奉养之意义了。父母和子女的心态都要顺应时代发展和变化，做出相应的调整，这样才能有圆满的关系。

二、人类繁衍

自有人类起就有孝道，只是不同地域的风俗习惯不同，在我国，将孝道制度化、文字化，上行下效，由此奠定了中华几千年来优良又坚固的文化基础。孝德文化的弘扬，有利于安定人心，促进社会和谐、科技进步、政治稳定。

<table>
<tr><td>古代孝道弘扬：
表扬孝道楷模
带动大家遵行

孝子孝女孝孙
↓
彰显孝道</td><td>古
昔

上行
下效</td><td>今
时

由自己
做起</td><td>当代孝道弘扬：
要从心中自觉明白孝德
自发地行动
个人、家庭
↓
社会、国家
↓
全球</td></tr>
</table>

图3-2　古今孝道弘扬过程的不同之处

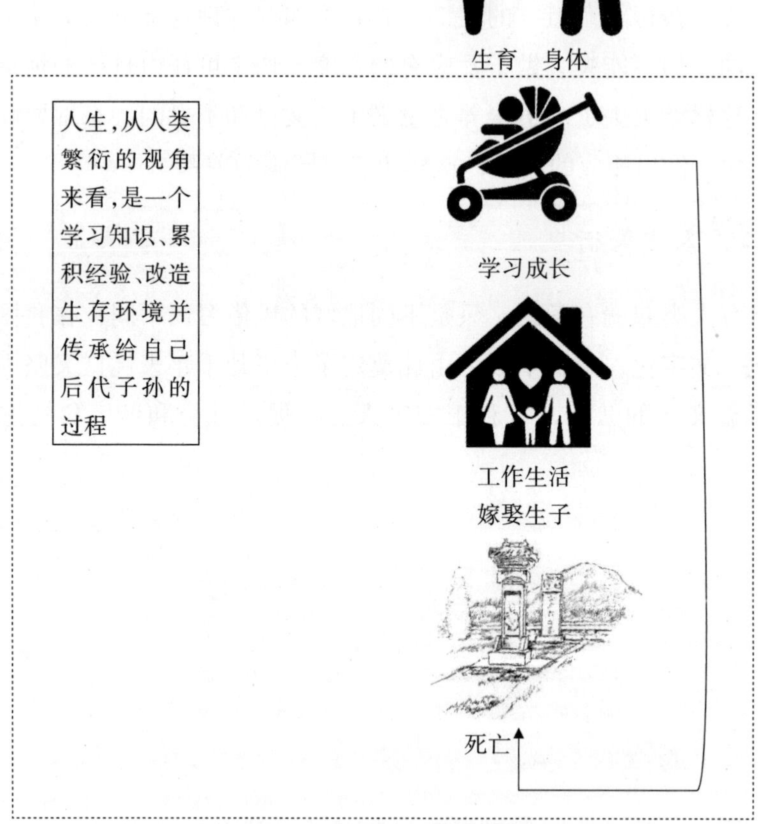

图3-3　人生循环中蕴涵的知识经验传承过程

随着历史发展，适应新的历史时期的孝道将会重新施行。当代孝顺父母，是从满足自身感恩之需出发，从自我孝德的觉醒做起，付出真心和耐心，满足父母各方面的需求。孝顺父母不应有任何框架束缚，孝顺父母是责任义务，更是将分内的恩情及关爱回馈于父母，回报父母生养教育照顾之恩，不给自己留下遗憾。

（一）孝道基于人类出生、学习、成长、繁衍到死亡的各个过程

人类的生存繁衍，推动了社会发展。每个人的一生，都要经历由生到死的过程，并将自己的经验传承后代子孙。

很多人会扮演子女，也会扮演父母，会有不同的心态和做法。遵循孝道，能让家庭成员之间和谐相处，并有良好传承代代相循，由一个家庭推及整个社会，孝道正是促进整体社会和谐发展的动力。

父母在孩子的生养教育中，是不计较的无私付出，是大爱情分

子女失孝 是难体悟亲人血缘关系 难感知父母付出之心血 ↓ 失孝者：仅能依靠自己，难以获得来自家庭家族的支持	至孝之人 理解父母付出 竭力回报父母 ↓ 至孝者，家庭和谐圆满，家和万事兴，事业兴旺，事业顺利

子女回馈父母大爱的过程，心态不同，结果亦不同

这种行为还会传承给自己的子孙后代，结果也会重现在自己身上

子女没有感恩之心 父母郁郁一生 子女抱憾终生	子女感恩、回馈、关爱父母 父母子女间融洽相处 父母子女均无憾在心

图3-4 父母做好榜样，子女自然会模仿

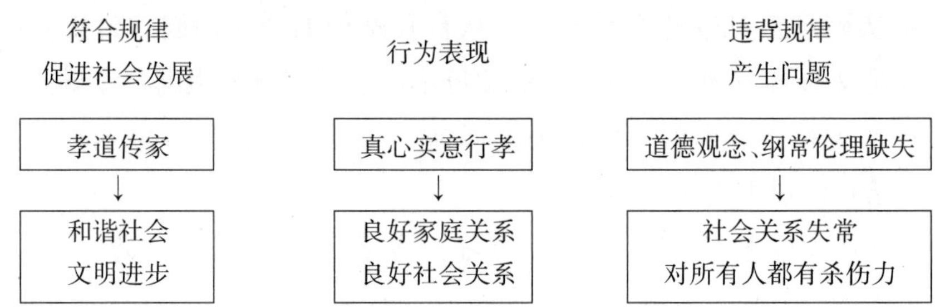

图3-5　尊重或违反规律，决定社会进步或是退步

（二）孝道对个人的基本要求

在日常生活与工作中，要自我反省，不断改正自己的错误，弥补不足与欠缺，坚持不懈，不断提升自己。

图3-6　个人行为基本要求

通过自身的进步提高，才能给下一代更优秀的传承，人类整体正是在每个人点点滴滴的进步积累中达到进化的。个人的良好行为也都是从陪伴父母、尽孝报恩做起。从情感上讲，在自己幼小时除父母亲人愿意陪伴外，再无他人，父母年老时也理应陪伴父母。从人生智慧积累上讲，因为有父母肩膀支撑，才使得儿女看得更远，父母年老时除了奉养之外，理应分享自己获得的知识给父母，让父母也能受益。从实际来讲，认真倾听父母，才能温润父母心灵，同时学习父母一生的智慧精华，倾听后才有沟通，明白父母心意才能彼此共同受益。

三、当代孝道

自三皇五帝始，孝道就成为中华民族的基本条纲，后代儿女孝顺父母长上成了天经地义之事。在当今时代，生活环境发生了巨大变化，是否还需要孝道？

父母生养子女的过程不变，传承经验的方式不变，那么，人类的行为还是会通过个体进化，来推动整体社会的进步，促进人类整体的进化。当今时代，孝道仍是人们必须遵循的，但是随着社会环境的发展，其中的具体方法需要改变，与时俱进，符合当今社会的需求变化，才能被人们接受并广泛应用。

（一）古代孝道与当代孝道的异同

古今孝道不同之处：

古代孝道	随着社会环境变化	当代孝道
多代同堂 菽水承欢	⟶ 原有生活方式改变	小家庭 父母子女各自生活

图3-7 古今孝道的不同之处

古今孝道相同之处：

1.今日之子女，他日之父母；2.自己做多少，子孙还多少；3.孝顺还生孝顺儿，忤逆还生忤逆子。

人大多都要经历子女到父母的角色变换，扮演不同的角色，遵循孝道，才能一代一代更加优良，自己如何照顾父母，子女有样学样，将来同样对待自己。

（二）东西方孝道观念的融合

1.东西方的差异

中华文明长久以来，就以家庭三代结合宗族来发展，形成庞大的人脉关系，彼此互相照顾提携，这也是因为农业社会需要足够的人力物力，才能将广大田地开垦，就形成了以宗族家族为核心，紧密结合每个人的社会结构，其中由长上父母来照顾年幼子女，也同时照顾年迈老人。故数千年来，中华以孝道为道德基本、为治国条纲，以孝为国之道德观念与社会行为规范，古云“忠臣出自孝子之门”“正心，诚意，修身，齐家，治国，平天下”，这正是中华精神之典范。

西方国家没有“孝”的提法，并非不孝顺父母，只是用另一种方式来报答父母的恩情。

表3-1 社会发展方向与观念对比

	地 域	社会形态	孝道观念
现在	群居生活方式，家族内相互扶持，产生了孝道文化，并形成人伦道德体系	农业社会	忠臣出于孝子之门 百善孝为先
未来	未来地球村 儿女赚钱更辛苦，还要靠父母资助	云端数位社会 机器人、人工智能取代大半工作，社会分工更紧凑，高阶人才流动频繁	父母观念：养儿是义务，养老靠自己 儿女观念：对父母不仅奉养三餐，还要照顾生活起居，关心其心中感受，让父母能有更具尊严的晚年生活

2.东西融合

东西方文明各有优缺，这是生活环境、历史发展不同而形成的，随着世界经济一体化的进程，未来会逐渐融合双方优点、消弭双方缺点。从近五十年来的民情风俗来看，大家就能体会改变了多少，除了基本价值观点外，食、衣、住、行、育、乐等方式，全部跟五十年前不同了。

孝道是人的天性，只要能奉行孝道擦拭自己内心，自然就会有优良的行为产生，不用万分强调，只要每个人从孝之本性出发做人做事，基本上就能将孝道践行于生活了。观念融合形成新的孝道观念，是时代发展的必然结果，孝道传承也会因此而改变，由传统孝道的“他律”，变成当今“自律”的孝道。

（三）孝德行——父母教育子女的观念方法要与时俱进

表3-2 传统孝道与当代孝道的不同之处

	传统孝道	当代孝道
形式	一日三请安 奉养三餐 陪伴父母不远游	理直气和的态度，陪伴倾听父母，让父母能有更具尊严的晚年生活
教育	父母权威 子女啃老	陪伴沟通，明白子女的性格和兴趣，子女长大对父母有同等的关怀、回报
身体	父母五十，垂垂老矣	父母七八十岁依旧精神
观念	养儿防老	父母：养儿是义务，养老靠自己 子女：理解孝道，自发自觉地行孝

当今时代对子女教养，父母要学会放手，让子女独自面对社会种种考验，学会如何做人做事，不是留下钱财，造成子女依赖，坐吃山空不事劳动。对子女的教养方式，决定了父母老年能否拥有有尊严、安适的生活，若是父母万般放不下，那么子女自然是永远粘在身后。

子女成长依靠于父母教育和所能提供的学习环境，孩子都有不同天赋，父母必须投入大量时间才能发现子女、兴趣和特长，如此加以大力培养，天赋种子自然能成大树，孩子未来也就不用父母太过操心。父母未来，也就可以去游山玩水，做自己想要做的事情，而不是永远都要陪着子女，陪着走子女的人生路，这样太辛苦了。父母的教育方法相当重要，孝道也不只教导子女该怎么做，父母自身也要一起来学习改变，自己先做好，才能让子女有一个学习的好榜样。

当今社会有一些不良风气，源自传统孝道的缺失，其原因不仅是失去了原有优良品德，也是在外来文化对中华传统文化的冲击，还是原有的“孝道传统”不符合时代发展，又不知该如何改进所致。

运用当代哲学，重新归纳演绎中华传统优秀文化，总结其中的规律，再用这些规律来指导人们的工作生活，是当代哲学和传统文化研究者的使命和义务。将孝道结合时代发展，真正以“孝德”践行于生活，提出切实可行的社会行为规范，改变那些不良风气。

表3-3 当代孝道中父母子女应有的心态

父 母	子 女
放手，与儿孙、媳妇保持距离	独立自主
自由自在的心态	当下行孝的心态
1.没有任何东西是可以永久拥有，都是借看、借用而已，心中无挂碍，日子就会轻松自在，未来的成就，靠自己努力； 2.该是你的，绝不会失去；不该是你的，强求也留不住； 3.提升自己，转变自己，改造自己，自己的未来自己掌握，不可寄望于子女	1.孝顺不是飞黄腾达后才做，自己独立生活后就可以开始了，从一言一行、一举一动中做起； 2.对父母挂念，真心孝顺父母，不论是否与父母同住或相距遥远空间，均在心中牢记父母养育恩德，不时联络父母，身体力行孝顺行为，成为后代子孙的模范榜样

未来时代的改变，皆在于今日的努力付出，将“孝德行”推广于世界，不仅是践行核心价值观，更是在于构建人类命运共同体的过程中，能有切切实实的推动作用。深化孝道理论，在生活中践行孝道，有助于改善现有社会问题，端正风俗，化解不良家庭关系，“孝”本是每个人都具备的优良品德，找到切实可行的方式方法，就能让中华孝道随着21世纪中华民族的伟大复兴，造福更多人。

第二节　生养教育过程

一、生育

（一）怀孕之初，面露春风

夫妻得知将要为人父母之时，心中有大大的喜悦之情，自此而后，家中将要加添丁口了，这是何等喜悦啊。对小家庭而言，家中有了黏合剂，所有人等将环绕这个小宝贝来作业，不像以往各忙各的，很难聚在一起。一旦加添丁口，所有话题、所有考虑，都将落在这个将出生的小生命上，一切大大不同了，喜悦之情难免显露在外，面容可轻易读出喜讯，春风满面、笑容可掬呀。

（二）亦喜亦忧

表3-4　子女成为父母的过程和心态转变

时间过程	行为特点	思维特点
婴儿光溜溜地来到世间 ↓	父母与其他亲人悉心照顾	父母体验无中生有的过程

续表 3-4

时间过程	行为特点	思维特点
 子女幼年到青年 ↓	父母对子女： 衣食住行，供应俱全； 子女有自己的时间、空间、金钱	父母示范了无私、无我、无为的过程，父母体验并建立一种无我的观念与作为，亲身体验天地覆载万物而无求任何回报的自然运转规律
 子女成年结婚生子 自己也成为父母 有了自己的子女	子女有孩子后： 预留其后代的费用：奶粉、尿布、医疗、早教、学费等；预留时间空间，陪伴孩子。	子女成为父母后的改变： 1)物质上 压缩自己的用度，重新分配金钱； 2)精神上 心理上自我重建，少一点做自己的执念，有了人生第一次有舍有得的学习体验； 3)做决定的基点发生变化 以家庭为单位，举措更圆融，通过沟通、探讨来决定； 从此开始有逆向思维，感恩回馈父母及祖先的恩泽，在食物链、事务链中，亲身进行无私无我的实践； 思想境界升华，感受天地宛如父母般照顾万灵苍生，让自己的境界提升，感恩天地的无私

准父母心情忐忑，亦喜亦忧，会有许多的顾忌，担心营养、出入平安以及各个方面，都要考虑这个腹中的小生命，尤其身旁亲朋或是医生一句无心叮咛的话语，在准父母的耳里，可是比天还大的圣谕啊。说好了，心里就放下一些；说不好，就会忧烦几天，尤甚者，还可能担心到孩子出生的瞬间，可谓影响巨大呀。这代表准父母心中，将小生命的比重提到了最高，严阵以待，一点都不敢怠慢，人类与世间有情的孕育奥秘，也都是如此，生命才能代代相传。

（三）母子体验命运共同体

随着胎儿的成长，母亲身体负担日日加重，历经了初期的不适后，准母亲可以体会与腹中胎儿，既为两（多）个生命，又是同一个共同生命体的感

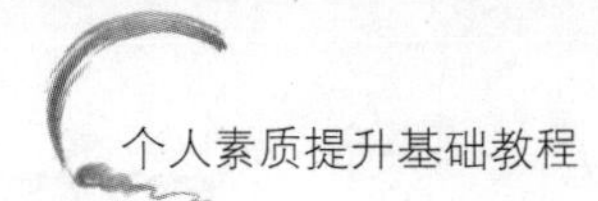

觉，如此一个奇妙的合一旅程，或许最接近与宇宙万物合一的境界。有人体会到怀孕会使准妈妈的第六感增强，让其更加灵敏，真是不同于以往。

早期怀孕不适感或是易呕吐，是因为腹中胎儿在与准母亲共同调整体质与寻找需要的能量（食物），而导致的正常现象，准母亲此时要多加注意营养的摄取，因为腹中胎儿所需就是这样多，若母亲不增加外来的摄取，未来会使得母体再补充变得很难。

随着腹中胎儿的成长，会有诸多不适，体型亦改变许多，重心的转移，骨头、内脏的移位，身体的负担渐渐加剧，酸痛不适更是在所难免，不能好好躺下睡一觉，这样的日子过了十个月的也大有人在。每个母亲都是这般经历后，才能圆满地诞下新的生命，试想此过程，更应对母亲报以更多感恩之心才是。

（四）儿女生日，母亲人生大难之日

“生得过，鸡酒香，生不过，四块板”，虽然现在医学相当发达了，但生产亦是有其相当风险存在，产后出血不止的憾事，亦是常有听闻，并发症更是不胜枚举，每位上产台、手术台的母亲都有此决心，怀着“若真有万一，就要先保小孩”的体认来赴此盛事，这是母爱的伟大！

（五）感恩与回馈

各位已为人父母或将为人父母者，要好好爱护自己的子女；对生养自己的父母更是要报以孝顺感恩的实际作为，才不枉此生为人子女的特殊因缘。有几个人会为了您把自己的生命都先放一旁的呢？自己的双亲就是两位头号为自己卖命者，不孝敬双亲，更要孝敬何人？“手抱孩儿方知父母恩”“百善孝为先”，应自孝养孝顺双亲开始。得了父母无私的供养，才有今日挺拔的身躯，才有促成向上、成长的机缘，不是吗？好好体会，转化为感恩回馈的实际行动，人生也将有莫大动力，有光明的人生大道。

“生育”的过程艰难不易，是延续人类的特殊使命。一切都不是这般容易与随便可得的，否则，不仅要自己承担违背自然规律的后果，还辜负了父母的深恩，浪费了此生的价值与意义，真是可惜了。若能感悟本章所述怀胎机缘的不一般，能好好回味这看似一般却是不同凡响的课题，好好思量，找出初生感动，好好热爱珍惜己身生命、发挥价值才是。体会父母生育之恩，把握人生与人身，成为有用之才。

二、养育

（一）人生循环往复，今日的子女，他日的父母。

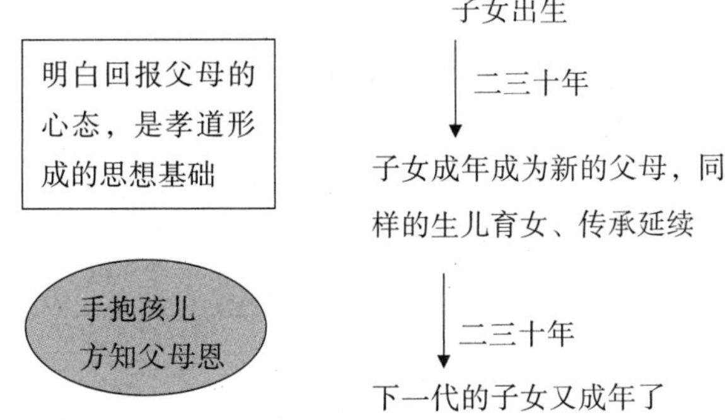

图3-8　养育过程中子女父母角色转变的过程

每一位父母都是从子女转变来的，是由上代祖父母来照顾父母，再由父母来照顾子女，子女未来变成了父母，又继续照顾下一代，传承延续、代代相传。每一代父母不论环境好坏、物质是否丰厚，都会为子女无私地付出，养育、照顾子女，人世间父母的伟大是毋庸置疑的，如同天地大爱，不掺杂任何自私情分在内，也不求任何的回报。

表3-5　养育过程中父母身心变化

续表3-5

<table>
<tr><th>壮年，精神奕奕</th><th>十月怀胎</th><th colspan="2">嗷嗷待哺的婴儿</th></tr>
<tr><td rowspan="3">父母的养育照顾，是世上最无私、最伟大的行为，不掺杂任何自私成分，也不求回报；
家庭犹如避风港，让子女休憩，再度振作，重新出发</td><td rowspan="3">20年
养育</td><td colspan="2">父母之恩，需子女用心觉察体认</td></tr>
<tr><td>能体认</td><td>不能体认</td></tr>
<tr><td>感父母恩德，
能无私回报父母</td><td>说再多孝道伦理，也是过往烟云，随风而逝</td></tr>
<tr><td>父母步入中、老年
精力、体力、气力都下降</td><td rowspan="2">子女
成人</td><td colspan="2">子女成为茁壮青年
精力、体力、气力旺盛</td></tr>
<tr><td>希望子女成为社会之栋梁，至少不危害社会</td><td colspan="2">父母永远是靠山、避风港</td></tr>
</table>

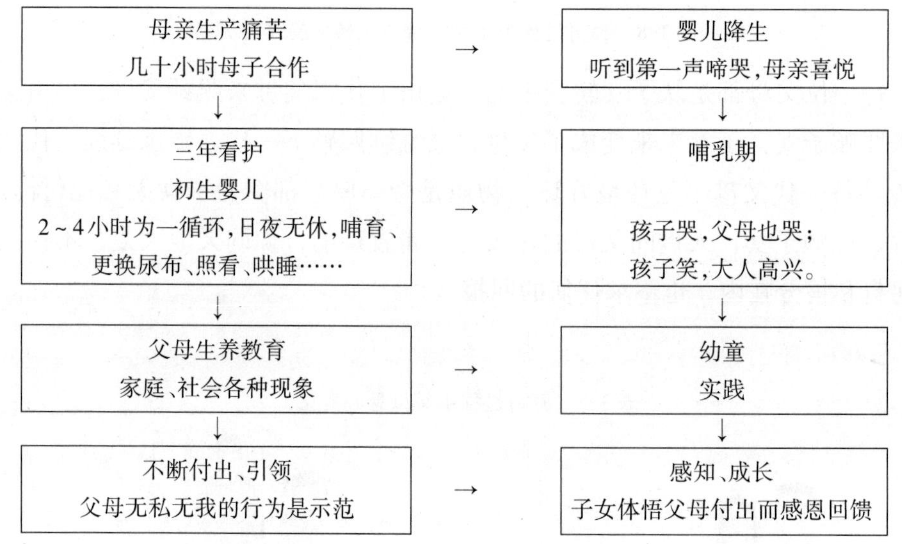

图3-9　养育过程中父母行为变化

父母子女养育过程中，身体、心态及行为的变化，就是理解孝道产生的基础。在此过程中，明白父母无私付出和无求心态，是子女自觉产生感恩回馈的基础，对父母的回馈行为不是强制或有任何要求才去做的，而是每个人明白生养教育过程后，从心底自发自觉主动采取的行动。中华孝道总结的是父母子女在生养教育中应有的行为规范，但践行于生活时还是要靠子女对父母付出的理解，才能自觉产生感恩与回馈的行为。

（二）婴儿百日哭的现象

婴儿长期啼哭，俗称百日哭，一般诊断疑似为肠绞痛，其实是婴儿重新适应生存环境的过程：1.有白天黑夜的影响；2.生存空间的影响；3.适应新成员的影响。

三、教育

（一）生养过程是父母的学习良机

借由生育养育的过程，让年轻父母体认上一代的德泽，进而理解天地养育人类之恩，触发每个人道德观念的提升和学习上进心。这是树立道德观念、人生升华的基础环节。

表3-6 父母受教与教育子女的升华过程

行为过程	思维变化
生养孩子的过程 → 是亲身体验无我、无私的付出过程	促成父母境界的提升成长 感悟、明白以下观念
↓	
期间都是把最好的给下一代	留物质、留知识， 不如给后代德性上的增长
↓	
养育儿女的过程中，反思自己父母苦心，感同身受，是升华自我品德的关键点	将培植德性、 善良处世的方法 传承给儿女
↓	
明白体贴父母， 赢在人生	让孩子自小养同理心， 与人为善

养育子女的过程，是一堂亲身体验“无私无我”的课程，是培养有德子孙最为重要一环。养育子女过程的可贵之处，就是父母能亲身体验并不断改进自我，示范无私、无我过程。

表3-7　生养过程中蕴含的规律

生养过程是对至高道德境界的一个体验		
从“我”为中心 ↓ 到“家庭”为中心 的正向成长	→	多一点作为“父母”的自觉 建立“无私无我”的观念与作为

表3-8　传承规律：父母将德性通过生养过程传承给下一代

父母行为	子女行为	
付出无限时间空间、心力财力，奋斗不懈， 日复一日，年复一年	若能明白父母付出之心， 则孝德感恩会自然而然施行	
父母所得	子女行孝	子女不能行孝
德性丰盈	德性丰盈	欠缺德性

父母期盼：1.孩子成长为对社会有用之才，至少不要带给社会负担。2.孩子对社会有所贡献。为人父母，必会省吃俭用哺育儿女，若能辅以德性滋长才是一劳永逸之举，父母抚育孩子成长的过程中，注入德性教育和示范，才能奠定孩子“德性”根基，防止不良行为的产生，而这些都是需要父母亲身示范，才能真正传承给子女的。

表3-9　对父母的要求

父母要有上进的学习心态 感兴趣，就百分百地努力去钻研	父母要乐于阅读进修 学习进取，风雨无阻
传承同理心、关怀心、包容心之德性 树立道德观念，乐于助人，奉献社会	

子女的学习，是复制父母的行为，而不是听从父母的言语。

父母
子女
衣食住行育乐
中的一言一行
不断学习应用
重复父母行为
父母所想
子女未必会做
子女都是通过亲身经历，学习生存，寻找自我
父母应
身体力行孝道
成为子女榜样
子女应
体会父母心意
勿让父母难过

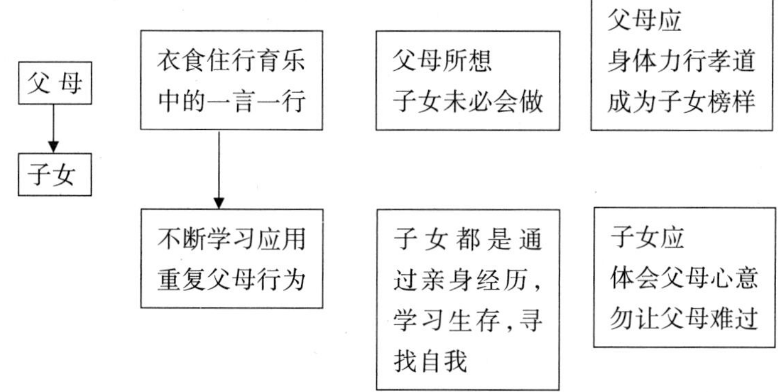

图3-10　子女复制父母行为的过程

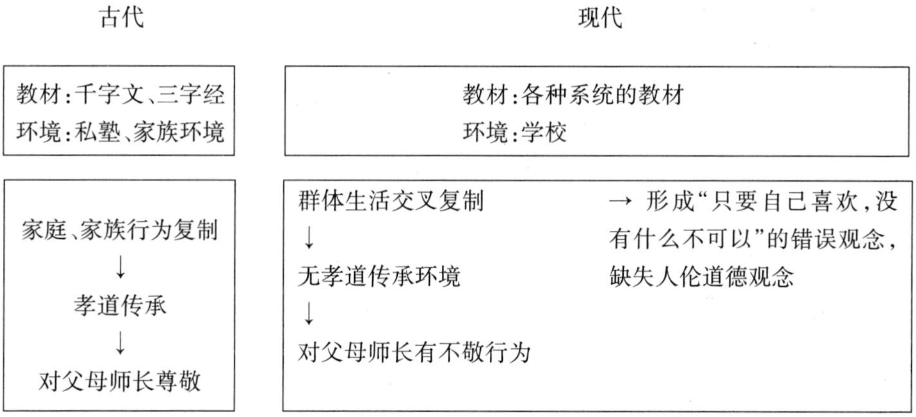

古代
现代
教材：千字文、三字经
环境：私塾、家族环境
家庭、家族行为复制
↓
孝道传承
↓
对父母师长尊敬
教材：各种系统的教材
环境：学校
群体生活交叉复制
↓
无孝道传承环境
↓
对父母师长有不敬行为
→ 形成“只要自己喜欢，没有什么不可以”的错误观念，缺失人伦道德观念

改变不良风气的关键在于父母必须身体力行、以身作则，才能将孝道传承给子女。

图3-11　古今教育对孝道传承的影响

树立道德观念

遵循社会行为规范

尊重规律
乐于助人
爱护自然

关怀儿女
供应物质
教育开发

体恤父母
照顾起居
感恩孝德

父母以身作则

↓

结果:父母能亲身践行,子女才能学习效仿

教导出的儿女是德才兼备人才,
日后才能将良善德性代代传承

图3-12 善德传承的关键，在于父母行为的示范作用

第三节 亲子关系

一、父母

每个人都面临人生的各种考验，需要一辈子的时间来学习并交出成绩单。人生学习的考题，最基本就在家庭之中，而最初开端就在亲子关系当中，家庭里的所有成员都是有很深的缘分，才能相聚在同一家庭中，相互扶持，圆满各自的人生，不要陷入短视与意气用事至关重要。

人之初生，皆受到父母无微不至的照顾，每一对父母皆要付出很多心力，每日都要无微不至地照顾子女，让后代子女无忧无虑地成长和生存。但大部分的子女，皆认为父母理所当然、理应如此付出，等到有朝一日自己为人父母之时，才能体认到当初父母照顾自己的辛劳，经常会为时已晚，父母已垂垂老矣，唉，更有甚者父母已逝世了，只能将遗憾留在内心，无法报答父母养育之恩。

母亲怀胎十月，每日皆是担惊受怕，对腹中胎儿之成长，是否健全等问题时困扰着她们；在其生产过程当中，母亲又苦痛万分才能将子女顺利生产。出生之后的婴幼时期，每日把屎把尿、无微不至地照料，生怕稍微不注意，就会使幼儿受风寒病菌所侵袭而影响未来。

父母孕育子女是人的天性，照顾子女一粥一饭，使其衣食无缺；舍得添衣添裤鞋给子女，自己的衣物却是一补再补的痴心父母，也比比皆是。儿女一旦生病受伤，更是寝食难安，再坚强的父亲，都可能在看儿女受苦的时候，流下男儿泪，可谓：天下父母心！乳哺期间，父母皆不能一觉到天亮，频频起身照顾子女，有时睡意全无，呆坐天亮，第二天，仍要准时上班、操劳家务，真是好爸妈呀！熟睡的孩子，你可知道吗？所谓“养儿方知父母恩”，便是由此开始。

如果遇到顽劣的后代子女，认为父母所付出一切皆是理所当然，父母把我生下来，自然要照顾我一生一世，直到父母不在人世间为止。不满意父母所给予，不合自己意愿时甚至会恶意动手动脚、辱骂双亲，这种情况就会让年迈双亲内心百感交集又相当无奈。

父母照顾子女到成年，需要一二十年时光，付出极大心力，才能让子女安然无恙地成长。父母照顾子女到成年独立，子女照顾年迈双亲晚年到仙逝，除了孝心孝行之外，也是让子女能有回报父母养育亲恩之机会，因此中华文明自古皆是以“孝道人伦”为文化基石。五伦关系正是以孝道为先，除了自身父母外，有谁会为汝等真心牺牲、无私付出？除了父母双亲之外，天底下没有任何人可以做到此等地步。

父母子女间的关系，是人生中的重要关系，做到父母慈爱、子女孝顺，这才是向外发展的本钱和基础，即，只有“原生家庭”圆满了，其中的每个成员才有光明未来。反观每一位子女，终有一日也会有变得年迈、垂垂老矣，到时你希望后代子女对自己不闻不问吗？那时内心又做何感想呢？“养儿方知父母恩”，如果能感同身受父母所有功劳，自然每一个人皆会是“孝子贤孙”。

十月怀胎 → 辛苦出生 → 孩子3岁

十月怀胎到孩子哺乳，
需要父母全心全力地付出

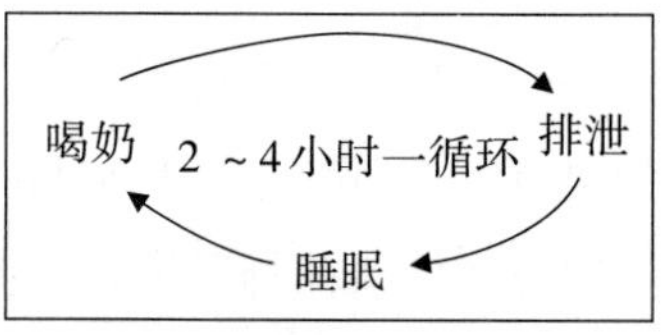

儿女生病，父母心痛

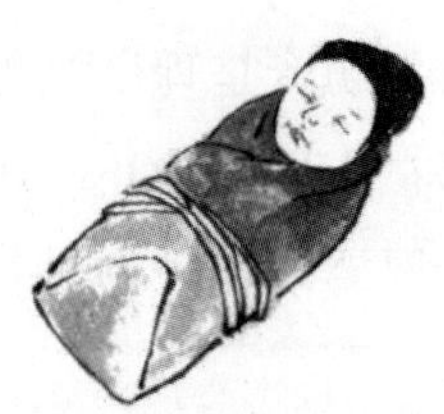

子女成长

儿女生病，原因越来越复杂，以前父母多依据经验判断，现在更多是到医院诊断；

父母心焦，如可以的话，情愿自身替代儿女生病；

父母对子女的爱，是天经地义之事，无须理由；若子女成年后，近妻儿、远父母；如此行为即有失孝道

图3-13　十月怀胎　三年哺乳　父母辛劳

二、子女

父母无私养育子女到成年，需耗费二三十年时光，期间所付出的心力不知有多少，并非笔墨可以记录；每一位子女并不是一夕之间即会长大，都需要父母极多的关爱及照顾，父母付出青春及大量资源，只为能让子女成才，成为社会的栋梁之材。

每一位父母都是子女的保护神及避风港，子女在外受到不公平的对待，只有父母能为子女提供一处休憩之地——家，让子女能够再度开始努力、振作，重新出发。身为人子，年少时往往很难认识到这一点，只有自己成为父母，亲身体会后，才能有所感悟，故此古语相传“手抱孩儿方知父母恩”。

父母生养教育子女与子女行孝报恩，形成一个循环，如此才能促进社会良善发展，历代都是如此。当今传统孝道观念的日渐式微，是因为社会环境发生了深刻变革，孝道行为也应该相应地变化，以适应当代社会发展和人们的认知。孝道观念只有适应时代的规范，才能被人们顺畅地践行于生活，形成父母子女和谐相处、欢聚一堂的良好风气。

为何父母哺育子女时付出耐心、关怀就会很容易？为何子女对父母付出耐心、关怀就很困难？ 因为大部分人都会忘记父母当初照料的所有辛劳，也只记得当下自己哺育子女的付出，所以才会形成如此现象。

当今孝心孝行需自觉自发，要将心比心，对父母双亲能够抱有“同理心”：看到当初精神奕奕、体力充沛的年轻双亲，现今已是精力衰竭、体力不济、反应迟缓的年迈老人了；比汝当下所哺育的子女，身心灵更为不济且迟缓，更需要用心来体谅照顾。只要能体悟到这一点，孝心孝行自然会涌现，后代子女也会按照此榜样来做，不用任何人提醒，而且发自内心身体力行。

几千年前，孔圣即曰“色难”，奉养父母除了三餐温饱外，和颜悦色更是难也。如果认为奉养父母衣食无缺即为“尽孝”，那就差得远了！21世纪的孝道，不再只是使双亲满足口腹之欲、穿衣保暖，孝道不仅是子女的责任义务，更是发自内心的关怀，体贴年迈双亲的种种不便。父母长上当初照顾年幼的自己穿衣、进食、学爬、学走时，是一点一滴循循善诱地鼓励支持，才让年幼的孩子学会生存的基础。父母年迈之后，精神体力不济、牙齿脱落、五感皆已衰退时，我们却要用打骂、责骂的方式对待他们吗？要知道，和颜

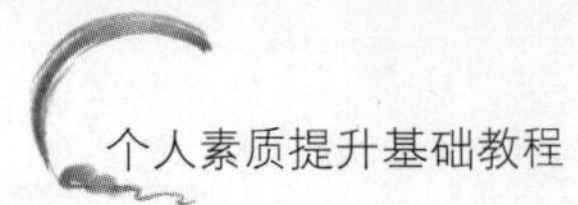

悦色才是最难做到的。

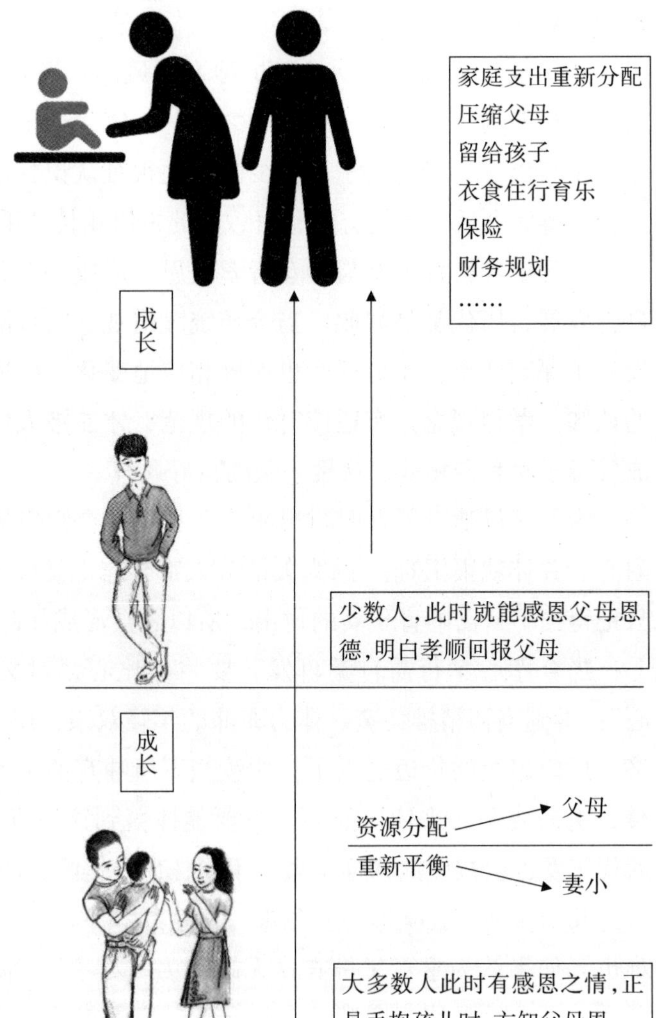

图3-14　生养教育中感恩回馈的过程

身为子女要认识到当初自己嗷嗷待哺时，父母无私付出、全心全意地辛苦付出，要有同理心，体认父母所付出的一切，更要回报父母的恩情，才能让年迈双亲在晚年时，在人生走完最后一段路程时，能够无憾、无牵、无挂碍。子女也能对人生中最大最深的恩情报答一二，人生有限之岁月，能关怀父母的时光更加有限，必须要好好地把握这短短时光，莫待父母亲已经不在人世了再来悔恨，那就为时已晚矣！“树欲静而风不止，子欲养而亲不待”的警语，与大家一起共勉！

父母双亲皆年迈 长年付出用心力
照顾儿女到成年 多用关怀多用心
晚年迟缓精神衰 色难体谅轻声语
照顾回报父母恩 人生满圆孝德行

照顾年迈双亲，除了回报父母对自己的照料之外，更是要圆满自己内心对父母的情爱，莫等到父母仙逝之后再来后悔，就会留下一生难补的遗憾。人生有限，如果不能对父母报恩，自己内心难道不会有遗憾吗？古代三年守丧，是为了回报父母亲在婴幼儿时期的照料，现今虽然没有将此古例留传下来，但后人应该了解此种行为的精神意义。

表3-10 父母子女思维角度的差异

<table>
<tr><th colspan="2">父母</th><th colspan="2">子女</th></tr>
<tr><th>行为</th><th>心态</th><th>行为</th><th>心态</th></tr>
<tr><td>婴儿时
不停换洗尿布</td><td rowspan="2">天性
无微不至
无私</td><td>父母年老身体不适
给父母清洗衣物</td><td rowspan="2">人性
每每考虑
时常打折扣</td></tr>
<tr><td>幼儿时养育教育
每遇新事物
不厌其烦，时时教导</td><td>精力、体力、气力下降
反应迟缓，动作笨拙</td></tr>
</table>

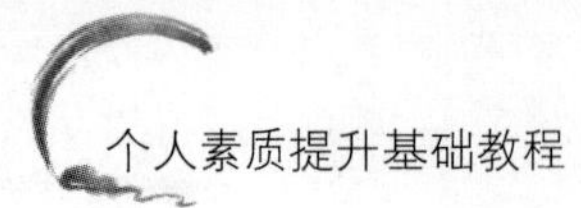

续表 3-10

父母→子女(不求回报)	子女→父母(由时时考虑到真心回馈)
关爱、叮咛 身体健康、小心谨慎	养育子女时,方明白父母用心良苦,才能用真心毫无保留地回报父母
父母对子女的矛盾心态 不说:怕子女受伤害; 说之:害怕子女会觉得很唠叨	根据个人生活条件来选择方式方法,关心、了解、体贴父母,从内心出发真诚回报父母养育之恩,不论是否与父母同住,可通过手机、视频……时时关心父母
圆融和合的状态:父母乐于知道子女近况,含饴弄孙; 子女陪伴父母,共享天伦之乐,陪伴、说话、聊天……	

三、家庭环境的变化对孝道观念的影响

中华文明自古以来以孝为根基，古代教育奉行“棒下出孝子、严师出高徒”“小棒受、大棒走”，形成长上对子女单向灌输的教育理念和模式。“君要臣死，臣不得不死；父要子受，子不得不受”，现今时代还能接受吗？

表 3-11　中国家庭组成及环境发生变化

时　代	农业社会,农耕生活	商业社会,数字虚拟社会
工作环境	行业种类少	行业繁多,种类日益细化
生活环境	家族宗族聚居 老弱妇孺,乡邻相互照顾	小家庭居多,便于社会分工重组 社会保险
家庭环境	父母在,不远游,游必有方	父母不在身边

孝应从自身做起，做父母的，改变教育方式，才能有和谐的亲子关系，因为父母的一举一动，都是后代子女的学习榜样。此即身教的意义。如果父母说是一套，做又是另一套，子女只会学习做的那一套，身为父母想要优良的后代子女，就要慎行以教之。今日父母说一句、做一样，子女自然也就是说同样一句、做同样一事，人事循环就是如此。要有优良的后代，自己就要有优良之处可以传承。

从小开始，父母对于子女除了教育外，还要能倾听子女的意见想法，用更多时间陪伴子女、与子女沟通，父母了解子女想法，子女了解父母观念，长期下来，两代之间的观念隔阂就会大量减少。如果还是沿用打骂教育的方式，子女只会与父母保持表面和谐而已，等到子女成年之后，有话及心事会对父母倾诉否？难矣！现今21世纪，一代比一代聪明，打骂教育能否施行有待商榷，就算子女年幼能够施行，等其十五六岁后还能继续打骂吗？子女二十岁后，还能打骂吗？很难继续了。现今新生儿皆比过往更聪明，若还是沿用单向权威教育模式，日后就会被子女“用彼之道、还诸彼身”。因此，更需要用倾听取代责备、用关怀取代打骂。

现今的亲子关系也是一门大学问，大部分人都不知道自己的子女在想什么？想做什么？想要什么？这正是因为缺乏双向沟通所致。身为父母都希望子女成龙成凤，但子女的个性不同、兴趣不同、性情不同，要找到他们各自的个性和兴趣所在，是一段漫长的过程，唯有倾听与关怀，才能陪伴子女战胜每一个挑战。

未来是一个需要创造力和沟通力的时代，如果子女没有强大的热情和兴趣，就难以在未来时代中出头。未来会有大变革，通货及事务链皆会被人工智能取代，要有更多的创造力，才能有一片天空存在，如果固守过往的观念，则会很难适应未来时代。

父母对子女的教育，应该用更贴近子女的倾听、沟通的方式。虽然“天下无不是的父母”，但有时父母对子女的管教也会过分。能否换一种方式，用心倾听、沟通，未来父母年迈之后，子女也会用倾听、沟通来与父母相处，双方才能有双向的理性沟通。

时代不同往昔，孩子与父母皆为独立个体，应互相尊重，不能再以往昔威权来教育子女，否则，多的是伤透脑筋的“拉锯战”。其实，孩子不是用“教”的，孩子是“复制”亲人行为的，也就是人常说的：“龙生龙、凤生凤，老鼠的儿子会怎样？一样打洞嘛！”这也就是：“要儿孙好，自己要怎样做呢？自己先做好嘛！”

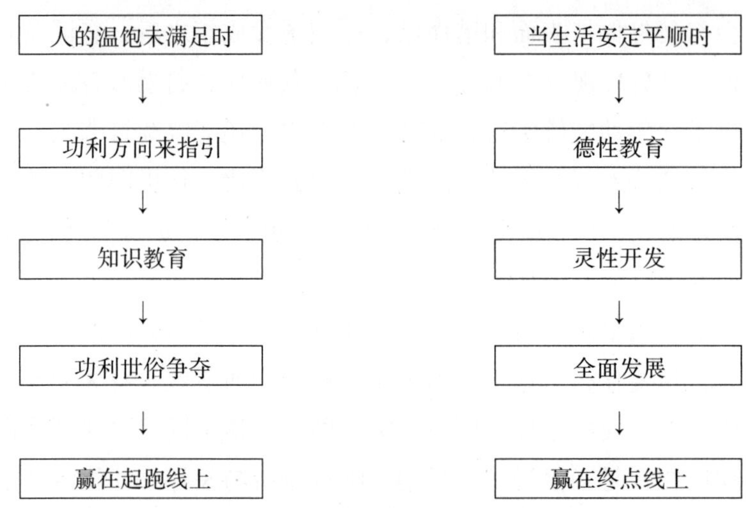

图3-15　教育内容因人因环境而异

现代教育中，要以沟通取代责骂，把孩子当作伙伴，让孩子自主与父母沟通，也就是父母要先做好，孩子就学得好。教育孩子注重的是“修养德性”，而不是比谁骂得大声或打得激烈，别弄混了方向，将来画虎不成反类犬，就与家庭圆满南辕北辙了，也就可惜了人生、可惜了时光。孩子的成长有不同的时间阶段，好好把握，教学相长，让优良传承得以开始。

过去时代的威权思维，会把孝顺解释成权利与义务；而今，孝顺应该是建立在“爱”的基础之上，也就是一个孩子发自内心感觉到孝顺父母，是因为感谢他们的爱，是因为我爱他们而愿意付出全部，就好比当初他们养育我成人一般。

现代的父母也不容易，既要学习，还要陪伴，还得细细思量引导孩子的方向，最终，在老年时还需要经营自我的生活。养儿防不了老，养儿是一同提升、超越的人生过程。这些观念，希望现代人能好好琢磨，变成自己的观念，才能愈活愈自在，烦恼再不来。

孝德因缘、一切的德性，是在真无为中而建立、累积来的，虽说无为，但其本质也是有为，是为自己德行境界的上升超越，所有的方法皆是通过服务他人为自己累积资本。

第四节 践行孝道

一、家庭伦理关系中存在的主要问题

当今社会以小家庭为主，每家多是只有一个小孩，孩子成为家中的宝贝，往往是骂也不能骂、打也不能打，完全是呵护在手掌心里，生怕出点差错就会有“缺角”，也就形成了所谓的“现代孝子”——孝顺于子女，只要宝贝子女一开口，保证完成使命，绝对不打折扣。这正是一种孝道与人伦关系颠倒的行为，必须要及时修正此种不良观念，重新学习父母子女间平等关系的原则，才能够导正这种孝道颠倒的不良模式，否则，孝道无法正常运作，就会形成人际关系颠倒所形成的祸患。

现今是一个崭新时代，崇尚男女平权，古代的道德公论，已不能符合时下人们的认知，必须要修整古老的条纲，运用新的规制，以符合当今时代发展，才能真正落实与施行。既不能复古，也不随顺潮流，要重新审视孝道观念，改变当今人伦关系中的错误，吸引更多的“现代孝子”回归，在科技时代引入一股道德清流，净化那些不良氛围。

每个人都要经历生老病死的过程，今天之儿女即明日之父母，今天孝道的奉行程度，即明日自己所受之境遇，如此循环，又有谁能脱出？优良的孝道传承，先形成家庭合力，继而形成家族合力、企业合力、社会合力，优良的孝道传承，正是构建人类命运共同体的基石。当今时代，应是通过教育教化，让人们重新审视和反思父母无私的付出，从心中自觉自发而感恩，在生活中自然而然而行之，只有这样才能从每个家庭的和谐做起，打下构建人类命运共同体的坚实基础。一家且不能和合，安能和合天下？

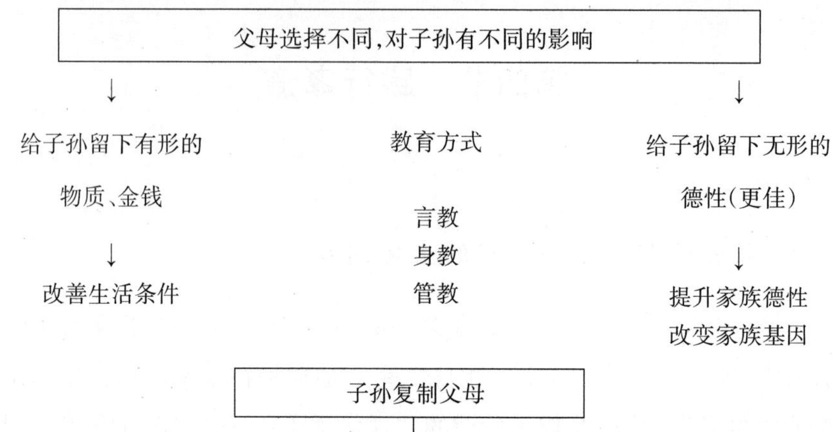

1. 人生循环,种瓜得瓜,种豆得豆

2. 家族代代传承(德性、基因的提升)

图3-16　父母留什么给子女更好

子女

↓

回报养育之恩

↓

父母

孝顺父母,一言一行皆应是发自内心、自然而然的行为,如何才能做到呢?

首先,从反思自我生长过程开始,体会父母养育之恩;

其次,明白孝道传家对人类繁衍的重要意义;

最后,将内心敬爱父母落实在生活之中,做到孝顺孝敬

子女孝顺奉养父母,报答父母养育之恩是本分之事,孝道传家、顺待父母,是自己一生最应该做到的事:

1. 从日常生活中的问候开始;

2. 利用现代科技,跨越时空限制,随时随地关心父母;

3. 为自己的子女做好榜样,将孝道传承下去,让自己的身体力行,成为子女的最佳典范

图3-17　子女的孝心、孝行

二、践行孝道的环节

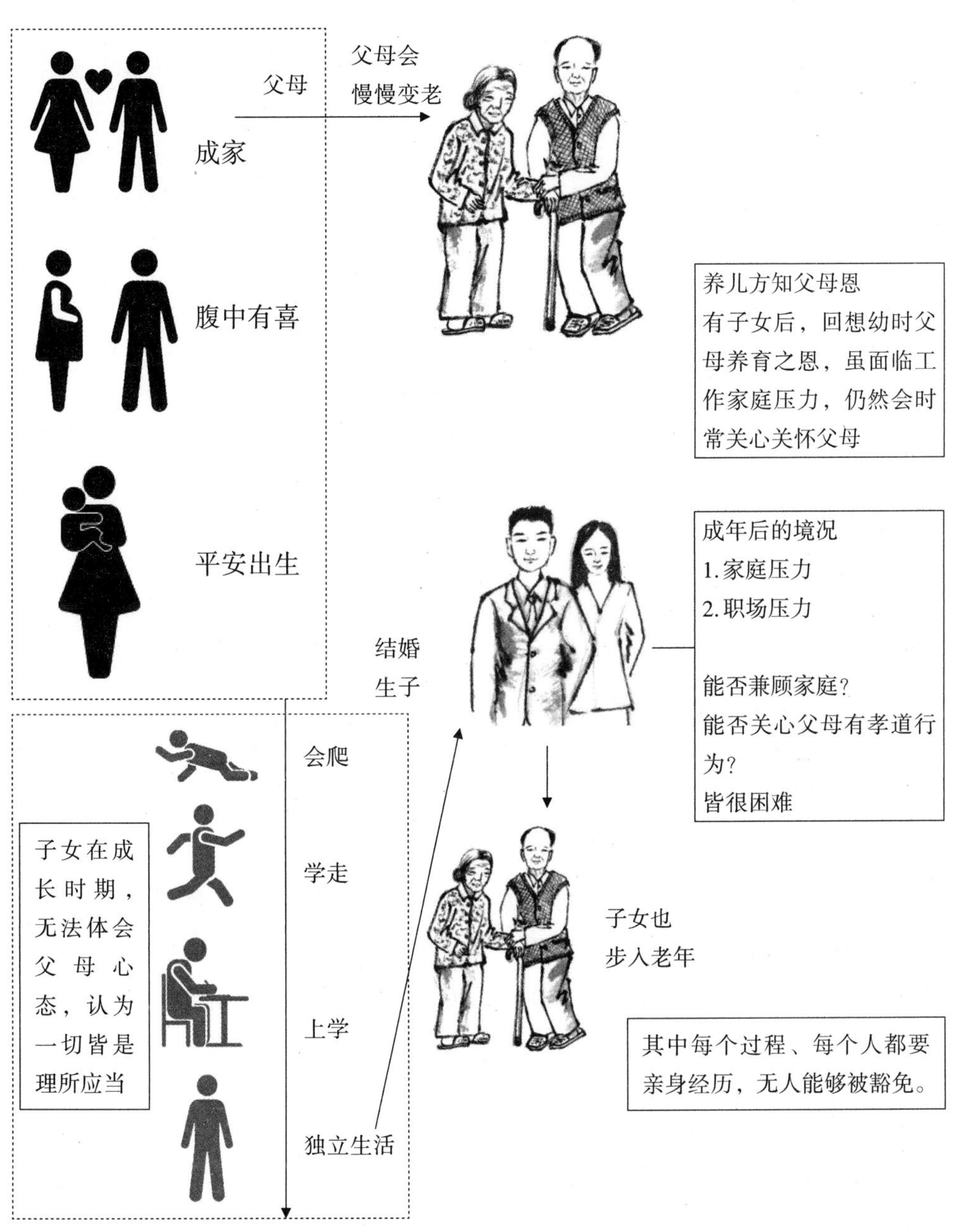

图3-18　每个人的成长过程都一样

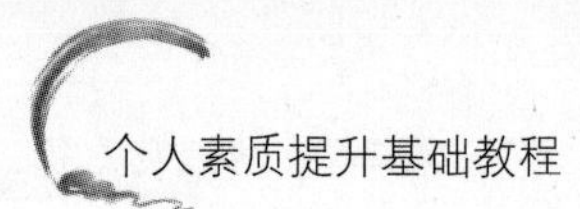

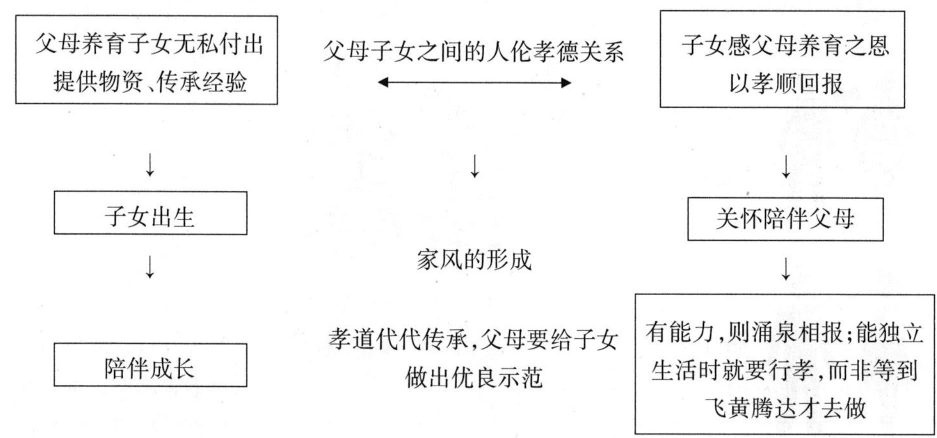

图3-19　父母以身作则，形成良好家风的过程

教育伴随每个人一生，除了家庭教育外，还有学校教育、社会教育，每个人都有学习的机会。当今科技兴盛、网络发达，各种知识都易于获取，没有太高的门槛，学习仅是个人选择而已。在学习过程中，要注意选择学习方向和内容，要走上升路，让人生更加美好；不要随波逐流，走冤枉路。

大部分人都要经历从子女到父母的过程，获取知识的过程都要经历相同的过程，所以说，如果父母能够不断改进、提高自己，就能让子女有一个更高的基础，一代一代不断提高人类整体的素质；反之，父母无法提高或者下降，则会造成整体素质不断下降。

在家庭教育的过程中，父母也要学会放手，越早放手，孩子就越早学会各种技能和生活常识；父母不放手，孩子没有自己负责任的机会，只会养成重复“依赖”的习惯。如果没有机会面对困境和烦恼，又如何成长呢？只是年龄、身体成长，心智却没有随年龄成长，永远只是个长不大的小孩。这种孩子的父母要负全部责任。父母学会放手，子女就能学会成长。

表3-12　父母观念、教育方式对子女的影响

当代需要的教育方式	父母观念	传统的教育方式
放手	是否有子女是独立个体，个性兴趣皆不同的观念	不放手

续表3-12

了解	是否了解孩子的兴趣	不了解
鼓励子女 往喜欢的方向去努力 ↓ 强化子女的竞争力和挑战斗志 ↓ 未来成就不可限量	预测父母子女的发展和未来	父母迷茫 ↓ 父母成为“现代孝子”，把子女应尽责任、义务抢过来做 ↓ 孩子啃老，成为妈宝、巨婴，父母退休老本全赔进去

表3-13 父母行为对子女的影响

<table>
<tr><td colspan="2">父母对子女付出</td><td colspan="2">子女对父母认知</td></tr>
<tr><td colspan="2">无私的付出，把最好的给儿女，希望儿女未来能有一片平坦、光明大道</td><td colspan="2">年少时认为理所应当
不能感知父母的所思所行</td></tr>
<tr><td>物质给予</td><td>精神给予</td><td>富裕家庭</td><td>贫穷家庭</td></tr>
<tr><td>事业、金钱、妻女，给子女准备充分</td><td>倾听子女心声、了解子女兴趣，不要过度安排而让子女产生依赖感</td><td>物质多</td><td>物质少</td></tr>
<tr><td>留存太多，子女又何必奋斗呢？应该让子女亲身体会，感受、理解父母的用心和付出</td><td colspan="3">子女拥有父母的关爱体贴，才会有同理心，有斗志，有热情，有为自己人生努力奋斗的心态；注重精神生活，建立和谐家庭，是成功人士的坚实基础</td></tr>
</table>

传统模式中，父母教育子女改变，自身缺乏行动，也就是偏重于言教、管教，忽略了身教，传统教育模式下的常见家庭问题：

1.父母子女无法互换立场，期望太高，产生反效果，造成双方对立紧张的关系，导致沟通不畅；

2.父母的关心关怀，被子女视为束缚压力，导致双方对抗的情绪；

3.家庭气氛由和乐家庭，变成无法沟通的陌生人家庭；产生各种问题、障碍，造成不好的局面

图3-20　传统教育中存在的问题

新思维
父母提升自我
子女复制父母
循环不断提高
父母
子女
若是
沿用
父母
代理
模式
破除固化思维，注重自己的学习成长，打破权威教育思维，与时俱进
点拨
放手
独
立
成
长
父母能放手，
让子女自己面对
自己的问题
此路
已不通
父母
成长
+
教学
相长
亲身
体验
父母子女体验各自不同的人生
求新求变 与时俱进
沟通倾听 陪伴成长
父母不放手
儿女草莓族
外表光鲜，一碰就烂，子女经不起外界风雨的考验，实际上损害了子女的发展

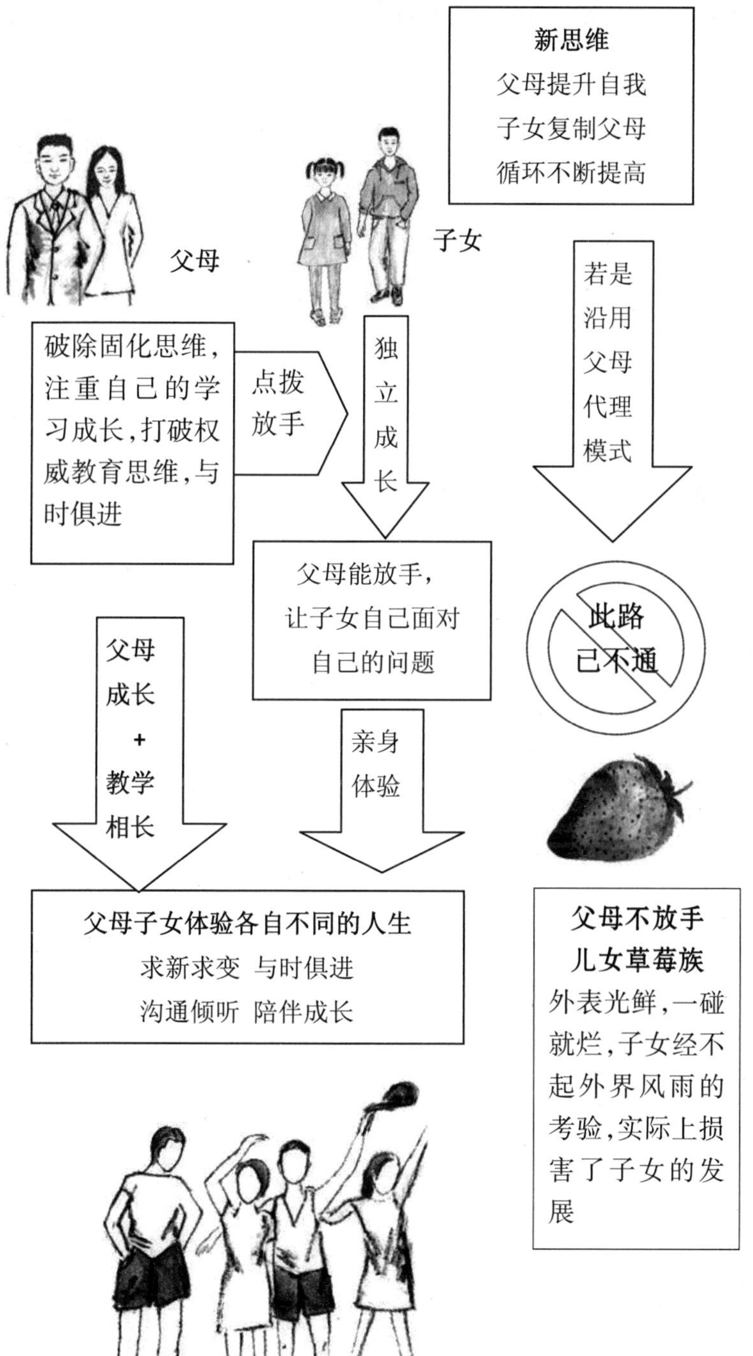

图3-21 新教育思维

三、子女15岁以前接受的教育

很多人认为“受教内容”很重要，其实“受教方式”远比内容重要，因为方式是学习方法，可以让人终生受用，而内容则随着时代发展而不断变化，并且人生轨迹的不确定性，也决定了方法的重要性更大于内容的重要性，这也是当今社会提倡终身学习的原因。学会了学习方法，不论在什么新行业，有什么新内容，都能快速地掌握，这也是适应当今时代快速发展的重要能力之一。

表3-14　孩子15岁前接受教育的方式

父 母		子 女	
希望子女能够身体健康、头脑灵活、心态乐观、行为积极,成为社会栋梁之材		子女的学习方式:不是听从父母言语命令而行,而是复制父母的行为	
传统教育方式	新的教育方式	传统教育成果	新方式教育成果
指令	关怀、鼓励、沟通	听话、乖巧	心态乐观、行为积极、勇气十足。
打骂、责备	陪伴、倾听 了解子女兴趣并鼓励其发展	不清楚自己的兴趣,根本不知道自己要做什么	不用父母干涉自己的生活
父母的未来		孩子的未来	
传统教育方式	新的教育方式	传统教育方式	新的教育方式
拿出一生积蓄给子女,让子女尝试各项工作	让孩子亲尝各种知识,只给予关怀、鼓励	没有方向, 不断尝试	有良好的个性,能自己找到出路
子女成年后,父母担心较多,彼此都不好受	子女成年后,父母不操心	生活辛苦	具有积极乐观的态度和勇气,成为栋梁才,没有任何一件事可以打倒孩子,会越挫越勇。
一生积蓄留子女,留多了子女争夺,留少了子女怨恨,甚至父母久病床前无孝子	一生积蓄留在身边,能有有尊严的晚年,多做一些有益社会的事情,快乐又自在	随波逐流	前途光明

子女15岁前接受教育的方式决定子女的未来，可以看到传统教育方式和新的教育方式在形式和效果上都有很大的不同。保姆式的教育方式不再符合创新求变的发展趋势，故而当代家庭教育，甚至学校教育，都要以时代发展为基础。所以，从个人层面来讲，改变观念才能有更好的前途；从人类层面来讲，才能促进人类整体的进化。

子女会以父母照顾自己的方式来回报父母，幼时接受父母的权威教育，在父母年老时，子女会以自己的方式来孝顺父母，父母只能是勉强自己来配合子女，子女会自我感觉良好，父母若是无法自理，只能按子女安排的生活方式，心有不满又奈何？

教育形成的行为循环：父母今天对儿女的方式，儿女成年后原样还给父母。教育也能改变行为循环，古语“积善之家必有余庆，积恶之家必有余殃”就是这个道理。父母言传身教，要率先成为子女的榜样，才是正确的教育方法，不能自己做不到，却一再要求孩子去做。

父母无私付出，从怀胎到子女成年，用最优渥的物质来养育儿女；子女认为理所应当，感受不到父母心境，不断向外索取。由于父母、子女经历的时代不同，观察问题的角度不同，产生了两代人的代沟，甚者两代人变成仇人。化解之法，就是改变沟通模式、相处之道。父母早期的教育为子女奠定未来基石，方法对了，子女也会用心孝顺、关怀父母。跟着一位缺乏沟通、理解、尊重的人，又如何能有孝顺、敬爱？未来也只有敬而远之，避免再起事端、风波。

传统孝道：
直接、粗鲁、责骂
一生皆争斗烦恼
苦磨二三十年时光
父母一直在教导子女，
让子女如何做，自己却做不到

角度不同，自然做法不同，就会产生摩擦、隔阂

当代孝道：
沟通、理解、尊重
一生皆无烦恼
化干戈为玉帛
父母言传身教，身体力行，
成为子女的榜样

图3-22 转变亲子沟通方式

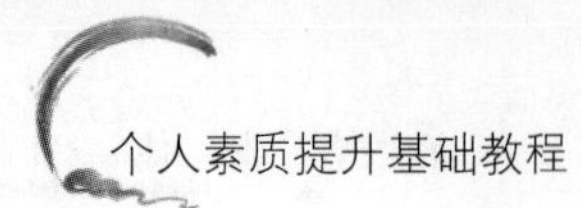

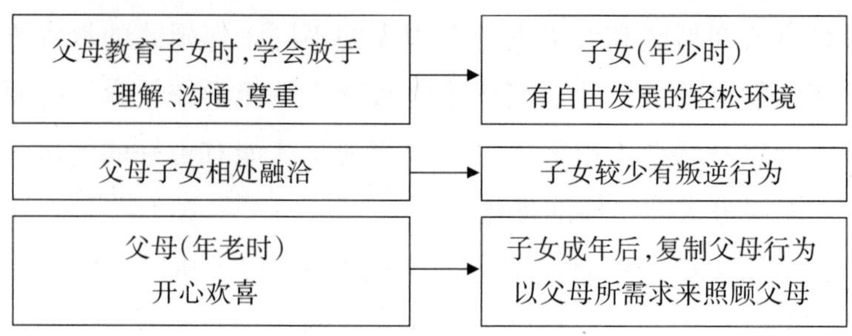

图3-23　父母放手，亲子融洽

四、养老观念

表3-15　古今养老观念对比

<table>
<tr><th>古代农业社会</th><th colspan="2">当今工商时代(未来:虚拟数字时代)</th></tr>
<tr><td>生活在一起，父母子女相互依赖，子女可以关怀父母温饱</td><td colspan="2">当代科技高速发展，社会数字化，分工更加细致，子女外出工作于不同地域(国家)，父母子女一年见不到几次面，很多父母子女之间情感疏离，子女无法关怀父母的生活和精神需求</td></tr>
<tr><td rowspan="2">在古代，孝德是生活的组成部分，是维系社会发展的重要基础</td><td>当今孝之作为</td><td>不孝之作为</td></tr>
<tr><td>体认到父母物质及精神需求，时时刻刻关怀父母，并能补充其不足；
百善孝为先，孝敬父母成为当今交友的重要标准之一</td><td>出门三千里，离开父母数十年，完全不关怀父母，对父母尚且如此不知感恩，对他人能有感恩之举吗？当今社会如此无孝德之人，无人愿意交往，故知其未来暗淡</td></tr>
</table>

表3-16　东西方养老观念对比

	东　方	西　方
养老观念	三代同堂，菽水承欢	年老无人陪伴时，给自己再找个快乐窝，和同龄人共度晚年
养老方式	父母、子女、亲友、乡里，相互照应	进入养老院(养老社区) 1.养老院中有同伴，无须独自守一房； 2.有病就近医治，少受病痛，不会拖累儿女

当今时代已经满足了人们对衣、食、住、行、育、乐的需求，但是父母和子女情感疏离情况日渐增多，因科技发展，一切以数字化为主，新一代年轻人往往出外工作，在不同地区或国家，父母跟子女一年见不到几次面。身为父母能理解、放下就好，对子女要放手，不要太多干涉，要让子女自己去把握未来。身为子女要体认到父母在物质及精神层面的需求，要时时刻刻关怀父母，而不是“出门三千里，离开数十年”，完全不管父母，这就是不孝了。

当今“儿女养老”观念实际存在的问题：1.儿女子孙辛劳，无法陪伴老人；2.现代儿女妨老啃老，老人与子孙同住，彼此都是一种折磨。这是导致目前存在的各种家庭矛盾的现实原因和观念差异。

当今父母替后代子孙做太多，反而会有不好的结果，何苦做此得不偿失的行为？其实钱财够用就可以了，如果难以释怀，非一定如此，也就太憨了。每个人的问题最终只是自己承担而已，谁也无法替代偿还，能看清楚否？能放下心否？这是自己能做的选择。细思之，必能明白一切。当今时代，正是可以让自己快快乐乐地过一生的时代。

五、从自身做起

（一）德性胎教

传统胎教：语言、阅读、音乐、艺术、触觉、光照……

德性胎教：在以上基础上，改正自己缺点，弥补不良与缺失之处，激发自身的优良品德，提升自己德性，使胎儿藉母体与环境，成为优良胎儿，给孩子一个优越的孕育环境。

（二）当代与传统教育的差别

传统的教育方式：打骂、责备，代替孩子承担责任。

培养出的孩子：听话、乖巧、不合群。

教育效果：孩子不清楚自己的兴趣，根本不知道自己要做什么。

孩子日后生活：随波逐流，十分辛苦。

父母晚年：拿出一生积蓄，给子女不断尝试各项事业、工作。留钱给孩子，父母自己承担的后果：留多了，子女争夺；留少了，子女怨恨。

子女养成坐吃山空、依赖、不事劳动的习性，甚至还会有父母久病床前无孝子的情况发生。

当代的教育方式：关怀、鼓励和沟通。

15岁前，了解孩子心声，陪伴、倾听，了解孩子的兴趣并鼓励其发展；15岁后，让孩子亲尝各种人生况味，父母只需给予关怀、鼓励。

内向的孩子适合学习：艺术、文学、科学……

外向的孩子适合学习：运动、谈判、沟通……

培养出的孩子：心态乐观、行为积极、勇气十足。

教育效果：孩子不用父母干涉其工作、生活。

孩子日后的生活：乐观、积极、有勇气，成为新时代人才，自己能找到出路。没有任何一件事可以打倒他，会越挫越勇。

父母晚年留钱给自己，一生积蓄留在身边，能够度过有尊严的晚年，多做一些有益社会福德之事。

孩子不需父母操心，父母快乐自在。

（三）解决沟通不畅很简单

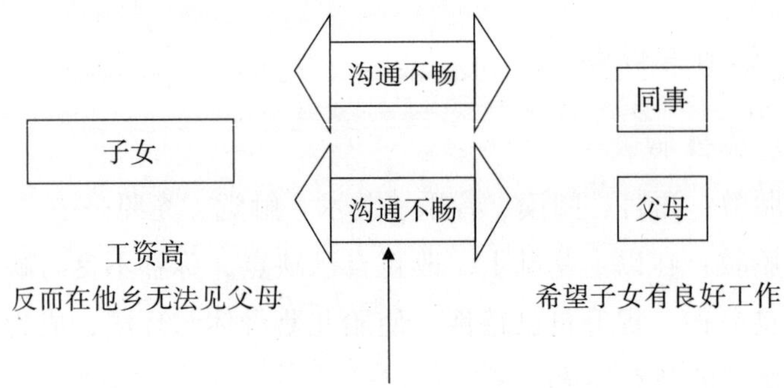

图3-24　解决沟通不畅的方式

（四）当代人生不同时期的任务目标

父母学会教育子女时放手，让其亲自面对社会种种考验，晚年就会有尊严且安适，子女也会有自己的人生。如果父母留下钱财，难免让孩子养成坐吃山空、依赖、不事劳动的习性，那么未来父母万般放不下，子女自然永远粘在身后。

表3-17 当代人不同时期的任务目标

青年时期	中年时期	老年时期
学习培养心力、努力成长 成家立业	养家糊口、照顾妻小 奉养父母	修身养性、安享晚年 活得快乐自在

（五）及早做好德育

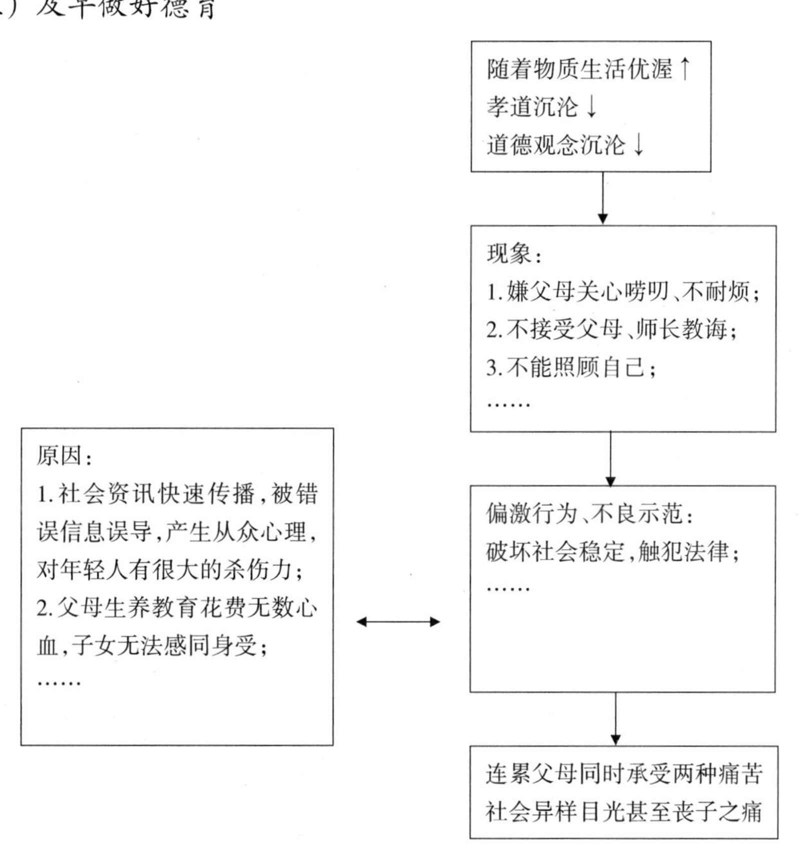

图3-25 做好德育

（六）体认父母恩情后，子女孝顺父母应具备的心态

孝道不仅是奉养父母，供其温饱，还应有以下心态：

无私付出心态：父母用青春时光呵护子女长大成人，子女也用相同的心态，回报于父母，在日常生活中尊重、关怀父母，让父母的物质、精神生活无任何不便利之处。

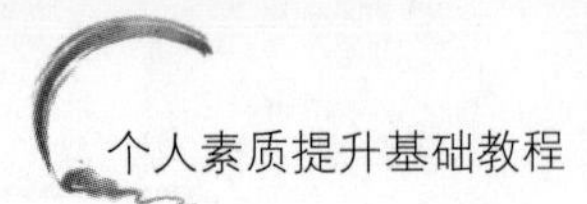

珍惜时机心态：把握当下，及时行孝，须知“树欲静而风不止，子欲养而亲不待”，人生时光有限，能陪伴父母的时光更为有限，能与父母相处的时间过一天少一天，他们会有离开的一日，等无常到来时，想多听多看父母一言一行，已无机会。

尊重父母心态：面对与父母观念有矛盾或想法不同时，应理直而气和（温和）；如与父母意见相左，就要先退一步而非坚持到底；学会互换立场，理解父母生活历程，明白父母所思所想。

体谅老人心态：父母教小孩走路、吃饭各种事务，需要反复数十次，付出耐心、耐力；当面对父母老迈、气力不支、记忆减退、行为迟缓、说话做事唠叨、观念固执难化之时，子女也要对父母以耐心、耐力来回报。

本章结语：践行孝道的意义

一、社会发展需要社会行为规范

未来日子里，科技发展必会愈趋快速与多样化，个人主义、英雄式成功将渐渐式微，因为人心已在过度强调成功之中，形成功利主义的无限上扬。未来将进入重视“产业、学界、科技”等方向高科技人才的时代，须能传递真诚、温暖的关怀，才能感动人心，顺利协助自己与团队在严峻环境中生存。未来热销产品、成功团队背后有一个共性，都有感动人的故事：皆是取之于社会、用之于社会，让这股“温暖”流动起来，即是“社会企业与社区经济”。这时更需要有人伦道德规范来导引方向，终至达成全人类与万物万灵共同的福祉。

本章以社会发展的客观过程为基础，归纳出其中思维变化和纲常伦理之间相应的规律，能促进道德观念的成长，从人的认识出发，自发自觉地形成良好的行为习惯，并融于工作生活之中。无论是经营家庭、为人处世、事业追求、人际培养，都会对外给予温暖关怀，这样的作为将无往而不利。在学习之后，将当代孝道观念融入生活之中，带给身边人无尽的正能量，一切将焕然一新，其传播能让更多个人受益。

本章是把过去道德观念和社会行为规范，在当代社会发展的基础上重新归纳演绎，以适应当今时代；阐述当代孝道的内涵，讲解当代将孝道融入日常生活的观念和方法，让家庭关系融洽，并能有优良德性代代传承，家家都能有优良的后代。

二、百善孝为先

孝者，明其意向；顺者，体恤其心情。以父母需求为第一优先，这才是“孝顺根基”的本意。让父母高兴、欢喜，让父母没有任何负担，是孝顺必须要注意的事项。“孝顺父母”，就是要符合父母需求，而不要自以为是而为之，那就不是真正的孝顺。

孝顺是人伦第一德性，人生一定要先孝顺父母，才是为人子女所应有的作为。古语“身体发肤受之父母，不敢毁伤，孝之始也”，若能做到这样的程度，就能减少很多的不良行为，也能减少很多不必要的冲突。

三、学习践行孝道的方法

基本观念：1.打破固化思维，让思想不断进化，不断超越原有认知；2.对于学习的理论知识，要亲身实践，在应用中取得自我突破；3.从当下开始，从自我改变开始。

学习方法：1.认真学习，理解书中内容；2.将书中所学落实于生活，反复实践；3.定期回顾反思，用每段时间的小成就，激励自己坚持下去，长此以往，就能看到脱胎换骨的自己；4.将自己的成功经验，分享给周围的亲戚朋友。

践行的小窍门：在人生大目标下，设立若干小目标。为自己的努力与付出，适时给予赞叹及鼓励，如此经过一季度、经过半年，再来确认进度，都会有相当的惊奇与喜悦；在个人德行成长上更是如此，自然心里充满欢喜，可谓是相由心生、面带善色，由自己的努力来提升德性，利益自己，也能利益他人。

第四章 悌 弘 兴

第一节 悌 道

一、中华悌道

（一）悌道的产生

中华文明以农耕为基础，为了生存就要有很多帮手来协助农业生产，就会生很多个小孩，农耕过程中，兄弟姐妹彼此照顾、成长，形成了兄友弟恭的感情：为人兄长者就要照顾弟妹，协助父母负担家务；为人弟妹者尊敬兄长，彼此相处和乐融融。在整个家庭中兄友弟、弟敬兄，在日常相处中感情一点点累积，就形成了“悌”的行为规范，并代代传承。

悌道长久弥坚，可促成世间很多良好的行为，这是需要长久培养的优良精神，是相当难得的，是值得珍惜的。要明白“悌”是兄弟姐妹从小相处之情，长大保持这种良好情感，要由自身开始做起，才能建立起一个个和乐的家庭。每个家庭中，没有父母就不会有自己，能够有兄弟姐妹陪伴成长，更是相当难得，参加不同的工作、学习，就会有不同的同事、同学，一边学习一边成长着，也是值得珍惜的经历。

“悌道”结合当今社会发展，能使家庭中人人相互辅助，减少家庭问题的产生，促进家庭和睦、父慈子孝、兄友弟恭、妯娌和睦。“悌道”的施行，辅助孝道传承，达到家庭和谐，促进社会道德提升。

世间除了父母之外，就以兄弟姐妹最为亲近，有之则应该珍惜，千万不要因为有一些小小的问题，将和乐至亲变成了貌合神离的眷属，这是整个家庭最要不得的事，兄弟姐妹相处若没有“悌道”，是非常悲哀的。一个和乐的家庭，是人生坚实的基础。

人是一种社会性动物，处于一张亲情网中，有很多亲人，如太爷太太、爷爷奶奶、姥爷姥姥、父母伯叔姑舅姨、兄弟姐妹姑嫂妯娌，等等；从空间上横向来看，婚姻嫁娶串联起不同家庭。一个家庭中的兄弟姐妹，是未来所有人际关系的基础，对未来不同家庭有着重要的影响，每个家庭内部是否和睦，对社会和睦又起着重要的作用。“悌道”既是每个家庭和谐稳定的重要因素，也是指导每个家庭成员的行为准则，其意义重大、作用深远。

父母子女、兄弟姐妹是组成家庭的基本成员，没有父母也就没有子女，也就无法组成家庭，若是只有父母没有子女，没有嬉闹的声音，这样的家庭也太孤独了。有了小孩子的加入，一个原本孤单的家庭就有了生机，家庭里多了小孩，也就完全不一样了，整个生活重心都围绕在小孩儿身上。这是大部分人都要走过的历程，经常是刻骨铭心的，虽然很辛苦，但是辛苦过程中却充满了甜蜜滋味，这是相当特殊的感受，只有为人父母者才能够体会这种感受。

在一个和乐的家庭中，充满了父母温暖的关爱和呵护，护佑子女茁壮成长，父母双亲就是家庭的重心，没有父母就没有和乐家庭。除了父母外，有些人还会有兄弟姐妹，能够在一起共同生活、学习成长，一起分享喜乐与哀伤，是一种难能可贵的亲情。为了家庭和乐，兄弟姐妹要同心协力，与父母亲一起努力，除了要感恩父母的养育之恩，更应该体谅兄弟姐妹各自的性情与习惯，尊重包容彼此的差异，相互勉励、共同成长，成就和乐家庭，为实现各自的人生价值奠定基础。

古代的舜帝，因为其大孝以及友爱弟弟，而成为诸侯共主，领导其子民朝向富庶繁荣发展，自古大孝之人对于兄弟姐妹都是如此友爱。现代人也应该学习舜帝对待弟弟的态度，只有真心付出，才能够得到一个和乐家庭，才有机会在人生中成就自己、成就身边的人，这就是中华儿女“悌道”的传承。

千万不要因为一些小小的问题和矛盾，而与家人横眉冷对，更不应形成兄弟姐妹之间的争夺，要遵循“悌道”，重新树立道德观念，启发优良德性品

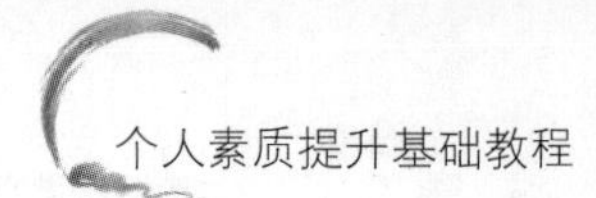

性，改变个人原有固化思维，用崭新的思维处理家庭关系，从家庭成员彼此相处开始改变，遵循兄友弟恭、妯娌和合，能够用“真心、诚心”善待彼此，化解家庭矛盾、转换家庭不良氛围，所有兄弟姐妹之间只要真心对待，必然会促进家庭和谐。从处理家庭关系开始，转变自私自利的心态，弥补道德观念的欠缺与不足。

能有兄弟姐妹是一件相当不容易的事情，若有了“四海之内皆兄弟姐妹”的心胸及观念，又何愁没有兄弟姐妹来陪伴呢？虽然家中没有自己亲兄弟姐妹，但是只要能够用真心与人相处，就会有很多兄弟姐妹来陪伴。例如：一起学习的同学或同事，在不同的大家庭里面，能够用心付出、真心对待，就能彼此理解交融，像兄弟姐妹一样不分你我；未来还会有更多的团体，需要大家用真心来对待，包容、理解、尊重，一起付出、一起成长。有努力用心，就会有道德观念的累积和成长，这也是真正超越自我的契机。

（二）中华传家宝——“孝悌”

中华文化源远流长，“弟子入则孝，出则悌，谨而信，泛爱众而亲仁，行有余力，则以学文”，此中“孝悌”是道德根本，然而能身体力行者又有几人？“孝为德之始也，悌为德之序也，忠为德之正也，信为德之厚也”，孝悌忠信是道德的基石，是社会行为规范，是践行道德观念中的首要环节，迄今已有数千年根基，成就了中华民族的繁盛。

近几百年来，科技发展，社会制度发生了重大改变，帝制转为民主；人伦道德也相应产生了变化，人与人之间由垂直关系转为平等关系。故在此科技蓬勃发展、物质充沛的时代，应将往昔传统文化美德重新阐述，赋予其新意义。当代，应以新的方式来改善当今社会的不足，也不可荒废了中华千百年来的优良根基，应在当代社会发展的基础上，建立新的社会行为规范。

“孝悌”为家庭根基，每一个家族在开枝散叶的过程中，孝顺父母、友悌兄弟姐妹，维系着家族亲情情谊。日常生活之中，很多兄弟姐妹成年另组家庭后，角色立场即发生变化，变成兄弟之间相疑猜忌、妯娌互相排斥，对父母无人用心奉养、孝顺，这样很难一家和乐。人与人之间的相处，只为自己家人而已，虽有亲属相处，已经失却“悌道”规范，此种行为不可取。

化解种种家庭问题，将彼此争吵争执转化为相互辅助、相互扶持，有太多可以做的地方，其中首要就是个人心态的转化与平衡。要包容亲人平日的言行举止，这些人都是自己的父母、兄弟姐妹、至亲眷属，在自己遇到不平、不满、怨念纠结的时候，能够转化自己的不忿心态为平等心态，能有理解、包容、沟通、支持的优良行为，才能真正改变自己。

父母最希望的就是儿女之间和睦相处。对兄弟姐妹间的摩擦、不平要如何转化？则要看自己如何想、如何做了。“人心不足蛇吞象”，自己争得越多，有时反而丧失得更多；若是不要计较、不要比较、不过分要求，反而心态能十分轻松，也不会因为身外之动而愤懑不乐。父母及兄弟姐妹之间的各种矛盾，长期难以化解，就会形成不良家庭氛围，影响到兄弟姐妹之间的关系；在这种不和睦的氛围中，更应该放开心胸，不要固化难转，改变自身原有的不良观念，进而付出行动，就能实现悌道和睦。但大部分人无法改变自己观念，更无法改变自己的习惯，常随环境、情绪变化而变化，难以真心面对自己、改变自己。对自己兄弟姐妹如能好好相处、好好珍惜，才能有好的结果，正是唯有真正遵循“孝悌”规范，才能将诸多家庭问题一一解决，将不良关系转化为温暖亲情。

遵守孝悌观念、施行孝悌行径，让悌道孝道相辅相成，打破自己原有的固化思维，改变不良思想观念和不良行为，树立良好道德观念，这就是学习“个人素质提升基础教程”的意义。个人素质的提升，在于能够静心察觉自己的内心，进而改变自己的不良思想观念和行为习惯。

（三）“孝悌忠信”的串联

兄弟姐妹彼此陪伴成长，分享所有喜怒哀乐，是多么欢乐的事情，全家大小能够和乐融融，“团结一条心，泥土也会变黄金”。即使当下物质并非十足充裕，只要全家人能够同心协力，一起付出，就能有更好的局面，心能紧紧相系在一起，也就没有任何突破不了的困境。生活中，不可能永远都平顺如意，兄弟姐妹彼此关怀、关心，不论遭遇任何困难，都会彼此扶助、相互帮助，将一切困难排除，这就是人间“悌道”的最佳表现，是兄弟姐妹相亲相爱的真实写照。

人在家中能够孝顺父母、友爱兄弟姐妹；离家在工作职场上，也会全心全意完成主管所交办的任务，达成自己的任务目标。凡事用心学习、努力付出，不计较、也不比较，能够抱持着对待家人的心态，就不会与他人产生摩擦与冲突。集中精力在工作上，认真负责地完成任务，在工作场合与同事相处的过程，也会和乐融融。对外人如同对自己兄弟姐妹一样，彼此互信互谅、言行合一，绝对不会欺蒙拐骗，即信用的外在表现。能够在家做到“孝悌”，到了社会上就能做到“忠信”，这都是对自我的要求，自己要求自己做到，才会有好成果，人生已经夯实了坚实的基础，才能未来可期。

如此，人人都能做到“孝悌忠信”，展现个人良好德性，在人生过程中也就会平平顺顺、无忧无惧，工作平顺无忧，家庭富足和乐，社会和谐发展，这是落实道德观念的意义所在，是每个人都应该谨记在心的。在日常生活中，用何种心态面对他人，他人就会用何种心态对待自己，对兄弟姐妹也是一样的，关键是在于自己用何种心态。

（四）当代孝悌观念

“孝悌”是中华道德的重要观念，社会行为规范以“孝悌”为重，家庭以“孝悌”为传家至宝，为人子必要以“孝”“悌”砥砺自身。“孝”“悌”观念同宗同源、密不可分。如果“孝悌”无法做到，那其他德性、品性又能做到如何呢？古往今来流传的忠臣烈士，又有哪个不是以“孝悌”传家处世的？“君子事亲孝，故以忠可移之君；事兄悌，故顺可移之长上；居家理，故治可移之官，故行成于内，而名立后代矣”，亦是说明孝悌是为人处世的基础。看人为长、为幼、为人父、为人子，行为是否符合德性，只须看对于父母、兄弟姐妹有否合于“孝悌”之道，即可略知一二，甚至大部分的个性，都可以看得一清二楚。

现今时代，孝悌施行渐少，孝悌之道式微，衍生出了许多家庭问题和社会问题，原本世上血缘最亲近之人，反而成了伤害最重之人，合宜否？难过否？当代人重于物欲，多难以看透“天地万物皆是借用、借拥有、借享受”的道理，忘记“人生空手而来、空手而去”的事实，常为争得有形的财产利益，使得兄弟姐妹反目，言语不合即大打出手、互相伤害，而失去天下最亲近的情谊，天底下最悲痛之事莫过于此。人间若没有了“孝悌”之情，眼中只有钱财，这实在是可悲可叹、令人惋惜。

孝悌传家，家中每个成员都要一起同心努力，维系家庭和乐、父慈子孝、兄友弟恭，让家中充满温馨。如果家中成员彼此猜忌、怀疑，又如何有和乐家庭？只会不断增加累积家庭问题，彼此争执不断。对家中成员，不可用恶劣言行还于对方，这样只会恶上加恶，下一次还是要自己承担后果；应以善言善行回报对方，才能善上加善，成就一个和谐的家庭。“积善之家必有余庆，积恶之家必有余殃”就是这个道理，一切行为好坏结果都会回归于自己来承受。

兄弟姐妹之间践行悌道，就能够组成一个和乐家庭，再由家庭扩增为家族，再扩增至社会，就都能秉持着“孝悌传家”的精神。孝悌是家庭的基础，而家庭是社会稳定的根基，没有家庭就没有社会。孝悌让家庭稳定了，社会的根基也就稳固了；若家庭无法稳定，社会就会动荡不安，人民也就无法安居乐业了。

要建立和乐家庭，所有成员都要遵循“孝悌”，要使家风优良，也需要遵行孝悌；不良家风，更需要依循孝悌而变、而行。不论外境如何变化，遵循孝悌规范，才能化解家庭矛盾，解决家庭问题。一家人，不论家风如何、家境如何，皆要以“孝悌”为准则来应对，从改变自身做起，转化家庭矛盾，解决家庭问题；反之，则会恶上加恶，只会让不良氛围一直延宕下去。

为人父子、夫妻、妯娌、兄弟姐妹，有智慧、有毅力，才能将自身不良思想观念、不良习惯改变；改变自己，才会影响家中成员，改变家庭成员间的关系。每个成员要以“孝悌”为行为准则，改善家族的道德观念，为家族积累优良德行，留下优良家风给后代子孙，才是提升自己、提升家庭、提升家族的途径。

改变人生，并非只在口头说说，而是要践行于日常生活当中，从改变自己开始，才能相互影响，让家中每个成员都能提升，更会在工作职场中，影响更多人向上提升，美好德性的彰显，正是从践行“孝悌”开始。

二、当代悌道

（一）不良沟通引发情绪问题，是当今家庭矛盾产生的重要原因

当今时代，父母子女之间是彼此渐行渐远的节奏，家庭圆满应从何做起？亲人和睦是家庭圆满的基础，若是彼此间不能和合相处、相亲相爱，隔阂就

会越来越大，思想观念就会愈离愈远。当代社会变化更加迅速，人心受外界环境影响，越来越难和乐。若是能够从自己学习修整、学会倾听沟通开始，就可避免多数情绪问题，可惜的是，现在的人往往做不到双向沟通，只会单向表达自己的看法，导致在日常生活中“情绪问题”时常出现且很难化除。

兄弟姐妹间的沟通不畅，往往会导致彼此意见不能统一，产生问题后形成长期矛盾。日常生活当中不能有效沟通时，“情绪”是很大的影响因素，尤其是财产分配及处事过程中的比较、计较心态而形成的情绪问题更是严重。若将不良情绪一股脑发泄给家人，家人完全不明白原因，只能委屈承受，这种情况对于自己家人而言，是非常不公平的。

在“情绪”管理、疏导方面，要找到适合自己的良好方式，避免扰乱家庭的融洽气氛。千万不可将不良情绪堆积于心中，每个人“情绪容忍度”都是有限量的，等到满溢时，就会如千军万马，奔腾不止，发生此种问题，不论是兄弟姐妹、家人、朋友还是同事，都会受到很大的伤害。“情绪问题”，其根源都在“自己”身上，因为工作生活节奏太快、压力太大了。

家人之间，不论个性差异有多大，都必须真诚面对，要能够坚持用心改变自己，千万不要只想别人改变，那是根本不可能的。“沟通困难”解决之路，不管多难，总会有走完的一天，就怕连最基本、最重要的第一步都无法跨出，又如何会有接下来的可喜成果？为了成就欢乐喜悦的家庭，不论需要付出多大的代价，都是值得的，兄弟姐妹彼此相互扶助，就是“悌道”的根本。

每个人都有不同的人生，在一生中要不断转化自己的不良思维，让思想观念有正向的提升，在兄弟姐妹之间圆满“悌道”，通过学习明白其中原理和重要作用，才能很好地施行，“悌道弘兴”正是解决当下种种社会问题的重要基础。

（二）珍惜兄弟姐妹情义

“悌”是指兄弟姐妹间相处融洽。在往昔时代，家中多子女，除了分担家务之外，也可以在成长的过程彼此陪伴，形成兄友弟恭的和乐家庭。此种大家庭组合成为社会支柱，对于社会人心有稳定作用，特别是对生产有相当明显的帮助。此种稳定的家庭结构，即使生存环境中的物质不充足，也可以支持一家大小温饱，这就是团结的大家庭。

当代虽然物质充沛，但在兄弟姐妹的相处过程中，却是不如往昔融洽，现代社会环境的小家庭模式，家庭中多是一个孩子，很少能有兄弟姐妹的手足之情了，若是有也只是一二位而已，已经难有如往昔一样的大家庭了。大多数现代子女，没有手足相伴，放学后只能在各种“班”中度过；回到家中，也没有兄弟姐妹可以谈心说笑，在孤独的过程中成长，您能否体会孩子的这种空虚心境？孩子只能是默默承受着成长的孤独经历，虽然是无可奈何，也只能将就了。

虽然大多数人不喜欢如此孤单的成长过程，但是在竞争激烈的现代社会中，想要多生一个小孩也不是很容易的事，经常只能束手无策，无可奈何。生存压力，教育成本太大，也是造成现代社会生育减少的原因，在种种因素共同作用之下，现代的兄弟姐妹的手足之情越来越淡薄了。

在人生中，能够有兄弟姐妹陪伴是难得的。在有限的生命中，能够有兄弟姐妹陪伴成长，度过充满欢乐、争吵、打闹的时光，一同面对各种难题，同心协力渡过种种难关，都是十足珍贵的回忆。有幸成为兄弟姐妹，是一种相当特别的因缘，若有就该好好珍惜，这种条件不是自己想要就能有的，“打虎捉贼亲兄弟”是否可以亲身体会？甚难！大家好好珍惜吧。

兄弟姐妹是具有血缘、一生中至亲的人，然而当今时代的兄弟姐妹血缘关系，往往也是有最多隔阂、矛盾频发的一种关系。兄弟姐妹情感交流的过程中，会累积形成各种不同的结果，产生原因是内在情绪心态及资源分配引起的。究其根本，还是自身是用何种心态来对待兄弟姐妹而决定的。长兄如父、长姐如母，兄长用此种优良态度对待照顾弟妹，弟妹以“孔融让梨”的精神来礼让兄长；又或者长兄长姐跟弟妹争夺关爱、情感及资源，弟妹也来算计兄长的资源、情感。这些都是看自身用何种心态，由自己的行为来决定的。是善是恶？其实只是自己一心，只看自己心中对待兄弟姐妹的“标尺”如何而已。兄弟姐妹所有纷争，经常会在内心形成芥蒂，开始时是忍辱负重，若是时间久了后心中难以平衡，一切大小问题全部都暴露出来，就很难收场，早已是“兄弟阋墙”了。

兄弟情谊要如何维系？还是要看自己用什么态度对待，就会得到何种结果。兄弟姐妹是人生最重要的伙伴，最特殊的血缘关系，这一生中有什么人跟自己是同一父母所生？又有什么人跟自己携手相伴，从小就亲密地生活在一起？除了兄弟姐妹外，没有其他人了。要以理解、包容的心态来对待兄弟姐妹，如有意见角度不同，要用沟通、关怀来一一化解；假如无法沟通时，更要用尊重、理解的态度面对彼此，即可减少很多的争吵，促进兄弟姐妹互爱相敬。

兄弟姐妹产生争执时，皆要反求诸己，自己身体力行做出榜样，而不是去改变、要求他人，如此只会落空而已。改变自己易，改变他人难，只有从自身开始做起，自己努力付出，一点一滴地累积，不是只空想一切，要能缓和自己的心性，用“大家都满意”的态度来处理每一件事情，尊重各人的角度，尊重他人的意见，就能有优良“悌道”。

兄弟姐妹建立优良情谊，由自身做起，自可减少诸多争执、吵闹，才不会让自己抱憾终身。“悌道”已经渐消沉，兄弟姐妹之亲情也渐淡薄，如何把它拉回来？就看每个人自己的努力了。

（三）思想观念的主导作用

世界不同民族，皆是以家庭为单位繁衍生息，个人遇到不同事件时，必会先想到自己，之后才会想到父母、兄弟、夫妻、子女，这是人性所致，很少有人不先想到自己或家人而把自己、家人摆到最末位。但就怕往往只是想到自己而已，而跟兄弟姐妹起冲突。此种问题就是因为只想自己，根本不会考虑他人，只为自己获利受益，将自己人性埋没了，更没有“道德观念”，把人性丑陋一面突显，真是太可惜了。除了想到自己之外，更要孝顺父母，既要照顾妻儿老小，也要关爱兄弟姐妹、姑嫂妯娌，思想符合道德观念，行为符合社会行为规范。

如因受姑嫂妯娌不和的影响，兄弟姐妹感情再好，也会小者发出口角，大者拳打脚踢，甚至仇人般相互对待。因此，家中所有成员之间皆要好好相处，不只是要公正客观面对每一件事情，更要面面俱到、把事务处理圆满。要把人际关系处理圆满，行事要有道德底线，否则，突破了底线，那就太可怕、太可悲了。

兄弟姐妹互相扶持照顾，这个家庭（族）就会壮大，个人事业也会更加顺利；兄弟姐妹互看不顺眼、处处争执，家中一定是吵吵闹闹、诸事不顺、争斗不休，工作、职场、事业也一定不会顺利。兄弟姐妹为至亲之人，都无法好好沟通、相互扶持，面对家中大大小小的事情，就会各有各的想法，又如何能同心协力共渡难关呢？

引申而知，工作职场、人生事业比起家庭更复杂千百倍，人际关系更为复杂，需要自己独自面对，如果家中兄弟姐妹都无法相处融洽，外部事务能处理好吗？一般情况是无法与外部融洽的，甚至想扯后腿、陷害中伤的人会有一大堆。

“诚意、正心、修身、齐家、治国”就是这种道理。若无法处理自身情绪、心理问题，就无法端正自身行为，更无法处理家中大小成员间的人际关系问题，这样如何能在外打拼事业呢？见微知著，一切之源头皆在自己观念想法和态度。

每个人都有自己的家庭，都有父母陪伴过程，是否有兄弟姐妹的陪伴，则是不一定的。能有兄弟姐妹彼此陪伴，共同学习成长、扶持照顾，是多么令人羡慕啊！如果家庭家风优良，就会有好的兄弟姐妹一起成长；家风不好，就会有来争吵、抢夺的兄弟姐妹；当代很多人是没有兄弟姐妹的，只能够一个人陪伴父母亲生活。

不论何种家庭组合，不管组合好坏，不论出身高低、家世背景，都必需要直面自己的人生，一步一个脚印，逃不了也躲不开，这是每个人都要经历的人生过程，不论过程好坏，只能老老实实面对。要圆满自己的人生，必须要亲身面对：该工作就工作、该吃饭就吃饭、该休息就休息，一切都要自然面对，这就是人生。

人生过程中，活着就要能够把握人生，改变自己，修整自己的不良思维、行为，这就是每个人的人生。让自己的思想境界更上一层楼，才是人生最重要的任务，而所有累积都要靠自己来完成。

该珍惜的勿放手，该放手的勿留恋，人生境遇会很真实地反映出自己过去所作所为的优劣差别，要能随顺自然，好好地学习成长，实现自己德行的提升。每个人的经历中，都会有很多不如意的时候，经常会遇到争吵和不公正的对待，这就是人生过程，有甘有苦、有喜有悲。在人生这个改造自我的过程中，如何改变、如何学习成长？才是人生的重要事情，而不是日复一日，茫茫不知所往，更不应是你争我夺。人生过程中，应该好好提升自己，

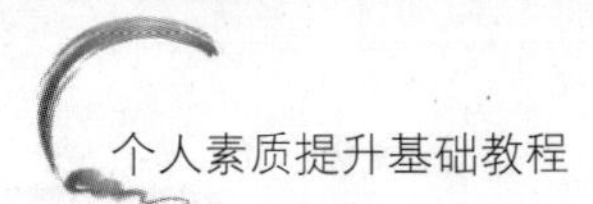

改变自己往昔的所有不良习性、惯性、秉性，莫要虚度此生，珍惜身体，珍惜短暂的人生过程，把握有限时光改造自己、成就自己！

（四）悌道对家风的改良作用

每个家庭（家族）都会有不同习惯，家中每位成员都会受此影响，这就是人们所说的“家风”，与家庭成员个性融合后，就形成了每个人独特的思想观念和行为习惯。家风是每个家庭（家族）中特有的沟通、行为模式，有的优良、有的不良，形成不同的家庭环境，影响家庭所有成员的思想和行为，更会传承给下一代，一代代复制下去。

因此，每个人对自己的行为举止及言语都要注意，如果本身行为是粗鄙的，自然下一代也会如此；自己本身是具有同理心关怀他人，自然下一代也是如此。大部分家族成员，都会受家风所影响；其中只有少数成员别具一格，具备某种特殊能力，才有能力、有可能改变家风，转化其中的不良思想和行为习惯，改进家风传承。

家风对家庭成员的影响很大，古代有德之家重“孝悌”，但是现在很少有家庭能始终贯彻如一，多是只有一二代或是一段时间重视而已，很少有长久奉行“孝悌”教育的家庭，使得家风难以向优良靠拢。家风好，家庭成员要好好珍惜，则做人处事已成功了一大半；家风不好，更要认知、觉察，从自身做起，关怀每一位成员，家风就会逐步改善，未来也会变得越来越好。

家庭成员都会受“家风”的影响，良好环境加上良好家庭教育观念，自然是好上加好；反之，不良环境加上不良家族文化的影响，自然就会更加恶劣，家中成员感情关系自然也就好不了，如果每件事都吵吵闹闹，亲人之间自然就会愈加淡薄、疏远。

每个人在对方眼里，自然都被他人心中“尺度”所衡量，区别尊敬认可，还是避而远之，这就是看自己的行为表现如何了。有时对方不认同自己行为，虽然仍在与我们接触，其不满是放在心中不明讲的，对方是何种态度，大部分人都是心知肚明，能否体会？自己的行为须要自己来审视、检讨并负全责，自己所散发的气场必然吸引相同类型、相同习性的人，最后作用到自己身上来。正是所谓的“物以类聚，人以群分”，莫再说“遇不到真正知心之人”。

人生不能选择父母，也无法选择家中成员，只有改变自己的思想观念和行为习惯，选择并施行自己的生活规划，凭着自己的智慧和毅力让家庭美满。每个人都可以对自己的思想观念和行为做修整，从自身做起，才能影响到家人，进而转变不良家风，端看自身如何抉择。

第二节 家庭关系

一、父母与子女

（一）家庭问题的多样性

父母大多心甘情愿为儿女辛苦做牛马，含辛茹苦将怀抱中的婴儿养至成人；少部分人与父母在成长过程中即生离或死别，没有父母相伴照顾，缺乏父母疼爱；也会有子女无法平安成人即离开人世间，造成父母心中无限苦痛；另外也有子女成长过程中，心智不健全，走上岔路，父母无法管教、引导；人的生活过程状况不一，很难有人能了解全貌。

其产生原因各异，有的是父母长辈的原因，子女必须对问题一一处理；也有子女、兄弟姐妹等晚辈的问题，需要父母长辈来照顾、提携。还有的家庭，父母子女都有问题，甚至无法维持最低的生活标准；有些家庭，成员身体病痛不断或心智不全无法医治，需要花费一生心力来照顾；也有富贵家族诸事顺遂、资源充沛，但是父母伯叔、子女、兄弟姐妹之间，感情疏离各有算计、比较，面善心不善、面和心不和，产生兄弟阋墙的情况……现实生活中的各种不同原因，形成各种各样的家庭问题。

每个人出生后都会受到家庭的护佑，个人与家庭同生共存、荣辱与共，家庭兴衰与个人荣辱息息相关。家庭（家族）中各种良莠不同的风气（家风），也是通过繁衍而代代相传。例如：积富积财之家代代传承持续，但是，若没有德性来辅助，三代左右即会慢慢坐吃山空，所谓“富不过三代”即是如此。子女从小坐拥各项财富资源，如没有良好的德性观念，自然只知享受而已，等到自己当家做主之后，也只会延续享受，忘了前人辛苦付出和持家的艰难！贫穷之家也会代代相传，因为能得到资源及教育条件有限，能勉强维持生活所需就已经很不容易了，父母要尽全力付出，后代子女若能了解家庭贫困以及父母辛劳，自身努力付出、不畏辛苦进取，就能逐渐改善原生家庭的生存环境，脱离当下的贫困。

以上两种，都是原生家庭成员共同生存的环境，需要自身认真观察体会，无论是经济层面或是亲人感情皆要用心觉察，努力付出以求自我改善，自然就会有好的结果。若想要有好的传承，家庭成员中只有个别人努力是没有足够的力量来改变的，必须要每个人都能自我改善，树立道德观念，随着每个人德性累积，整体家风才会逐渐向优良发展。最后，家庭成员的命运也会随着家风的转变而转变，每个人都可以享受由此而来的和乐生活。

人与人能相聚在一个家庭，彼此成为父母子女或兄弟姐妹，是很难得的，并非想当谁的父母或想当谁的子女就能如愿。成为一家人，大家有福同享、有难同当，一起品尝酸甜苦辣的过程。平顺和乐的家庭需要累积德性，争执不断、问题频发的家庭更需要累积德性，才能转化生活中的问题和困境。

家中成员相互之间如果不能善待，就会陷入痛苦深渊，“人对我怨、我怨他人，怨怼相对，如何能解”？只有从自我改变开始，以德待人，“人对我怨，我应以德”，自然会做到将抱怨化作感恩的作为。故而，兄弟姐妹对于“悌道”的施行，也是修德必经之路，不知您是否也可以做？

改变家庭（家族）运势，是通过言传身教、身体力行，让自身成为子女后代的榜样开始的，这样才能对子女有好的影响。存在于原生家庭的各种问题，也要从自身改变开始，提升自己的德性，给后代子女传承良好的品行。否则，不良家风代代相传难以转化改变，那么，问题就会一直延续到未来。

（二）父母与时俱进，子女温故知新

每一位初生婴儿皆是母亲含辛茹苦、十月怀胎而诞生的，正是父母的掌中珠、心头肉，从幼年到青少年时期，所有父母都是无私奉献，但与子女间的感情也有深浅之分，亲子感情未必全部如意：有的情感深厚，父母子女两代之间如同朋友无话不谈、无事不晓，彼此相互关心体贴；有的有代沟、隔阂，能够坐下来聊天沟通的时光有限，经常难有好脸相见；还有的是骂声连连，互看彼此不顺眼，缺少沟通，只能一生如此度过；有的是大打出手、反噬父母、拳打脚踢对待父母，让父母养儿如此、悔不当初；还有甚者，将父母数十年积蓄、基业一扫而空，之后对父母不闻不问、形同陌路。以上种种情况，也并非一朝一夕所能改变，只有慢慢转化、改善而已。

表4-1 化解家庭矛盾，转变家风

怨怼相对	父母	与时俱进	古代:高高在上 当代:成为子女榜样
↓ 家风转变	亲子矛盾,产生于不同时代的不同生存环境		
相互扶持 共同成长	子女	体贴、谅解	重温父母的经历 理解父母所做决定的因由

父母子女之间沟通不良、缺少关爱，父母是“强爷”，全家皆要听命行事，子女是“将种”，如果无法说服其心，宁可不屈不服，形成家庭大战，吵闹争斗不休。这是什么原因造成的呢？只因子女像极了父母的性情，刚强果断，不听诤言劝导，自然会有如此情形发生。此种情况只有一方觉察，明晰行为不良后果，放下自我固执，才能有机会沟通、消除彼此间的沟通障碍和观念矛盾，否则，争吵不断无宁日。若要改善双方关系，就要能先坐下来沟通、交流、理解、关怀对方，一一化解歧见。

这些问题也多因个人情绪而产生，虽然有时无法使父母子女之间情感如初，但是父母无私付出、照顾儿女之心，是永远不改变的。古人云：“君子之事上也，进思尽忠，退思补过，将顺其美，匡救其过，故上下相亲也。”子女对父母长上要能柔顺劝导沟通，不能以自身角度为唯一准则，父母与自己的成长环境不同，故而想法观念也会有不同之处。父母观念要与时俱进，子女也需体贴谅解，才能化解双方歧见。

父母子女之间家务事，只有当事人才能化解，外人皆无法介入，家家皆有一本难念的经，不在其中很难体会其中况味，对外人不足道也。大富大贵之家也会有孽子孽孙，清贫清寒之家也会有忠臣孝子，若能树立起道德观念，形成良好的行为习惯，是可以逐渐化解家庭中存在的各种问题的。不要一直拖延，不能在当下解决的，以后也未必能有改正的机会，及时的自我改造正是决定未来成长的关键，需好好思考其中问题所在。要想提升成长，必先从自我心态的改善开始。

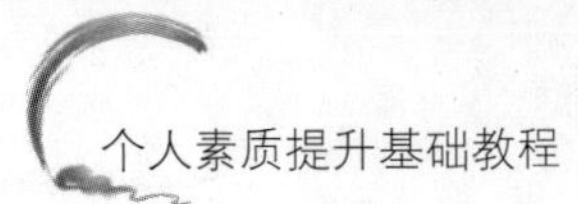

二、兄弟姐妹

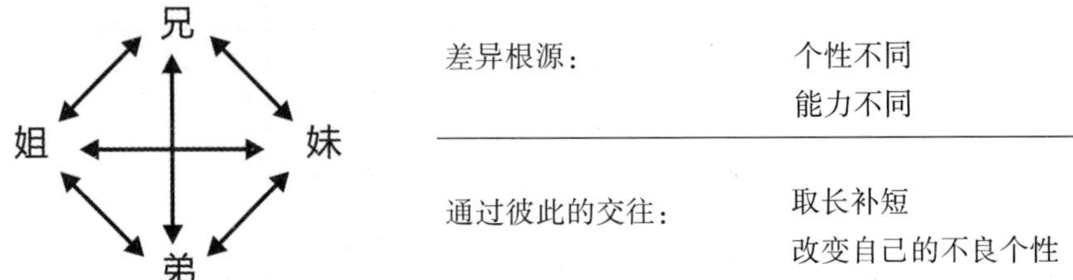

图4-1　兄弟姐妹的互补关系

（一）兄弟姐妹个性不同，能力不同，是构成不同形态家庭的客观基础

兄弟姐妹与父母关系也有不同，有的兄弟姐妹会关爱较多；有的人独立自主；有的人在外自组崭新的家庭后，无法兼顾原生家庭；有的人需要父母大量关爱、呵护，辅以很多的生活资源，甚至还需要兄弟姐妹在旁不断扶持。若有能力又有意愿帮助其他兄弟姐妹的人，对于“悌道”就会做得更好，容易圆满兄弟姐妹之间的情谊和道义；对于能力不及者就容易产生隔阂，“悌道”也会不足，甚至兄弟阋墙，产生诸多家庭问题，种种情况各不相同。

对于成才、独立的兄弟姐妹，父母给予关爱会较少；对于无法自理生活的子女，父母则会给予较多的关爱和资源，其他兄弟姐妹也会给予接济、救助，这是人间常态，身边随处可见。父母天性是爱护全部子女，越是需要父母呵护的子女，父母就会投入更多关爱、照顾，这种情形并非父母偏心，而是天性使然，能明白其中原委的人，自然能泰然处之，而不会被外境引动不良情绪。

不分物种，都是一样的，只要是做父母的，这一份“爱”的能量就永远都不会改变，从古至今都不曾更迭，“孝悌”的传承也是如此。但是，如果过度照顾，就会造成无法自理生活的孩儿，此种人难以面对社会磨炼，不能负担自我责任，变成“巨婴”一个，身体虽然已成为大人，但心智还停留在幼儿时期，这是父母长期溺爱而形成的。父母时常忧愁在心内，正是爱之切而害之深。

兄弟姐妹，大部分是良善相处，只有小部分是矛盾不断，对此更要用心维护，才能将“悌道”圆满。未来自己家庭和家族的发展，是向上还是向下，都是取决于个人思想观念能否提升而定，对兄弟姐妹的“悌道”情谊要能提升，而非一直陷入两相怨怼之境。对父母情谊及兄弟姐妹的感受，要从客观角度来理解和面对，而非用个人主观心态来引动不良情绪，此为家庭和乐之道。

当今“悌道”观念已经越来越淡薄，兄弟姐妹之间的亲情也难有水乳交融，原本应该是和乐家庭，却衍生出各种不同问题，形成了“家家有本难念的经”之窘境，这是当今家庭的写照。为何原本是亲密的一家人，反而会有层出不穷的问题呢？每个人都有不同的思想观念和行为习惯，人生过程就是一个改造自己的过程，可惜的是，人们往往不能明白其中原委，难以觉察自己不良的行为习惯，丝毫不明白自己思想观念中哪里有问题，多是认为自己都是一百分，看到别人的行为都是不及格。殊不知，自己才是最需要改造、最需要成长的那一个。

现代社会的生活条件比往昔时代舒服得多，但是许多小孩子都有奇怪毛病，讲也讲不听、骂也骂不得，大人无计可施、无法可管，父母在教养过程中倍加辛苦，造成了为人父母的困境，多是无法应对，没有解决的方法，只能默默承受。这是很多家庭面临的普遍问题，要想化解这个问题，就要提升自我的德性和智慧，才能有解决的一天。

（二）改变自己的不良个性是圆融兄弟姐妹关系的基本方法

每个人都有自己的个性：有的柔弱、有的刚强、有的莽撞、有的内敛，结合不同的家庭环境和教育，就会形成每个人独特的思想观念和行为习惯，这就是虽在一个家庭同生共长，却没有思想和习惯会完全相同的两人的原因。未来的人生道路也会不同，有的成才立业、有的糊口生活、有的入不敷出，等等。

每个人的特长随着个性也有所不同：一位个性温和的人，无法跟人拼狠斗劲；个性霸气的人，则无法安分守己；个性内敛之人，不宜外向交际；个

性奔放活泼的人，不适宜做文书内勤，等等。每个人未来适宜的道路都不相同，必然是要能觉察了解自己的个性特点，才能将自己的天赋特长发挥出来。当然除了个性影响外，生活环境和教育也有相当大的影响，这也正是每个人提升的机会。

每个人的经历不同，个性也不同，在问题激化时个性就会浮现，若是好习性、好个性，纵使遇到艰难考磨，坏事也会转化为好事，小人也会变成贵人；若有恶劣习性、个性，临事之际好事也会换成坏事，贵人也会变成小人。这是因为外境是因自己心态变化而转变，成败皆在自己一念之间，不论何事，皆需亲身经历才能转化。处事过程中如何发现自身欠缺与不足，转换不良部分，是一件很重要的事情，这需要自己主导，并非外力所能改变，一切的心态转化都是通过内观自省来完成。

首先，要先从改变自己的不良习性入手，慢慢累积智慧与经验。若无法改变，又要如何构建和乐家庭呢？很多人对自己所遇的问题障碍不了解根源，认为所有生活起居原本就是这样，那就真是永远都不会改变了。一个人的所思所想、所作所为，若是优良作为，就会提升生活品质；反之，不只是降低生活水准，还会造成很多不良后果。这是很多人很少去反思的问题，虽然人也许会忘记以前的所作所为，但是自己的作为必然会形成结果，不论是否愿意接受，都必须亲身面对并承受。

现今社会家庭成员人数比较少，也有很多人没有兄弟姐妹来陪伴，无法如同往昔大家族聚居，能够有很多兄弟姐妹和家族成员彼此照顾、一起学习成长。因此，在人际关系上就会有很多障碍，每个人都觉得自己是独一无二的，造成每个人特立独行的个性，最严重的就是自以为是的不良品格，此种思维就会导致与人相处过程中的“自以为是、以自我为中心”，无法与他人和睦相处，只会坚持自己立场而不妥协。其实，这个问题只要能稍微修整一下就可以改善，进而解决所遇到的各种问题和矛盾。

改变自以为是的观念，要从想好的、说好的开始，做到并不困难，只要用心改变，就一定能实现。社会是个大染缸，想要“清净还是污垢”，都是由自己来决定的，想要提升就要改变自己，就必须要从遵循建道德观念和社会行为规范做起。俗语“江山易改、本性难移”，千万不要只想着去改变别人，如果自己都无法改变，还想着要改变别人，那是天方夜谭。因为，改变自己是比较容易的，改变别人那是非常难的事情。期盼大家能够从“心”开始认识自己，找到自己的不足和欠缺之处，改正错误，改变自己，人生有太多太多能修整改变的机会，不知您看到了没有？

每个人都有独特的个性，就算是兄弟姐妹、相同父母所生，思想观念和行为习惯都不尽相同。在家庭成员的相处过程中，通过交叉学习，会影响每个人思想观念和行为习惯的发展。在家庭中真正用心自我改变，把自己错误改正，把欠缺和不足弥补，只要能求同存异，彼此互相勉励、互相协助，一起修整改变，就能构建起一个圆满的家庭。

“圆满家庭”需要每个家庭成员从自身做起，千万不要比较也不要计较，切勿认为“错都不在我，与自己一点都没关系，都是别人的问题”。每个人都是自认为很好，根本不需要改变，这就是人们无法提升的最大原因。如此，又如何能圆满家庭？必须要从自身开始真正地改变，才会有良好的成效，想要往上提升，只有靠自己。

家庭成员都有不同性格和特长，能否包容彼此。共同成长、共同成就？若能先改变自己，才能影响家人，带动大家一起改变，这是相辅相成的过程。若不能由自己做起，凡事都想要求别人先做到，自己不修整，那就大错特错了，靠自己改变才是真正的成长。人生短暂，更应该珍惜时光，好好把握改变自己的机会，未来如何就看自己用心与否了。

三、人脉圈

（一）婚姻

家庭成员中除了有血缘关系的亲人以外，还有经由婚姻产生的成员，婚姻让不同家族、不同血缘关系的人们结合并在一起生活。夫妻双方在未结婚之前，是两个没有任何关系的人，经由结婚仪式后，就会增加很多社会关系，将两个完全没有血缘关系的人，变成为了最亲密的伴侣，除了彼此陪伴一生之外，还会生儿育女、繁衍出更多的家庭。经由婚姻结合后，就会联结组成更大的家族体系，在社会活动过程中，亲戚间就会形成相当程度的影响，如果能够相互促进、共同进步，就会形成良好的人际关系，促进家族的和谐发展。

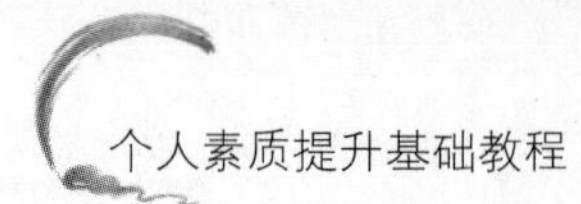

婚姻的促成是相当微妙的，夫妻生儿育女让家庭成员增加，有些人虽然没有亲兄弟姐妹陪伴，但是多少也会有堂兄弟姐妹与表兄弟姐妹的陪伴，虽然堂表兄弟姐妹并不是直系血亲，但是在“悌道”中，也是相当重要的关系，是一个家族与另一个家族连接的纽带。

（二）朋友

除了亲戚关系外，朋友也是人伦关系中的一环，在与朋友交往中，互信与互谅是基础。每个人都会离开家庭，进入不同环境，结交不同的朋友，有的人还会相互结拜为“义兄弟”或“义姐妹”，在著名的“桃园三结义”中，忠肝义胆的事迹千古流传。能够结拜成为义兄弟姐妹的，虽然不同于血缘关系，却往往也会走得很近，有些“义兄弟、义姐妹”甚至比亲兄弟姐妹还要亲近，彼此在人生成长过程中相互陪伴、勉励扶持，是可比兄弟姐妹相处的情谊，更是一种特殊的社会关系。因此，在彼此交往过程中，更应该用心来对待，好好地珍惜，成就彼此的特殊情谊。

人生过程中经由亲戚、朋友及家族网络，会形成各种各样的社会关系，彼此之间的恩恩怨怨，不论是好与不好，是否互有亏欠，都必须认真面对，对自己所作所为形成的结果，都应该真诚面对，珍惜可以改正过去错误的机会，否则，只会形成再次的不良循环，有智慧者对此一目了然，一点就通，珍惜当下吧。面对人生真实的过程，千万不要躲避，凡事亲身面对、相互成就，不论起因是好还是不好，都要用心扭转使其有好结果，只要用心转变，就会有良好成果。

四、“家风”对家庭关系的影响

（一）在不同角度中的圆融提升

每个人都希望拥有一个和乐家庭，没有哪一位是希望一直身处于吵吵闹闹的家庭环境中，人人都期盼平顺安乐的生活，可是现实生活中，很多家庭都是处在争吵不休的氛围中。人类所处的生存空间，有好坏善恶、是非对错之分，人们一方面想要提升，一方面又图享受，这种思想观念本身就是矛盾而无奈的。

存在矛盾的生存环境，正给人们提供了一个可以改造空间的机会，通过彼此不同的认知角度，发现其中的错误、不足和欠缺，让每个人都有机会改变自己。但是受环境的影响，有些人也难以把握反省自己、改变自己、提升自己的机会，变成只看他人的对错是非，自己不断重复着同样错误，不但无法提升改变，反而向下沉沦了。一个人若无法改变自己，就会影响到家庭，与期望和乐相处的家庭成员，往往矛盾不断，演变成亲人不和甚至还有兄弟阋墙的情况。

父母子女之间的对立、兄弟姐妹之间的争夺等不良情形有很多，想要改变此种不良对立的窘境，就必须要落实道德观念，这是化解当前社会问题的最佳方法，建立适合当代的社会行为规范，才能解决当今存在的各种社会问题。

道德观念和思想观念都要与时俱进，适应时代发展，从家庭成员相处之道开始，父母管教子女不能再如同往昔权威教养，要放下身段与子女相处沟通，如朋友一样，减少彼此的观念差异，才能够明白子女的想法。否则，还是停留在父母“高高在上”的想法，就无法亲近子女，彼此之间就会渐行渐远，隔阂就会越来越大，思想观念愈差愈远，又如何能够一家和乐？自己的思想观念若不能改变、与时俱进，那周遭一切也只是在原地踏步，只有改变自己的思想观念，遇到的问题才能迎刃而解。亲人和睦是圆满家庭的基础，想要亲人和睦，一家人就要相亲相爱、互敬互谅。父母要以身作则，成为子女的模范榜样，全家人才会同心齐力。这是现代生活中重要的家庭课题，只有每个人从自己开始改变，才能将“孝悌”的观念落地实施，才能建立和乐家庭。

相互对立的矛盾空间中，每个人都会面临无奈局面：一方面要生存，一方面要修整，无法面面俱到，在这个苦乐参半的生存环境中，不论是苦还是乐，都是要注重修整改变自己才好，人生能够改变自我的时间并不多，必要好好把握可以改造的机会，才能不断地提升与改变。

（二）家风对家庭成员的影响

每个人都会受到“家风”的直接影响。人在出生后，都是某个家庭的一分子，并由此延伸到整个家族体系：父母之上有祖父母，父亲、母亲横向延伸出叔舅、姑嫂的家族，平辈有兄弟姐妹和堂表亲戚，向下又有子孙后代，

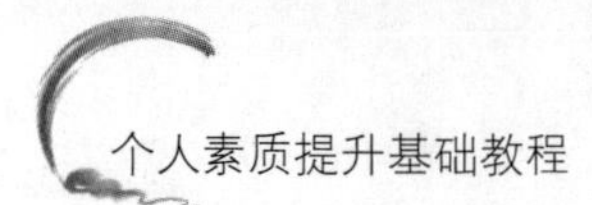

家族成员都会受到家风的影响。家风影响结合个人性情，形成每个人独特的思想观念和行为习惯，也由此决定了个人未来的境遇。

家风，对成员价值观的建立有很大影响。优异的家风，有良好的生活习惯及待人接物的礼仪；有的家族家风有所缺憾，在生活习惯及待人接物上叫人不敢领教甚至退避三舍。人生刚开头时，大家都是一样，两手空空来到这个世界，各人所累积好坏也都各不相同，那么未来也会各有千秋，正是人生“失之毫厘、差之千里”的根本原因。

父母对子女皆是无私地付出，但是在兄弟姐妹们之间，很多是以自身感受及利益为出发点，从小开始就有玩具资源的争夺，长大成人后又有金钱物质的争夺，这是什么原因呢？是因为“分别心”所致，你的我的分得清清楚楚，丝毫不会弄错，多了更好，多多益善，少一分不行，必会分分计较，这就是人性。“分别心”用对地方，会促进彼此力争上游、向外拓展；若是用错地方，就会形成兄弟内斗，你争我夺。端看用于何方，结果就会大不相同，此种情况在每个人年少时即见端倪。

家庭中亲人不和，这些情绪就会累积，如果没有及时将心结化解，则会不断累积加深下去：若是每日叨念各种情绪不和的地方，一日叨念会累积一日不满，十日叨念则会累积十日的不满，十年时光就会有十年的累积。各种不良言词不断存入记忆之中，纵使昔时亲人不和初始之处只是小小的记忆，十年后早已根深蒂固了。此种不良观念若不能消解，则会亲人不和，长年累积就会成为家族恩怨，造成相关家庭失和，甚至产生兄弟阋墙的情况。

亲人不和每日累积，再遇到金钱物质的分配问题，则会激化矛盾，导致冲突，长年累积而加深，形成彼此的心结。由此产生的心结又要如何做才能够化解呢？最好能以道德观念为基准，以行为准则为原则来处理，这虽不是一朝一夕可以转变的，但是要坚持就能有好的结果。人的作为不同，结果就大大不同，冲突中如能放下不良情绪，各种问题也会一放而过；如不能放下自我情绪，日久就会形成根深蒂固的心结，不断反复当初的不良情绪，来折磨自己内心，很难有化解的一日。

每个人要能以内观自省的态度，来面对种种家族矛盾，以彼此和睦相处为原则，将“悌道”融入生活中，而不是以分别、计较的心态对待兄弟姐妹。如果遇事只考虑自己利益，有失“悌道”，就会产生兄弟姐妹之间的争执，造成家庭矛盾。在一个大家族中的数个家庭难免会有摩擦，不论钱财或情绪上的冲突，能放下才是大智慧者。否则，种种心结背在心上，不知到何时才能消解。

家风正是家庭成员中每个人的行为不断累积形成并转变的，若是延续矛盾，则难有改善的一日，不良家风就会影响更多的子孙后代；若是每个人都能改善一点，家风就会不断改善，而良善的家风也会影响诸多的子孙后代，形成不断向上的良性循环。

第三节 处事态度

一、破“我”

(一)“我”的意识无处不在

人受生存环境所局限，心念意识以“我”为中心，为人处世皆离不开“我”，以自身权益为出发点，在事务链、食物链、通货链中，皆会以“我”为本位主体，一切皆受“我”的情绪感受所影响，“我”的快乐、“我”的各种欲望，都是以“我”为主体。能以“他人”为主体出发吗？很难做到。能以他人为主体者，皆有大仁大爱的心性，能为他人苦难挺身而出，这样的人可说是只有千百万分之一。大部分人只能以“我”为出发点，这就是人性，也是受生存环境所局限的原因。

“我”的本位心性是每个人在人生过程中必须面对的一个课题，生存中时时刻刻都会有两相对待，即“人”“我”分别，以“我”为中心的观念，会影响到每个人的思考方式。如果没有时时刻刻的内省功夫，就会轻易被“我”的本位心态牵着走，受环境影响，不断重复着“我想、我要”的过程而已，人生就很难有更大的突破了。

“悌道”观念的践行更是如此，当兄弟姐妹、姑嫂妯娌在同一环境中生活，必然会有摩擦争执的产生，就会累积恩怨情仇，这些都是各人思想观念不同、习惯不同、立场角度不同而产生的两相对待，任其发展下去就会演变

成对立和角力，究其原因，都是“我”的本位心性所致。遇到矛盾时，如果没有一方退让或是两方退让，只会形成一生难解的怨念，纵使再公正的第三方评论者，也无法断其是非对错，这是为什么？因为这只是角度不同而已。生活中很多问题大多由此产生，大部分也都是很难让两方都满意的。

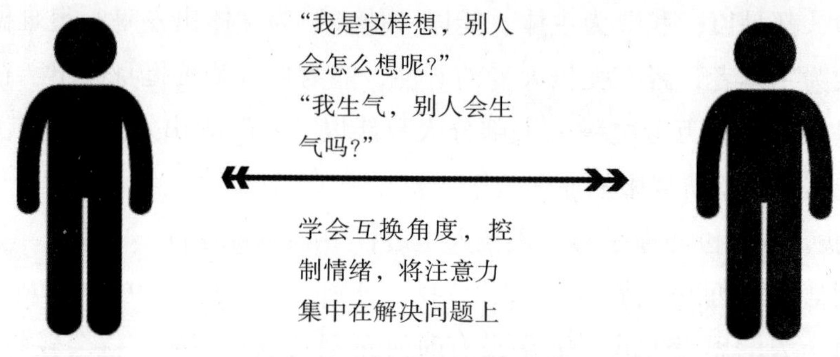

图4-2　“我”的本位意识，人人都一样

因有“我”的本位心态时时影响思维，自然无法同情对方难处，只会以本位立场为判断角度而无法体谅对方，久而久之便形同陌路，甚至变成仇人，老死不相往来，不断重复这些问题，值得否？会不会太累了？若是各人站在各人角度，那就永远都放不下“我”的观念了。

“兄弟阋墙”是最难化解的家庭问题，其中原因理由各有不同，那么兄弟姐妹能否看得清楚其中原因呢？自己要从体悟兄弟姐妹情谊是否值得珍惜开始，血缘亲情是用钱买不到，需要自己用心看清楚其中难舍的情谊并善加保存珍惜。只要家庭中兄弟姐妹、姑嫂妯娌、婆媳之间，能以同理心站在对方角度换位思考，多多沟通关怀，就能减少一大半的问题障碍，减少很多因缺少沟通而引发的矛盾。否则，纵使当事人已不在世上了，自己内心还会反复想起过往冲突而引动心结。

是否能够完全化解家庭中的矛盾和问题障碍，就要看自己的“我”能否看开、放下，而非一直站在“我”的立场上处理问题。让“我”的本位心性一直引动思维意识，往往会将矛盾一直放在心中难以化解，继而造成兄弟姐妹亲情的淡漠。

（二）转换角度，站在对方角度考虑问题

其实不必计较太多，人生只是一些数字在浮动而已，能内观觉察“我”的本位主体，将其缩小、放空，如同“空杯”心态，谦卑为怀，能够同理双方，自然会找出沟通中的平衡点，而非一直处在两相对立之中，种下争执怨恨的种子。

兄弟姐妹、姑嫂妯娌、婆媳皆是一家人，如果没有相互尊重、关怀，那么这一家人也只是徒有虚名而已，家庭名存实亡，亲人之间关系冷漠、眼不见为净，这样如何能化解歧见呢？又如何能融化冰冷淡漠的情感呢？更别说将家庭（家族）带向更好方向了，只能是一直吵吵闹闹，难有更大的提升增长。

一个家庭（家族）必有许多大小争执和歧见的存在，这是在所难免的，如不能跳脱出此局，只会是争执吵闹不休，难有清净一日的到来。要明白，这都是“我”的本位意识在作祟而无法与他人同理沟通，只有看到“我”、放下“我”，才能有家庭和合的一日。

“我”之本位心性的局限，就在于人们都是习惯了以“我”为中心的思维模式，总是“我认为该如何，我觉得应该要如何，我希望该如何”。只要对方不理解、不顺从，就是对方不对，是对方无知。人的生存环境就是这样一个两相对待的环境，每个人都是“我”字当头，谁人又不是由“我”出发呢？

小至个人、中至家庭、大至社会皆是如此，都以“我”为主体，以“我”的认知为绝对认知，能勘破“我”字者，除了能在“悌道”观念的践行上有大进展外，为人处事也能有更大突破，个人性情则能更加谦虚，个人思想观念及行为习惯就能“百尺竿头，更进一步”，突破生存局限、超越生存环境的限制，天地万物即可为己所用而不局限，正是“从心所欲不逾矩”。

二、重视情绪

无效沟通 → 情绪问题 → 激化矛盾 → 形成障碍

相互尊重 → 倾听沟通 → 化解问题 → 避免矛盾

图4–3　沟通是化解问题的关键

“情绪”影响着日常生活中的一切，千万不要小看它，原本只是小小的事情，放任情绪就可能导致结果难以掌控。若是思虑不周，“情绪”所产生的影响，可能会给自己给他人增加无边困扰并使痛苦过程不断重复。人生应该把握时光好好改变修整自己，并要学会管控“情绪”。

（一）无效沟通，容易产生情绪问题

“无效沟通”会导致彼此之间意见不合，演变成双方争执，引发很多不愉快的情绪，造成双方心情不爽、问题难以解决的局面。能否有效沟通，关乎日常生活方方面面，若是能够“用心倾听”，就可以避免大多数的情绪问题，可惜的是，很多人只能用言语来做单向表达，做不到双向沟通。不能做到倾听沟通，就会导致在日常生活中“情绪问题”时常出现，又很难化除，更严重者甚至还会出现情绪失控的现象，个人的行为举止与平时判若两人。

上述情况中的主要问题在于处事过程中双方无法互换角度，明白对方的思考方式和角度，以为只有自己才是对的，他人都不明白自己的想法，导致对他人产生排斥。能否倾听沟通，对于生活和谐有非常大的影响。“人非圣贤、孰能无过”，对于情绪引起的问题，有智慧者就会时常反省自己，明白应该如何修整改变，避免问题再次发生；无智慧者，只能日日随任情绪发泄，不断重复着困境，找不到合适的方法来解决问题，在日常生活中困扰着自己和他人，深陷于情绪问题甚至演变成举止行为失控。

这些问题中，既有长期积累形成的，也有一时矛盾引起的，还有因没有

经历、不明过程原理造成的，等等不同原因，最后结果都是困扰在情绪中打转，影响到日常生活，假如自己心态观念不能及时修整改变，就会不仅一直困扰自己，也会困扰着身旁的人。应该如何解决呢？只能依靠自己转变思维，当然若是没有遇到有经验的人来指点的话，要改变也是很难的。

（二）如何处理情绪问题

工作伙伴和朋友之间，若是有了情绪的问题，一般会碍于面子问题而不敢随意发作。但是，回到家中面对家人时，前面情绪所产生的问题会一股脑地发泄出来，可是家人完全不明白其中原委，只能委屈承受种种情绪问题，这样的行为对家人而言，是非常不公平的。

对于这种“情绪出口”的问题，须要能找出良好方式，避免影响家庭的融洽气氛。千万不可将问题堆积于自己心中，因为每个人的情绪容忍度都是有限的，等到满溢之时，就会有如千军万马奔腾不止，这时不论同事、朋友还是家人，都会受到更大的伤害。

各种情绪爆发的根源，问题都是在自己身上，“解铃还须系铃人”，情绪根源都是自己思想观念和行为习惯累积形成的，形成的不良结果也必须亲身承受，而不是将问题丢给不相关的同事、朋友及家人，这样做只是将问题不断拖延，并且一再重复而已，根本都没有解决的一天。问题能否解决在于自己能否反省改变，自己能改变，就有机会解决问题；若是不能改变，就会增加很多的困难和障碍，一切后果也只能由自己来承担。

要处理好情绪问题，就要从“自我反省、改变思想观念”开始，一点一滴地修整，才能够慢慢减少问题的产生，借由真心承认前错。立志后不再犯，真正从心中、从行为上做出改变，才能化解矛盾，解决问题，千万不要白白浪费了时间，等到问题发展到不可收拾之后，才来怨叹、悔不当初。

人都是在学习实践的过程中，改正自己错误，弥补自己的不足和欠缺，提升思想观念，养成良好的行为习惯。每个人难免都有不足和欠缺，只要能够经常反省，就能够修整改变，实现个人成长。在个人成长过程中，切忌每次都犯同样的错误，这就是没有反省的表现，如果每次都给自己找一大堆推脱的理由，就会阻碍自己的成长，也是造成失信的开端，人世间最容易形成不良后果的行为，就是给自己找借口，推脱属于自己的责任。

（三）倾听沟通，互相尊重

生活中很多问题的产生，原因就是在于固执己见，没有办法倾听对方的意见，这样又如何能够有效沟通，达到意见一致呢？自然就形成了言语之争，一切问题因此而生。千万要避免一触即发的冲突，先退一步，减少不必要的言语之争，只需要好好倾听对方意见，就会有良好的沟通。缺少倾听，不理解对方本意，就很难沟通，这一切问题都是在于自己，并不是他人所造成的，需要好好反思，这样才能改变自己的不足和欠缺，减少冲突的发生。

每个人思想观念和行为习惯都有不同，在待人处事的过程中就需要多多倾听。人往往对他人看法相当在意，他人对自己的一言一行都会影响到自己，常常在双方意见不合时，会将一件简单容易的事，演化成争论，双方难以互换角度，只是认为自己正确而争长论短，都不能退一步，造成骑虎难下、争执得更加严重的局面，进入一发不可收拾的窘境。

这就是人与人之间最大的问题：彼此之间各执己见，互不相让。原本轻松的心情、融洽的气氛，顿时之间就紧张了，这样是无法进行有效沟通的，也无助于解决任何问题，只会让问题更加复杂化。若是站在沟通解决问题的立场上，就应该学习如何倾听对方意见，千万不可听到别人不同意见之时，马上不分对错，立刻予以反击，根本不经思考，“反弹的速度比子弹还快”。这也是人性通病，如同“眼睛里容不下一颗沙子”，变成一发不可收拾的局面，一旦对方不能顺应自己意见时，脾气就会爆发，一切都自认正确无误，别人都是专门来找茬的。此种问题需要好好修整自己，改变自己的“臭个性”，学习认真倾听，好好听完对方意见，再运用智慧来思考，找到彼此看法所处的角度和差异，寻找机会圆融彼此的观点。这才是有效沟通的方式，让双方能够达成一致，自己多退一步亦无妨，能够把事情顺利完成才是重点。

（四）家庭成员之间

当今时代需要用“心”来沟通，不要以为自己对亲密的人的态度以前都这样的，现在也还可以一样，现在时代已经不一样了，大家一起来学习如何倾听沟通才是正道。

对于家庭成员，不论是兄弟姐妹，还是子女晚辈，更需要倾听沟通和相互尊重。因为彼此之间有血缘关联，在口语上就会更加直接，丝毫不留一点情面的，多是认为“反正都是一家人，随便一点也没有关系”。对于亲密家人，有些反驳的话也是说不出口，如此更容易形成家庭关系的紧张。因此，家人的沟通过程，更是需要柔和平顺一些。

尤其，父母对子女更应该做到认真倾听，好好地听一听子女的意见，千万不要以家长的身份来实施权威教养，认为子女是自己所生所养，原本就应该听话顺从才对，这样就会造成沟通不良的困境，这也是许多父母与子女之间常见的家庭问题，经常会演化成无法改变的困境。千万不要以为时间过去了，问题自然就会解决，那是天方夜谭，问题不解决就会更加严重。因此，用心倾听子女意见，若能听得进去，才有沟通的机会；若是听不进去，就是无解之难题。现今时代已经不复往昔了，这是必须要特别注意的。

三、批评和指责

（一）批评与指责的背后，是动口者、动手者相互辅助、共同成长

“出力者无暇动口”是世间常见之事，时常付出很多心力来完成一件事务，满心欢喜，急忙向他人展现，内心只盼得他人赏识，但事与愿违，经常是落得一顿批评指教，败兴而归，实在令人无奈。若能站得远一些来观察此事，则比较不会落入是非、对错的陷阱里，就会发现会动口指导者经常是那位观看者；而会卷起袖子动起手者，时常忙到汗水大珠小珠落满颜，喘息都来不及，哪还有闲情逸致来评断呢？如能将批评指责转换为提问或建议的形式，更能起到教学相长的作用

其实，换种角度来看，其间奥秘是在于此：已经能动手者，是通过了考验的第一层，再下来是检验其初始心的过程，“批评与指责”是检验卷袖动手者的初始心是“真无为”的还是“有所为”的，或是根本有目的而为。所以，在处理各种事务的过程中，正是由此，一次次、一层层地检查与考验每个人的能力和真实心态。

这样，是否为批评动口的人找了一个很好的借口呢？不是这样。动口之人也是冒着相当大的风险，已经与当下的人、事、物纠缠于不良循环之中了，迷失了自己的提升，不可不慎！人人都是需要将想法付诸实践的，千万别变成那只会动口的人。动口之人亦有良知，动口不外乎是想彰显自己的参

与感，抑或是想尽一分力而已，故其作为也是情有可原的。

但“动口”也要有适当的方法，可以将否定式的批评指教，改成提问建议的方式，这样做的话，不仅做的人不伤心，问的人也借由对答过程，增加了一次学习的机会，可谓相得益彰。动口、动手之人皆找到了定位，又何来恩怨情仇？就不要再陷入不必要的针锋相对了，不仅在家中应如此，职场、社会更应如此。

批评者与动手者有如彼此约定一般：动手者来学习做人以外，还得检查心中抱着什么样的目的，而动口者则要冒着得罪人的风险，耽误自我提升的时间去考核动手者，事后还需要动手者再来拉动口者一把才是。所以不要相互怨恨，难兄难弟一家亲，又何来怨恨呢？

批评指责的人，是检验动手者心态的第二层次的考核

其实已经完成第一层动手能力的考核。

图4-4　批评指责是第二层次的考核

（二）人生一出戏，角色各不同

人生真是一出戏，就怕自己迷失了，又错把过程当作结果了，自己是气呼呼就差没进医院的苦主，而对方也是一同约定好来演戏的、来检查的，那气啥呀？看起来，就是气最多者最入戏，别忘了，曲终还是要人散的，别坐着不走了，把过程当作了终点。若是如此，日后再见时，是会被别人笑是“憨大呆”了，本是相约出演各种角色而已，还何须分你我？放下怨气，该动

手时一起打拼，该享受时一起分享。

世间种种事务背后是事务链的串联，对有缘相遇的每一个人，互相在彼此人生、事业、个人成长路径上，充其量只不过扮演二三幕的临时演员，千万不要把彼此后续还要走的路程耽搁了才好，对那个“先生气、常生气”的人停留很久，其他配角演累了，就要先休息离开的。此种演戏过程需要入戏吗？切记，别太入戏。

如果看到他人缺失，有必须要提醒的情况，应该怎么办才好呢？都不要说吗？如此也不正确，正确的处理方式是：拿出真心诚意，遵行事缓则圆的原则，耐心地说，出于同理心而说，一次提醒之后，再来共同商讨，要参与的两人都有“说”，而不是一个人“说”，如此就不容易陷入批评指责而产生相互针对了。虚心检讨，弄明白问题在哪里，只要勇于改变自己，何愁不能解决问题。

人们所谓的两相对待，只是为了彼此相互配合提升的设计，如此巧妙，原来本是令人瞋恨不已的对方，竟然是约定好的伙伴，那令人生气的举止、嘴脸，竟然是当初约好一起来演戏罢了，自己还气愤啥？真是太憨太呆啰！如果自己还抱着“被摆了一道”的思想，这就是想岔了。

四、不比较不计较

我干得比人多，做得比人好，
为什么得到的却这么少？

比较：　如果能用在发现自己短板、改进自己的过程上，是一种好的方法。

计较：　产生分别心，发现无法改变现状后，就很容易产生流言蜚语，造成对人对己的伤害。

图4-5　以“我”为中心很容易产生比较和计较的心态

以“悌道”为中心，代替以“我”为中心，就能很好地化解“比较”和“计较”的不良心态。

（一）谨慎对待流言危害

我们身处于人际网络中，在事务链中延伸出家族网络、工作网络等不同的脉络，而每个人都是这些网络中的一个节点，都有着自身的职责及义务，能将自己责任圆满完成，已算是第一等的人了。在工作网络中，大部分的人都在观看他人的行为，只要他人行为不如己意，即有诸多流言产生，一传二、二传四、四传众人，殊不知，流言伤人伤己，为自己埋下很多不良隐患而难以察觉。家族中的姑嫂、婆媳、妯娌之间更是如此，皆由他人耳语讹传开始产生了嫌隙，发展到后来就会吵闹得不可开交，由原本应是相互扶助的家庭关系，转变成像仇人似的关系，将流言放大数倍后，就不知该如何收场了。人与人之间有太多闲言闲语，如果中毒太深又没有智慧来化转，就会一直阻碍着家庭成员，难以形成互助的良好氛围。

“流言”是由“比较心”所产生的，每个人眼中只看他人行为是否如己意而妄加想象、推测。殊不知，每个人的角度立场、境界、思考方式都不同，总是在自己想法与他人不同时而评论他人对错，妄加推测他人心思而产生流言蜚语，变成讹传扩散，就会影响彼此的关系，产生不良后果，更是成为家庭、职场中的一大伤害，伤了他人，更损伤了自己，造成人我对立，一生难解。

这种对立的现象，在形成之初就能消除吗？此种问题，一般都是由一个极细微的误解开始，产生闲言伤人，进而演变或更大的伤害。“口中一句话，伤人千万里”“良言一句三冬暖，恶语伤人六月寒”。种种流言正是问题的根源所在，进而产生家庭失和、职场对立，难以圆融彼此的关系。流言传播的杀伤力是十分大的，也难以从根本上防止。

“君子上达，小人下达”，能有一番作为之人，不避耳语，进修德业，努力上进；而发布闲言的人，时常关注他人是非对错，整日汲汲营营，又如何能有大作为？社会中总会有一些人，因“比较心”产生猜疑而相忌，甚至怨恨在心，整天比较房子大小、官大官小、钱多钱少、儿女学业成就高低、他人家长里短，由自己“比较心”出发，比自己好的即言是他人运气好，父母余荫；比自己差的，则是不用心，人品有问题，幸灾乐祸，此种心态相当不可取。这些人将自身责任置之不顾，只是每日闲言闲语，让人避之唯恐不及。

“家家有本难念的经”，若非当事人根本不知其中苦楚，外人又如何能指三道四、闲言闲语呢？如此，只有造成是非不断而已，只会产生姑嫂、婆媳、妯娌、兄弟姐妹间的不和，亲人变成仇人，种种矛盾皆由指三道四、耳语讹传产生，将生活中的亲人、贵人往外推，变成仇人、敌人，难解家族中的仇怨心态，不断循环，又何时能够化解呢？

“不知命，何以为君子；不知礼，何以立也；不知言，何以知人也！”人不论运势高低，都应树立道德观念，遵循社会行为规范，若不如此，很难在社会、家庭中立足。兄弟姐妹之间相处产生了嫌隙之时，如果不能辨别其中的是非好坏，又如何能了解兄弟姐妹的真实想法、行为动机呢？

遇到家庭或职场不合理的事，皆应从改变自己的观念与行为做起，任何不合理都只是一时，此机会更是砥砺自己心性、品性的良好时机，而以自身角度到处传播流言，于事又有何助益呢？只是发泄自身情绪而已，无法改变任何人事物，更为自己留下诸多言语之争，推掉了许多亲人及贵人，增加了不良小人，产生了更多的困境与问题而已。

“流言”相当要不得，非智者所为。家庭（家族）或职场中，皆有传播流言的人存在，遇到时应自己尽本分、行本分，对此种人敬而远之。切忌不能让自己也变成造谣传谣之人，否则只会一直产生是非嫌隙，陷于不良循环反复之中，导致人与人之间的相互伤害，没有完消之日。

在社会活动之中，也会有少部分的人四处造谣传谣，遇此情况，更要以道德观念和社会行为规范为准则，不要陷入是非对错中循环不休，“他人讲由他人去，我尽本分无愧心”“不比较，不计较”。如此，才能将观念中的矛盾与比较消除，提升自己的品性德性，更能将小人转化成为贵人。如此，又何愁在家庭、职场中不能如鱼得水？不比较、不计较，正是当今很多人欠缺的优良心态。

（二）不计较付出，家中少争吵

每个人资质条件都有所不同，生活条件也是各不相同，各自人生的使命也不会一样，思想观念、行为习惯与表达方式也各有特点，每个人只需要全心全意将自己的特长发挥出来，专注于实现人生价值，无须太在意其他人的看法，如果每天都生活在流言蜚语的影响之下，又如何能够展现出自己特长

呢？对于自己特长要有信心，不要因为受到旁人流言蜚语而影响了自己心态，此前提就是“需要自己具备能够判断是非对错的智慧”，才不会被别人牵着鼻子到处走。反之，若是经常自我感觉良好，就会将自己陷入各种障碍之中并受到干扰。因此，需要努力学习、与时俱进，不断提升自己的智慧，弄明白处理各种事情的方法。

兄弟姐妹之间亦是如此，要拿出智慧来面对，不要人云亦云，破坏了彼此情义，“兄弟同心，其利断金”只要兄弟姐妹能够同心协力，那家庭中的一切问题必可迎刃而解；若是不能同心，就会如同多头马车一样没有正确方向，在处理各种问题上也只会在原地踏步，没有办法解决丝毫。俗话说“解铃还须系铃人”，一切问题根本都是在自己身上，只有自己愿意改变，一切问题才能够解决。

一家人原本就应该和乐相处，父母心中才会欢喜，否则，父母见到子女彼此之间毫不退让，整天吵吵闹闹，家中就像菜市场一样闹哄哄，心中必定非常难过。因此，兄弟姐妹的和睦相处，不但是对自己本身行为负责，更是为了父母着想。能够平平顺顺地过日子，又何必斤斤计较呢？人生现在所拥有的东西，离开人世时都带不走，也就没有必要太过计较了，和乐相处才是兄弟姐妹应有的表现。

兄弟姐妹一般能够和睦相处，可是各自成家之后，家中就会多了一位外来成员成为家中一分子，这位身边没有血缘关系的伴侣，对自己就会有很大的影响，有时只要简单的一句话，就有可能掀起滔天巨浪，让原本平静和乐的家庭变成烽火连天的战场，这是为人父母者最不愿看到的结果。但是，配偶是自己选择的，一切后果也只能由自己来承担。若是妯娌之间无法同心，再加上每个人都无法改变“比较与计较”的心态，相处中往往就会有更多的不愉快，又能奈何？

原本应该是多人多福气，却因为彼此比较、计较的心态，使得问题一大堆，造成家庭成员间的不和。兄弟姐妹间本不该斤斤计较，却因为“另一半”的影响而无法面面俱到。想要各方面都能和平相处、相安无事，真的是需要有很大的智慧。否则，夹在中间就会非常困扰，一边是自己的父母及兄弟姐妹们，另一边是自己配偶，就此陷入两难的窘境。

千万不能有“计较”心态，只要有“计较”的观念想法，问题就会不断地出现，“计较”就是一切问题的症结点，只要抓对了这个问题点，一切困扰就可以轻易解决。若是无法抓住这个问题点，所有困难问题就会一直出现，很难解决了。在问题刚开始时候，正是最容易化解的时候，若一直将问题拖延，双方误会加深，就不是轻易能解决的了，大部分都是一而再、再而三地将误会加深。妯娌之间虽然没有血缘关系，但是能够成为一家人，就应该用心为家庭付出，千万不要比较，也不要计较付出多少，如此家庭就能够和乐。

现今社会人际关系日趋简单，除了妯娌之外，连襟也是家中重要成员，虽然没有血缘关系，却是家族的重要成员，就要彼此相互尊重，不要有“比较与计较”的心态，一切相处就会更好。

（三）保持正向思考，施行“悌道”观念

同一家族，就像一棵榕树一样盘根错节，成员彼此相互支持，使得家族能够一直繁衍下去，形成一个大家族体系，这就是“悌道”的榜样。但是，如同手指有长有短一般，家族成员心态想法亦有所不同，这就容易产生矛盾，造成和睦相处的障碍，但因是有血缘关系的亲戚，还能维持相安无事，若此时旁人稍加挑拨离间，当事人就会受言语影响，导致亲戚之间反目成仇。旁人只是随口说说而已，但言者无心，听者有意，最怕就是自己的心态观念有偏差，再加上旁人挑拨，如此一来，亲戚之间变成一发不可收拾的局面。在此种情形下产生的问题，虽然旁人挑拨离间是有关联，但是所有后果都是要自己来承担面对。

如果自己心态观念能保持正向，就算旁人如何挑拨离间，都不会对自己造成任何的影响，对家族亲戚、兄弟姐妹，自己心态观念中一定不能有偏差不公的想法，才可以避免旁人挑拨离间。所以，人生中要遵循道德观念，构建正向思考模式和以家族和睦为基本的心态，否则，只要心态观念稍微有偏差，就很容易受到旁人言语影响，就会形成家庭矛盾，甚至造成“兄弟阋墙”。

夫妻关系中，配偶来自其他家庭，婚前并没有血缘关系，婚后会成为最重要的伴侣，虽然伴侣是自己最亲密的家人，但夫妻的想法却很少会相同，在亲戚互动的过程中，个人最容易受到伴侣所影响而导致分家的情形，此种情况比比皆是。分家独立生活对于自我成长并非坏事，能促进自我成长，不

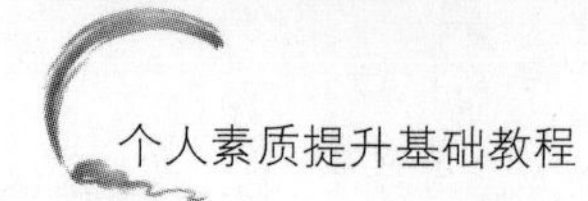

必受到家族的影响，但是对于家族亲戚之间仍需承担相应的责任和义务，并不是分家之后，拍拍屁股就没事了。

“慎终追远、缅怀祖先”是后代子女所应该具备的基本信念，若是没有祖辈父母，又如何能有自己的存在？这是为人处世中最基本的心态，不论伴侣间的想法有多大差异，对于祖辈父母长上都是必须尊敬和感恩回馈的。除了孝顺父母之外，对家族亲戚也要用“悌道”来维持，对所有优良的“孝悌”观念和行为，都要代代传承，不论夫妻想法如何，千万不可忘记自己对于家族亲戚的本分与责任。也不要因为“枕边人”的耳语，导致家族亲戚间产生问题矛盾，不能和睦相处。家族亲戚如同手足一般，也像自己手掌的五根手指，集合在一起才会有很大的力量，不论少哪一根，手掌运用都会有很大的不方便，家族成员也是一样，集合在一起才会形成更大的力量。

人生会有各种境遇，不论顺境逆境，都要用心来对待，千万不要遇到挫折就心灰意冷，一定要用心面对，把问题化解，而且要坚持正向心态，不要受到旁人挑拨离间，因为最后结果都是由自己来承担。面对各种问题时要以道德为基准，用智慧来处理，这是每个人一生的功课，每个人今生要回答的“考卷”都会出现在所遇的问题中，所有答不好的习题，也都会再一次出现在面前，直到真正圆满解决问题的时候，才能顺利通过。这是所有人的人生考试过程，不论任何人都是如此。

人生不过短短数十年时光而已，每个人来到人世间都有自己的使命及任务，千万不要轻易听信谣言，破坏家族亲戚之间的和睦。世间最大的幸运就是兄弟姐妹永远心连心、相互扶持，亲兄弟姐妹的血缘关系更是相当难得，不是追求即可得到的。人生若能有“悌道”观念的施行，就会有兄弟姐妹温暖的情义。

五、钱财与悌道

以"我"为中心，"钱财"是目的 个人欲望主导行为
以"悌道"为中心，"钱财"是手段 家庭和谐主导行为

图4–6 "我"为中心向"悌道"为中心的转变

（一）与天地争千秋

人人喜爱"钱财"，家中父母恩泽的所有资源，职场、社会中的一切资源，这皆是世人眼中显而易见的至宝。子女眼中很容易放大家庭资源的重要性，计较兄弟姐妹之间的利益得失。但站在其他角度来看可能就不是如此了，例如：站在事业角度，站在国家角度，对于所需都有不同的侧重点，站在超越人生的角度来看，面对世界万物更是会有不同的看法。

生活中应该用心践行"悌道"，与兄弟姐妹间和谐相处，相互扶持，共同提高。发生在手足之间的金钱纠纷，绝大部分是个人无法体悟人生，否定了自我人生的无限可能性而导致的。只有通过不断学习，每个人的人生才有无限可能，其间有无穷尽的通货赐予，能得到多少，只是自己谋事得利与否罢了，此时才能从根本上提升自己的境界，放眼未来的发展，不再局限于与兄弟姐妹争夺家庭资产。

手足之情能长久，在于彼此砥砺，而不是在金钱的多少。若要手足之间能够长远和乐，必要在金钱争执上有所避免。真要有钱财消损，可当此一财物已捐出，不再挂心才是正道。手足若不和睦，最伤的是父母之心，"百善孝为先"，若是因此争得三长两短，失却了手足之和，对于孝顺父母就不会圆满。很多人根本都不会想到此，仍是一直"计较又比较"下去，认为这是我应该得到的财产，到后来兄弟阋墙，又能奈何。其实，每个家庭的资源都是祖祖辈辈累积形成的，钱财多寡是考核个人心性上升、下坠的工具，合理运用才是实现金钱价值的关键。别为了争夺工具而在人生考核交了不及格的答卷，那真的让人很惋惜。

如果您是大富豪、大企业家、大财团的领导，每秒钟有几千万、几个亿的进账，能否再把此心思花费在家人间不足挂心的钱财上呢？绝不会如此作

为嘛！又试问：怎知您就不是大富贵的人呢？是自我否定，还是人生注定如此呢？一定不是后者嘛！此中症结还是自己不相信自己，所以说人要专注自我实现，专注事业发展、个人德行成长、家业提升才是正道。不要为了钱财为难自己、为难手足、为难父母。

个人未来不可限量，人生可以上升到哪一个层级，让我们拭目以待。通货能得到多少，其中关键就是自己能有运用"几位数"通货的能力。此种能力才是真正实现人生价值的本质，各凭本事争个天下千秋吧。好儿女志在四方，心中挂念的是天下事，是自我价值的实现，造福社会、造福人类，能让更多人受益，"我有必须完成的大志业，必须有更多的资源，才能达到完成事业的基本要求"，如此必将得人助、天助；倘若将注意力都花费在与手足计算丝毫上，无非就是向世界呐喊着："我仅能手握丝毫而已，再多的也就无法胜任了！"这就是一切的根本，自己心念意识集中在对的地方，自我人生提升的种子就自会生根发芽，这是由内而外的思维变成现实的过程。

很多人已经淡化了兄弟姐妹之间的情谊，最亲密的手足之间也不能彼此善待，难以践行"悌道"。人生家业、事业、个人德行成长，皆是任重而道远，应当用心努力，集中火力才能完成人生计划。金钱本无善恶，在于运用之人的初心，"上苍不负有心人"，兄弟姐妹手足和睦，就是孝顺最好的良方，践行"孝悌"，就是人生如意的有效之法。

（二）学会控制欲望

每个人都是两手空空而来，一息不来时两手一摊，也无法带走任何东西，世间万物仅是在生存过程中为自我提高提供方便而已。但是，人们就是无法放下占有的心态和观念，所有能够想到的东西都要占为己有，不肯放弃一丝一毫，不论自己是否需要，反正拿在手里，心里就很欢喜，管它有没有帮助，根本都不会在意，只是一心一意想要得到很多，还要得到更多，现在很多人的认知就是"只要我喜欢，有什么不可以的"！

人的一生拥有的财产不应是强取豪夺而来，而是需要自己用心努力来获取。凡事依循道德观念而行，所获物资以满足自己生活所需为准，千万不要过于贪心，让自我物欲不断膨胀，"人心不足蛇吞象"能消化否？现在很多人都抱着"有一还要有二，有二还要有三，有三还要无穷尽"的态度，不断透支，造成自己负债累累，这种心态让个人、让家庭受累。

人应该修正自己不良思想观念和行为习惯，但是大部分人不能用心反省自己，反而一直沉迷于物质享受，认为人世间就是一个及时享乐的空间，人生观的不同，导致了行为的差异。人们抱着财产越多越好的心态，用尽一切方法增加自己的财产，满足自己的口腹之欲、耳目之乐，如此思想观念更加无法将“道德观念”传承给后代子孙，只能留下一大堆带不走的财产。

活着的时候抱着财产不肯放手，也无法将财产用于对社会对人类有益的事业，等到一命呜呼离开人世后，财产马上变成遗产，又造成亲人子女之间为了遗产而彼此争夺，伤害了亲人之间的和睦，徒增了更多不良后果。若是无法以和平方式来分配遗产，亲人之间甚至不惜对簿公堂，为了争取自己的权益，就算是血缘之亲也丝毫不留情分，一切向“钱”看齐。如此一来，原本应该是和乐的家庭家族，为了争夺财产而互相仇恨，亲人之间相互怨恨，这又何必呢？

人生如白驹过隙，等到一息不来之时，能够带走的只有一生的经历而已，一切有形物品都带不走，与其留恋世间种种事物，不如把握时光累积提升德性，利用有形财物成就有利于他人、造福于社会之事，在活着的时候把自己的财产做适当的分配，不要等到死后变成遗产，反而贻害后代子孙，生活中已有太多的实例，不都是这样的吗？

人的一生能够拥有多少财产，是靠自己的努力的，太早拿到手也未必是福，反而会少了很多人生经历，丧失很多提高的机会，故而不要给子孙留下太多的财富。要改变自己的心态观念，善加利用已有的资源，日常生活所需只要够用即可，不要将家里堆积如山，那是不智的想法与做法，千万不要同人比较，也不要计较，一切才会更加平顺。

（三）学会“内观”功夫

各种矛盾纠纷，多半都是觉得自己吃亏委屈了所致。时间会让人明白一切，人经常会欺骗自己的思想，试问有多少人能用心反省自己的作为？经常只是看他人的作为，却都忘了回头看看自己的内心。人世间有因为计较自己得到太多、惭愧自己欺侮他人而来的纠纷吗？根本是前无可见，后也不会有的。故而，化解矛盾纠纷取决于自己“内观功夫”的深浅，若是在争执之初，能有一方先行审视自己的行为，那么矛盾纠纷一般也就不会产生了，一个巴掌拍不响，所有事务也正是如此，所以，当心里难平之气起时，应该先行内观自省，先掂掂自己的分量。

人生一世所得一切，都不会太长久的，再来内观自己能计较的有多少，也是甚少的，能够做到符合事物发展规律处理问题，就是得到了人生真理。个人“内观自省”的功夫，就是要明白自己的度量，明白自己所需要的是什么，人生通过学习，掌握方法，不断提升自我来创造一切，才能实实在在地产生人生价值。

六、赢在人生的终点线上

（一）人的生老病死

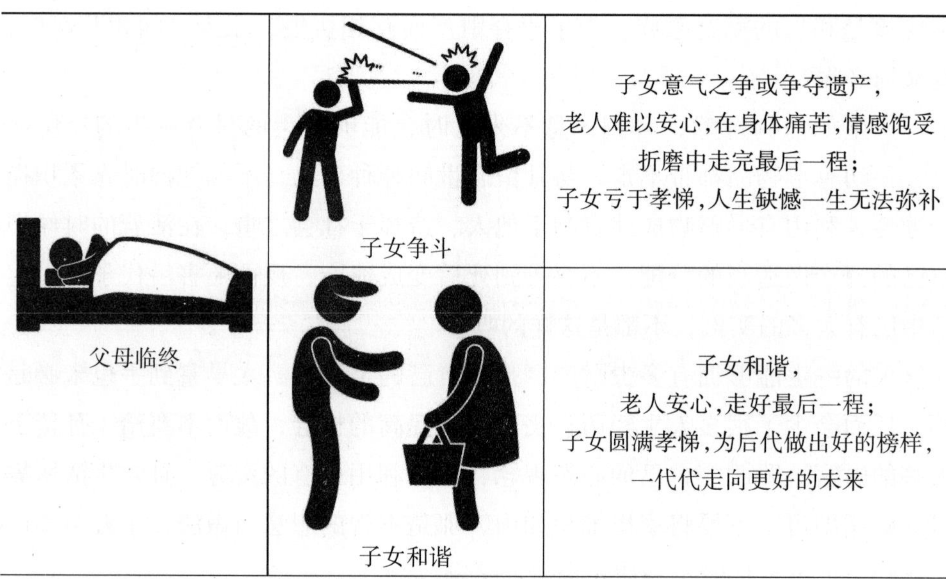

图4-7　“悌道”让所有人赢在人生的终点

一生之中，每个人都会经历生老病死，体验到初生、发展、壮大、灭亡的过程，在社会中浮浮沉沉。个人一切行为形成的不同结果，经过不断累积叠加后，一般都是加深了个人不良习性，纵使有一些想要提升自我的人，也都是深受环境影响，只能做到顺应环境生存，无法实现人生价值的提升。在人生过程中，能有大智慧、大勇气脱离此种束缚的人，少之又少，人们很难超越其中局限，多是做到保持健康、延长生命而已，大部分人只能在反复中变老而已。

家中诞生一位新成员是一件大喜事，要知道，新成员与家庭中父母、兄弟姐妹都是血缘关系，这正是家中成员最大的特点。出生之后，每个人都会受到自己个性、家风、社会、教育等因素的共同影响。感念父母含辛茹苦将子女拉扯成人，并养育茁壮而自立，转眼就是一二十个寒暑，让子女能在社会上立足，展开全新的人生，而此时的父母已不复当年青壮时期。如此代代相传而生生不息，形成了人类的繁衍以及文化的传承。

家庭成员之间感情深厚或感情淡薄，有着相互扶持、有着相互拉扯，种种情况不一，但是其中不变的，正是每个人都要经历“生老病死”的过程，而且都是亲身体验，谁也无法替代。每个人在体验过程中，都需要家庭成员的照顾，才能忍受病痛或老迈的躯体，慰藉惊吓不安之情绪，抚平种种疼痛，心灵得以平静。这种家庭成员间相互的给予，建立了一个共有的避风港，如果没有家人陪伴，年迈体弱或有病痛、慢性病者，往往无法有足够的能力和勇气面对，对于需要长期医疗照顾的成员来说，就更不敢想了。

生老病死是每个人都要经历的人生阶段，没人可以避开，您已经做好了准备吗？甚少的。大部分人皆是有一天过一天，这种“生死大事”很少有人能提前做好准备，人的一生中，都会有面对“生老病死”的时刻，不论是青年、壮年还是老年，在被迫面对之时，有人惊慌、有人镇定，但是不论如何，都只能亲身面对这一切。

身体健康是必要的，平日对于身体的保养，会影响到未来的健康，身体会在不适之初发出一项项的警讯，只是人们经常浑然未觉而已，等到察觉之际，躯体已经不堪负荷、为时已晚了。人在平顺时，不要以为“老病死”不会找上自己，这绝不是年长者的专利，每一个人都会历经这些过程，能够未雨绸缪的人少之又少，大部分人皆是不当一回事，都自以为身体强健会一直持续下去，永远不会老迈及病痛，殊不知老、病、死要来的时候会无比突然且迅速，在不知不觉中就已经到来了。

（二）陪伴父母的最后一程，是圆满孝道悌道的关键

自古以来，由子女奉养父母至老死，数千年来皆是如此。由古代农业社会形成的孝道及奉养父母的观念受到了现代文明的冲击，子女与父母的关系

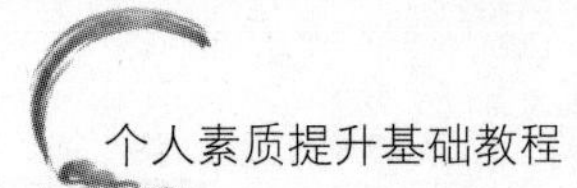

已不像往昔单纯了。往昔父母年老时，由儿女照顾到最后阶段，正是子女对父母养育的回馈，今时今日，这却成为兄弟姐妹争执的起点，形成了父母由较孝顺的子女全力奉养，时间较少或经济基础比较薄弱的子女，抽不出时间、也难有财力来照顾父母。一般人以为，父母晚年只要有人即可，甚至还有父母患病长期卧床之时，常有“久病床前无孝子”的现象发生，殊不知奉养父母正是每个儿女必须要尽的职责。

父母无病无痛，人人皆爱，但“老、病、死”是人生无可避免的，古语“终考命甚难”之说，就是指人能求最后善终是很难的。人在体魄衰老时，精气丧失、身体衰弱，想要独自生活，往往是困难重重，只有他人来扶持、照顾才能生活。否则，就要花费多倍的气力时间和努力，这正是每个人年老时的无可奈何。如不是亲自经历，是无法体会其中滋味的，在身体机能已衰退，病痛缠身，连日常行走运动也无法完成之时，回想年轻时健步如飞、力大如牛，在此既老又病之际，也只能叹息一声，无力回天了。身体一日日衰落，病痛一日日增加，纵有再多金钱通货，也买不回青春和健康，只能是躺在床上等待死亡之日到来，内心彷徨无所依，再亲近的人也无法替代。这是父母人生最终的一段时日，也是每位儿女数十年后都会经历的最终生涯的预告，每个人不论是否家财万贯，是否德性高深，都要经历这个过程，任何人都无法避开。

父母身体健康，子女照顾就比较轻松，如果父母亲身体难如正常又有病痛折磨，子女也只能在旁服侍照顾，根本都无法取代。这时，如果家人难以齐心的话，就是对父母最终生涯的折磨，子女若能体会到父母心中的苦楚不安，自然就会减少兄弟姐妹的争执而转换心态，齐心合力来照顾父母，有钱出钱、有力出力，陪伴父母减其苦楚，安其心志，自然能让父母亲在最后的时间里过得舒心。如此，家庭和睦，而非争吵不休。

父母临终之际，父母不安，子女更加不安，孙儿孙女更是彷徨难受，这是所有家庭成员皆要面对的问题。每个人都希望有健全的心理，家庭成员之间彼此扶持都来不及，为何还要争执、推托。夜深人静时，自己的良心能安否？难矣！这就是“孝道、悌道”最难的一节，大部分人也都是败在此节。这是每一个家庭都会有的经历，此时更需要一家人齐心合力来面对，如果能明白其中原委，又有谁愿意起争执呢？金钱通货拥有再多，大限一到又有谁能带走一分呢？如果亲情不圆满，又不能尽力尽心，子女内心深处可能安适平和、没有挂碍吗？很难！天不知、地不知，自己的“心”必可知，能夜夜好眠否？如果自己走到最后一程，又该当如何自处呢？

父母孝道、兄弟姐妹悌道，如何才能真正践行于生活？其实，只需将同理心拿出即可，将“我”的本位观念暂放一旁，仔细思考、真心付出、努力面对，不要怨恨，尽自己的本分，自然父母孝道、兄弟姐妹悌道就能圆满施行了，能真正施行的人也是最大的受益者。生老病死，每个人都是如此，在世上走一遭，如果不能在此过程中，对父母尽到最后一点心力，等到父母去世之后，想再尽孝心，就再也没可能了，变成往事只能追忆了。

这也是每位儿女都会经历的人生过程，如果自己走到最后一程路之际，该当如何自处呢？过往恩怨情仇又该如何处理呢？金钱通货又于汝何益？也只是子孙享用而已，能带走一分一厘吗？在世时，能看破其中的道理，就会减少很多矛盾和家庭问题的产生，父母孝道、兄弟姐妹悌道就会做得更加完美，不予亏欠，希望大家多多细思其中之理。

（三）遵循道德观念，坦然面对各种过程

在面对人生过程时，大部分人也只能是逆境逆受、顺境顺受而已，很少有人能有“逆境顺受”的思维，通过改变自己，来弥补家庭中的不足之处。人多以为逆境是别人的，自己会一直平顺下去，得过且过，能够戒慎恐惧者，也是少之又少。

生老病死的人生过程人尽皆知，但肯认真面对的则少之又少，多是认为不会发生在自己身上，皆是他人事项，与自己何干？等到有一日发生在自己身上时，只会埋怨命运不公，推责他人，这样做又对自己未来有何益处？这样只是拖延问题不予解决，让不良后果更加严重而已，也是自己吓自己，把内在恐惧扩大，真是可惜可叹啊。

了解生老病死的过程，可以让人们坦然面对生活中的各种坎坷不幸，个人是否能够及时化解各种矛盾，解决各种问题，走向更好的人生，都要看自己的作为和努力。自己所做的一切，未来也都要自己承担后果，无论是好是坏，不必经由他人分说评判，自己心中是最明白的。

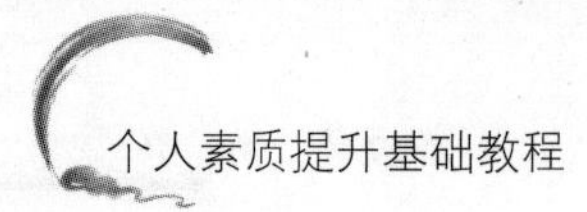

第四节　当代悌道

一、理解人生

人生中，每个人都是主角，会出演一生中所有的角色。
每个人都一样，如果能与其他人相互支持，让每个人都能有出色的表演才好，
展翅高飞是所有人的愿望。

图4-8　自己永远是自己人生的主角

（一）人生中，起点靠父母，终点靠自己

人人都希望能有个富老爸，这是件多么令人向往的好事。若是站在另一个角度来看，这也不过是人生剧情的开端罢了。虽然有不同的起始条件，但每个人的未来仍旧是掌握在自己手中。不同的起始条件下，有不同的生存环境，然而，有定论何者是好，何者又为差吗？否也。只不过是人生的起点而已，绝不要迷惑在种种初始条件中，被生存环境所局限，不知如何跳出初始条件的束缚。

出生在何种家庭不是自己所能决定的，对于出身良好的人，未必就能一生好到老；出身不好者，也会有出将入相、飞黄腾达的时候，很多人都有良好的前途。这里差异在何处？就是在于各人所遇的人生考核不同而已，对于富贵者是学习——喜舍、分享、照顾；对于贫穷者是要学习——创造、积财、积德。其中没有分别的是：不论富爸爸与穷爸爸，都是咱家的好爸爸。

（二）在人生大舞台中，演好自己角色，不要干扰他人演出

世间父母为儿女创造了优良的生存环境，身为长上者财产愈多，越容易使得子女迷惘：一者，无奋斗目标；二者，无同理心，不易了解到真实的人间疾苦；三者，迷失在数字游戏中，不能真正地脚踏实地、创造价值。若在此种情形下，父母要有以下的心态修整，结果才会更好：若是子女与长上一样优秀，所留财产则不足挂齿；若是子女不如长上优秀，留存这些钱财给子女，不是更害了他们吗？让子女们错失学习、创造的机会，错把目标放在盯紧整个家产上，岂不是好心办坏事了吗。故而，若能用钱财来教导子女如何上进、增进智慧，以更多的善行来造福社会，投资在正向教育上，这才是一本万利的投资。让子女可以省下争夺财产的时间气力，促进能力和心灵的提升，减少空虚心态，找到自我提升方法和人生目标，增长良好德性，这不是更妙吗？

父母长上能调整心态，提升自己观念，引导子女的思想变化，是好过加添资产的位数的，留金钱给子孙不如留德行给后代，养成正确的价值观，加强创新动手能力。为人父母能否选择正确的方向，做出正确的安排，是最为重要的事情，必会影响到良善家风的树立与传承。

为人子女者的心态也要及时调整，父母的是父母的，自己双手打拼来的才是属于自己的，自己要学习的是创造方法，而不是一直等待长上的喂养。凡是物质，必有其穷尽之时，逆境到来时，若仅懂得被喂养、争夺眼前所见的人，后果真是不堪设想的。人生的意义，仅仅是为争夺家业吗？绝非如此！若是把人生目标定错了，就会浪费人生中的大好年华。

为人父母者，切勿轻易阻断子女的发展机会。不要给予太多，而让子女轻易得到所求，轻易得到太多，子女就会丧失学习成长的动力。为什么这么说呢？因为人世间的事务链串联，就是要锻炼每个人的意志，改变思想观念和行为习惯中的不足和欠缺，要借着事务链来磨炼每个人的德性并改变不良习惯。每个人的人生过程，都有很多改正错误、弥补不足和欠缺的良机，这时，父母千万别拿孩子的考卷帮他填答案，要放手让孩子们自己去经历，若是父母抢答了，就会让子女少了历练的考验，丧失了改正自我不足和欠缺的契机。人的一生中，有些机会错过了，下次则物换星移，机会能否再现？

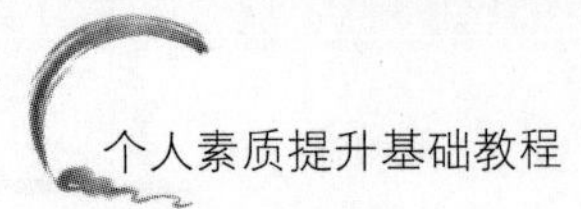

那就难以保证了。

（三）展翅高飞，众望所归

留什么给后代子孙才正确？古人留传之误导，让现代人多以为留财产给子女才是疼惜、关爱子女的表现。如今科技文明兴盛，社会变化不断加速，此时空更要注重培育子女的应变创新能力，早日能树立道德观念，养成正确的社会行为规范，日后才能正确面对、处理各种矛盾和问题，这是当下最需要也是最必要的。

长上传承德性给子孙，建立良好的人脉关系；做子女者，必要放眼天下。英雄志在四方、任己畅游，早日将重心放在利己利他之处。家中老小发挥各自的能力和特长，互相扶持与成就，别再为了家产兴讼，让人伦悲剧发生，家和自会万事兴盛，何不乐哉。

人生提升岂是易事？智者要避免相互拉扯，培植德性传承给子孙，如此才是应该。为人父母要明白自身“立德”，好过于增加其他物质；为人子女要相信自己，有父母财荫的，必要发挥十倍、百倍福益来造福社会，无父母财荫的，就必要先专心在自身的德性积累上。

下雨方知烈日可贵，人生难免有起有落，大家同在相互对待的社会环境中生存，就要好好体验两种相对不同的感受：上坡时，不忘提携身边的伙伴；下坡时，要挺直腰杆、坚毅前行、不改其志。“春有百花秋有月，夏有凉风冬有雪，莫将闲事挂心头，便是人间好时节”，通过各种经历有不同的感悟和提升，如此岂不乐哉。过后更能内观自省，感悟其中人生妙理，细数经历过的人生课程，当再来考验一次时，就不是难题了。家中和乐，此种良好家风，必让其中成员都能受益。

二、人生境遇

图4-9　逆境是人生进阶的基石

（一）顺逆皆是人生，人生需要逆风起航

每个人出生到成年，都需要父母生养教育，而且都有自己独特的人生经历。有少部分人在母亲生下之后，无法与父母一起生活，只能独自孤单地长大成人，在成长过程当中遭遇很多磨难。不论过程是如何，也只能由自己亲身来面对。不论处于何种境遇，个人未来的改变，都决定于自己思想观念的转变。

面对人生，若是想要提升自己，就要把握时光来提升自己，改变思想观念和行为习惯中的错误、弥补不足和欠缺，亲自解决所遇的问题，这就是自我提升最基本的条件。若是认为世间就是很好的空间，一味贪图享受，那就只能继续随波逐流，在世间反复体验浮沉了。

不论对父母及家庭成员是否满意，都须自己要真心接受、认真面对，因为在改变自己的过程中，不论时空环境如何变化，都必要来接受、来面对，千万不要怨叹“为何自己不是生在富贵双全的家庭之中，而必须为了生存辛苦奔波，只为求得三餐温饱；不像少数人含着金汤匙来投胎的，一世的生活都不会匮乏，根本不知道人世间的困苦。为何自己就要遭受此种折磨?”要坦然面对今生所遇所得，享受自己人生。

不论出生高低、也不论家庭环境贫富，不管父母对自己好坏、还是兄弟姐妹相处是否愉快，这一切都不重要，在亲身面对这一切的过程中，学会转

换自己“心态”，学会如何面对不同外境的影响才最重要。若是不能坚定自己的内心，稍微受到一点考验，就改变了自己想法，那就无法通过人生的考验了。

必须做到把“自我”的意识缩到最小，不受“我”的本位思想的影响，专注在处理问题上，如此就不容易受到外境影响。否则，整天都受到“外境”影响、干扰，盯着自己想要却得不到的，又如何能够来修整改变自己的思想观念呢？一切的行为习惯，由自己来决定，若是一切都取决于他人，自己又如何能够真正改变呢?!

（二）放下欲求，在平凡经历中感受生活

在无处不在的相互对待中，不论是父母还是兄弟姐妹，不论是同事还是朋友，一切都是值得珍惜的，珍惜父母养育之恩，珍惜兄弟姐妹的手足之情，珍惜同事朋友扶持之义，千万不要计较，也不要比较。

若能放下心中的“我”，人生一切过程就能平顺平安，这是人生的核心价值，若是没有了平顺平安，整天生活在担心困扰的环境中，内心又如何能够有平静？又如何能够改变自我呢？拥有的物质资料，只要够用即可，若是心中欲求过多，只会徒增困扰及烦恼，那也不是人生目标，所有一切只要平顺平安即可。

对于欲望和追求，都是自己所幻想具有的，若是没有太多的欲求，真实面对自己的生活，人生过程就会更加容易，千万不要被自己的欲求所捆绑，受到不良思维和环境所局限。人世间不是享乐的空间，在人类的繁衍传承中提升整体人类的素质，个人的未来也都是由自己所思所行来决定的，不要把自己的未来交由别人来决定。珍惜自己的时光，也珍惜家人的亲情，将“孝悌”践行于生活，正是利己利他的基本原则。

（二）错把人生当享受，误把提升视等闲

人多期盼能有兄弟姐妹陪伴，在成长路上一起面对诸多挑战、彼此扶持、一起成长、一起解决各种问题。不是人人都能有兄弟姐妹陪伴的，少了兄弟姐妹，在成长经历中也许会比较辛苦，也会少了很多欢乐时光。其实，对这些个人无法决定的原因，根本无须过度在意，只要认真面对自己人生即可。人的未来都是掌握在自己手里的，人生过程不论是否有兄弟姐妹都要认真面对，珍惜每一天时光，千万不要白白浪费了。

人生的挑战总是存在，都是需要亲身面对，没有办法逃避，他人无法插手。修整改变自己的契机，每个人来说都应该把握短暂时光，不要空过，最起码也要通过“孝悌”的考核。在家中孝顺父母、友爱兄弟姐妹，做人的基础考试才会及格，如果连基本考核都没有通过，人生道路就会变得障碍重重，前途渺茫。

现今科技文明进步，现代人能够更加方便地学习成长、改变提升自我，可惜，有些人无法善用时代发展带来的便利，反而更加沉沦于物欲享受。很多人将自己完全沉浸在物质生活之中，无法提高境界格局，树立道德观念，只是觉得当下相当好玩而已，难以看清楚世间的规则，待到苦难来临之际，也就非常不好玩了。

通过学习提升个人素质，改变原有固化的思想观念，形成良好的行为习惯，圆满兄弟姐妹情谊，与兄弟姐妹彼此扶持、共同成长，是人生的重要功课，无论具体行为如何，只要用心认真去做，就会有所成效，就会让自己不断向上成长。千万不要空过一生，白白浪费了人生大好时机。

三、落实悌道的原则

○以道德观念和社会行为规范做基础　　○有倾听、体谅、关怀、沟通、包容、善解的心态

○方法：1.互换角度；2.勇于承担责任；3.不断自我改变；4.不断提高境界格局。

图4-10　面对人生考验应具备的基本方法

（一）道德观念和社会行为规范

每个家庭成员的思想观念和行为习惯都不会完全相同，做事方式也各自有异，但是都必须用心面对自己的生存过程和真实人生。无论家境是好是坏，每日所遇是平顺或坎坷，家庭成员间是和睦相处还是针锋相对，自己都应该遵循道德观念和社会行为规范的底线，不能让环境起伏变化影响了自己

的心境，这是人生中重要的课程。否则，日复一日受到环境影响，内心总是起伏不定，难有安稳，请问又要如何来进步提升呢？

在一个家庭中，成员之间是相当亲密的，不论彼此个性差异有多大，都必须要认真面对。只有用心改变自己，一切都从自身做起，才能够和睦相处、相互扶持，千万不要只想着改变别人，那是根本不可能的。万事起头难，虽然开始时一定会遇到很多问题，但是只要能够坚定地踏出第一步，用心改变自己，一切从本身来做起，接着就会有第二步、第三步，如此一直连续踏出脚步，所有困难的路程总会有走完的一天，不和家庭也会逐步转变成为一个和乐之家。就怕连最基本、最重要的第一步——“改变自己”都无法跨出，未来又如何能有完美成果呢？所以，为了建立一个和乐喜悦的家庭，不论需要付出多大的代价，都是值得自己用心来付出的。

（二）悌道规范

兄弟姐妹相互扶持、共同成长，就是悌道的基础。在人生道路上，让自己成为兄弟姐妹最重要的伙伴，给予精神或者物质上的支持，能够成为兄弟姐妹最重要的依靠，彼此之间能够手牵手、心连心地一路成长，一起面对人生悲欢离合，父母心中亦会感受到非常温馨。如此就成了一个充满温情的家庭，在未来面对一切困境之时，都能够不畏困难，全家人一起面对，共同解决所有困难，形成一个同心的“家庭命运共同体”，由内而外，拓展形成单位命运共同体、事业命运共同体、国家命运共同体乃至人类命运共同体。

家中增加的妯娌姑嫂，虽然来自不同的家庭，但感受到家中兄弟姐妹的温情相伴，也会在相互关怀基础上，体验温情甜蜜的照顾，经过一段时光熏习之后，情感就会越来越浓厚，就能慢慢地习惯这种兄弟姐妹的温情对待，从而产生稳固的妯娌姑嫂之情谊，并融入家庭生活当中。一切良好的结果，都是由自己决定的，开始真正用心改变自我，跨出第一步后，才能够构建和乐喜悦的家庭，对于所有后代子孙，亦可在此温情的家庭环境中成长，将良善家风延续。

家庭是人世间最重要的生存基础，也是人类繁衍的根基，从真心改变自己开始，才能家和万事兴。人生正是经由和乐家庭来成就自己，若是没有家人的陪伴成长，一个人是很难有所成就的。交心可贵，无论亲属、同事、朋友都是一样的，贵在“真诚”，不应存有任何的钩心斗角、尔虞我诈，“兄弟温情、妯娌和睦”正是很多家庭所欠缺的。“悌道”必须用真心才能落实，生活中的一切问题才会迎刃而解，千万不要轻易放弃，珍惜兄弟姐妹间的亲情，是“悌道”传承和延续的基础。

四、践行悌道的心态

（一）人生是一场考验

每个人自母亲怀胎十月之后，经父母近二十年悉心照料，方能够独立生存，未来娶妻生子、组建家庭，体验为人父母的过程，这是对每个人的一种考验。人一般都没有这种观念，仅仅理解为这是人情义理的施行和孝悌观念的传承。

初到人间，新生婴儿仰赖父母培育，父母不知花了多少心血，更是不计时间、通货，一心期盼儿女出人头地、成龙成凤，成为社会中坚栋梁，这就是父母无私的恩情。新建立家庭的夫妻，受到生活琐事的束缚，柴、米、油、盐、酱、醋、琐琐碎碎，这也是考验夫妻情谊的题目，能过关者即有数十年的夫妻生涯；不过关者，就会终日吵闹不休，甚至以离异收场，这正是社会的一个大问题。

兄弟姐妹也是如此，原本在父母庇佑下，皆能互相扶持、照应，但在各自成家之后，就会受到生活历练及枕边人的影响，原本同心协力的心境，会转变成为各自家庭的盘算，立场殊异就会有很多不同的摩擦产生，从而产生钱财、情绪、父母奉养、子女、妯娌等问题，这又会成为引爆点使各种问题产生。其中的种种无关对错，只是个人立场不同而已：有能力者，自然要担负更多责任；较无能力者，自然责任少负；甚至还有人，完全没有能力担负责任，还要年迈父母及其他兄弟姐妹照应，自古以来皆是如此，正是“角色虽不同，剧情却一样”的循环。

一般人都是用“我”的本位心态来思考，更有枕边人耳语，此时就会比较容易滋生不良心理，能始终如一坚持“兄友弟恭”的人已经很少了。当今生活节奏变快，每个人忙忙碌碌应付自家生存问题，都已经觉得太困难了，更无暇再行“孝道”事务，再想要将“悌道”落实，经常是心有余而力不

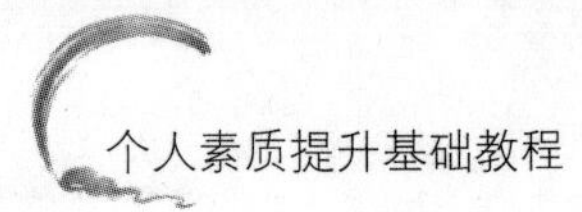

足，无可奈何也。

（二）倾听、体谅、关怀、沟通、包容、善解

生活中，每个人都是擅长观察对方的缺失，而忘却自己应尽的责任和义务，因而产生了很多摩擦和争执。父母养育子女出自天性，不计任何时间、成本，只为子女成为栋梁之材；但是子女奉养父母却并非如此，会有比较心态，兄弟姐妹更会盯紧对方有无尽其责任，对父母付出多少，必会有相互比较的心态。殊不知，父母当时也是千辛万苦养育自己，不因生活困苦而减低了任何精神关怀及物质供给，父母付出只为子女能得到更多资源以及更好的教育环境。

子女孝顺父母，其中“倾听、体谅、关怀、沟通”，就是具体环节和过程。当代倾听父母的需求，体谅父母的病痛老迈，关怀父母心理、身体状况及情绪反应，与父母沟通情感，言语及心理达至圆融；倾听了解兄弟姐妹的生存环境和心态，体谅兄弟姐妹诸多不便，关怀兄弟姐妹生活，保持兄弟姐妹间的沟通，付出时间和物力，这样做才能让生活变得更加美好。

以上四要素是对父母、兄弟姐妹，对夫妻和合、同事、同学朋友，在人际交往中所应遵行的准则，对人对己皆有极大帮助，可以减少很多摩擦，防止矛盾的产生，更能将以往的不良关系转化成良好的人际关系。

倾听、体谅、关怀、沟通，说起来简单，做起来难，如果没有自我反省和控制自我情绪的能力是无法做到的。在人生修行的道路上纵使有数十年的经验累积，如果没有做到这四点，就会容易“火烧功德林”，让自己前功尽弃。如能了知此理，觉察这个过程，人生自然能有更高层次的提升。

人生之中，天天都要面对很多问题，也会时常忘记反省，忘却自身要承担的责任及义务，只会旁观他人行径而轻下定论，他人行为与自己的提升又有什么关系呢？正因为人人如此，所以在人生数十年时光中浮浮沉沉，反复在原地踏步，让自己的人生一点都不及格，这样还能期望有更好的提升吗？人生不如意者十有八九，又有谁是诸事顺心、皆如己愿呢？忘却自身要承担的责任及义务，又如何能要求他人随顺己意呢？

若有能包容他人的心态，自然胸中能藏有“大山大海”。要能做到“倾听、体谅、关怀、沟通、包容、善解”，才能减少家庭纷争、职场矛盾，解决很多问题。坚持日久，更能在生活、职场中建立良好的人际关系，化解身边的不良氛围，让事业蒸蒸日上，让个人在境界格局上提升得更高。建立良好人际关系，形成互相扶持、共同成长的过程，就是“悌道”观念践行的意义，能体认此者，就是有大智慧之人。

五、践行悌道的方法

（一）互换角度

每个人都有其特质，纵使相同父母、相同教育环境，每个兄弟姐妹的思想观念和行为习惯都会有所差异。这是个人天性的外在表现，没有人是一模一样的，即使同胞出生的兄弟姐妹也会有所不同，有的开朗外向，有的沉默寡言，有的深思熟虑，有的冲动莽撞，个性都不一样。所以，人和人之间没有必要相互比较，能明白自己的性格特长，并将性格特长和自己的人生奋斗方向保持一致，就是万幸了。如此，能了解自己人生目标，自然就有了继续往前冲刺的动力，根本不用父母过多地担忧。

生活中，每个人的立场、角度皆会不同，如：父母子女、婆媳妯娌、兄弟姐妹、长官下属……角度立场都是不一样的。容易与他人产生摩擦争执的人，总是对他人采取敌视的角度，很不友善，不能体会理解对方的角度和立场，自然会摩擦争执不断，最后，只能使用“由上对下”式的权威来压制，受制方自然是心中不服，产生怨念和心结。

对于家族内外的恩恩怨怨，如不能轻轻地、慢慢地放下，心中怨结就会累积加深，原本一个小小的恩怨，长久下来就变成一个大心结而无法解开，如此岁月一天天过去，心就会始终停留在摩擦积怨的那个时刻。

如何才能化解如此的怨念和心结呢？若是能以不比较、不计较的心态面对，就能放下心中积怨，找到解决问题的方法，恢复思想清明的境地，对人对己皆有帮助。不然，矛盾不断激化又没有能力解决，在内心产生怨恨，于人于事无补，还会产生不良后果。其中根本原因，就是因为心中不断比较、不断回想，不断将矛盾植入记忆深处，恶意不断加深而又难以自拔，纵使再多的人在身旁引导、劝解，也难以转变心态。尤其是家庭矛盾的化解、家庭问题的处理，必须亲身面对才有化解之日，任何人也无法代替。

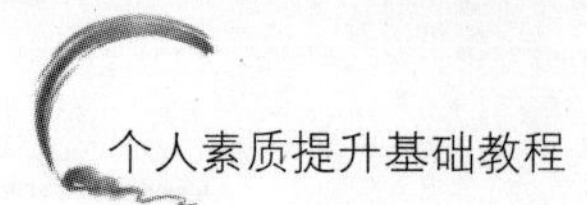

尽心尽力在各方面，对父母尽孝、对子女尽慈、对兄弟姐妹尽悌道、对事业尽心力，纵使谋事不成，也已经尽其人事了，即使能力有限，也无愧于心了。自己坚志前行，才有苦尽甘来的一日。“不比较、不计较”是每个人在生活、家庭、事业中应该做到的，否则心生比较，情绪一起，只能加深彼此矛盾，不断在人我是非中反复循环，这正是人世间长久存在的问题与局限。通过转化自身心境，有效沟通，理解他人，异中求同，自然有好的结果产生。没有化解的矛盾，没有处理的问题，下一次又会出现在自己面前，只是没完没了的障碍，您想要继续纠缠下去吗？

每个人都认为自己是对的、而对方是错误的，都要求对方认错改进，自己站在高处看对方认错，这就是人们内心的写照，很少有人能主动反观自身言行。因为“我”的本位主义形成的固有观念，皆以为自身所作所为是对，对方是错，无法转换到对方的思维角度，继而情绪爆发，演变成了力争到底、毫不退让的争执，非要他人来配合“我”所认为的才是真理正道，而无法站在更高角度来观看并融合双方观点，这是很多人的不良习性。父母子女、兄弟姐妹、长官下属的角度立场能多加转换，就能了解其中奥妙，自然会减少很多矛盾和问题的产生，也会化解每个人心中的心结，细思即可明白其中的原理。

（二）勇于承担责任，不犯同样过错

“家和万事兴”是幸福圆满人生的基础，家庭若是无法平顺，终日吵吵闹闹，请问有谁还能平心静气来处理其他事务？又如何能平静地面对日常生活？又如何能树立道德观念，养成良好的行为习惯呢？一个家庭的状态，是由所有家庭成员的心态和行为相互影响而形成的，良好的关系是构建和乐家庭的基础。

虽然家庭中累积形成的矛盾已成定局，但是可以通过改变自我，来消除种种不良后果，解决家庭问题。不论采用什么方法，最重要的是必须抱持着真心“忏悔”的态度，才会有优良的功效，“忏”是承认前错，“悔”是再不重犯，若是自己忏悔没有以“真心”为基础，那对方根本不会原谅，一定会对抗到底。因此，能够用真心忏悔，才是化解矛盾，解决各种问题的基础。能够用心学习成长，再加上“真心”忏悔，才是很实际有效的做法；最怕的

是只想要享受，完全不肯付出，或者只是做个样子，完全没有“真心”，这些做法都不会有任何功效。简而言之，一切的行为，要有“真心”才能够有功效，否则一切都是表面功夫，没有实效。

人生之中一项重要的使命，就是把握时光改正错误、弥补自己的欠缺和不足。现实中人们一般习惯于向外求取，只求自己心安理得，而不知道该如何学习成长，如何来提升思想观念和改变行为习惯。人的一生本应是好好修整改变、提升超越的过程，可是大部分人都只是日复一日地过日子，享受着眼前的一切而已。

人生短暂，能把握今天改变未来才有机会提升自己。自己的事情只能自己面对，自己的问题只有自己来解决，最重要的是要抱持“真心”来面对，才有实际功效。自己要明白问题所在，真心忏悔改变。每个人记忆深处都会完完全全记录过去一切，自己往昔一切都已经是事实，若是能够从今天开始改变自己，那就代表未来还有机会，否则，就只能继续随波逐流了。

（三）自我改变，自我成长

每个人的思想观念、行为习惯，都受到家庭生活环境和教育的影响，形成自己独特的个性，个性又反过来影响人的一生，影响到家庭家族的发展。甚少有人能跳脱此中束缚，因此常有“不得已”的感叹：感叹怀才不遇、感叹有志难伸、感其家道不顺，等等，但是世间又有几人能事事如意、万事顺心呢？

家庭中的父母、兄弟姐妹，也是各自命运不同，虽然是一家人，但其行为却各不相同，每个家庭中都有说不尽的故事，父子夫妻、兄弟姐妹、姑嫂妯娌等，各有各说不尽的苦楚辛酸，更是“不足为外人道也”。就算是说了，外人也无法体会其中的一切，这就是自身及家庭中的种种问题，每个人的经历，也只有当事人才能体会，正是“如人饮水，冷暖自知”的过程，局外人难以体会其中一切酸甜苦辣。

人生过程中，“万般皆由自身起，万般还需自身消”，生活中纵使是万般不如意、万事不由人，也必须亲自来面对。这就需要不断改变提升自己，由改变思想观念，转变心态开始，逐步转变不良性格和行为习惯，去除“我”的本位思想，树立道德观念，遵循社会行为规范，才能让自己与家庭、单位、

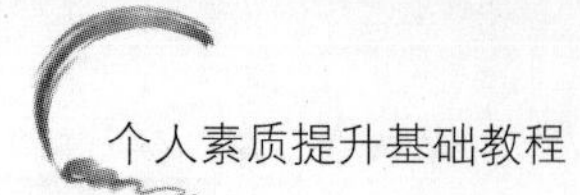

社会融为一体。

修整改变，摒弃物欲的不良干扰，存好心、说好话、行好事、做好人，尊重顺应自然规律，将自身人格中不成熟、不圆满的地方转变，如此坚持不断，生活环境和人际关系也必会随着自己的变化而变化，周遭的亲朋好友也会随自己的成长而成长。原本的环境，随自己的成熟圆满而有所改变，一人引领全家人共同成长，对于“孝道、悌道”的落实，也是如此。

每个人都擅长观察他人的长短是非，很少有人能够反观自己；如有能内观自省改变的人，他人自然也无法与其敌对，而更愿意用良善的心态来对待他，故有“积善之家必有余庆，积恶之家必有余殃”之说。这也是因为随着自己心境的转变，将原有的不良关系消除后，又形成了优良人际关系；反之，人的沉沦之路，也是将原有的良好人际关系全部丢弃，形成了各种不良人际关系，反过来影响到个人未来使其前途暗淡。故而，周遭人际关系的好坏，都根源于自己的思想观念和行为习惯，每一个行为都是一个念头起动之后，自然而然产生的结果，人都不会有意去做不利于未来发展的事情，但是都会因自身的认知水平和行为习惯，形成各种不良的后果。

每个人都会在历经的磨难中，改善自己欠缺和不足之处，而达至成熟心境，不因外界种种变化而使心境浮动，由自己的成长辐射家庭成员与周围的人共同成长提升，这正是每个人得到提升后，得到的一大成果。若是人生做人不及格，就会被家庭成员或周围的人拉回来，重新再度考验，直到顺利过关。只有自己才能真正提升自己，依靠他人是无法提升自己的，若能体悟这个过程，才能用智慧转化矛盾，解决所遇到的各种问题，而不是让家庭、职场、社会中的不良关系再次加深。

人生过程中，要将原本是坏的结果变成好的结果，关键就是看个人是用何种心态来处理问题。所有的敌对，都是由内心不平衡引起的，凡事要能从改变自身不足入手，弃除高傲的心态，而不要继续以敌对的思维观念来面对人生，没有这种转变，那么再过数十年也仍旧是浮浮沉沉、不断反复，又如何能提升到更高层次？

遇到家庭及人生的种种不如意之事，首先要改变自我的心境，这正是人生的重要课程。如果是盯着对方不放，陷入敌对之中，起比较、计较之心，这样下去不但无法提升，只会使人向下沉沦且无法自拔。人若是无法内观自省、找到自己不足之处，就无法往更高层次提升，一般也都是怨天尤人，将责任全部推给他人，这是个人最容易犯的错误。能体悟其中奥妙者，正是有大智慧者，要想提升自我，就不要轻易再犯此种错误，大家想一想是否如此，大部分人都是有这种毛病而又无法觉察。

（四）提升境界格局

1.要包容，不止于忍耐

人世间最重要的，就是要有一个和乐的家庭，若是没有一个和乐的家庭，整天身处在吵吵闹闹的环境中，如何能够平顺安适？如何能够增长自己的智慧？如何能够有德性的提升？如何能够具足通货呢？一切的根本，就是要有一个和乐的家庭。如何做才能构建一个和乐家庭呢？首先，就是要做到“父慈子孝、兄友弟恭”，这要从家庭成员转变心态开始做起，真心诚意地包容每一个家人。每个家庭成员的思想观念和行为习惯都不相同，就需要彼此的相互“包容”，而不是只有相互“忍耐”而已。因为忍耐久了之后，就会爆发出来，造成更严重的伤害，这不是正确的相处之道。我们应该从自己内心转变开始做起，相互体谅，能够真心付出，互相成为对方的支柱。这些都是支撑一个家庭和乐的重要因素，而不是只有父母无怨无悔地付出，子女之间不知所谓。

2.要付出，不止于接受

若是子女只是无止境地接收父母的付出，这样的子女绝对是不会成长改变的，也不会有感恩的心，反而觉得父母所作所为都是应该的，不会认为自己的心态行为有什么错误，这就不是“和乐家庭”应该有的心态。每个家庭成员都应该为家庭付出，每个人都是家里的一分子，所有工作都应该是大家尽心尽力地一同完成，而不是只有父母永远在做而受劳累，这也是父母没有教育好子女，才会出现这样的问题。人生成长过程中，任何事情都可以学习，人都是从实践过程中积累经验而得到成长的，父母千万不要放任子女，不然到头来只能是由父母承担所有后果。从“养不教，父之过”这句话就能明白，父母教养责任是相当重要，千万不要放纵子女，否则，到最后只能是父母与子女共尝苦果。

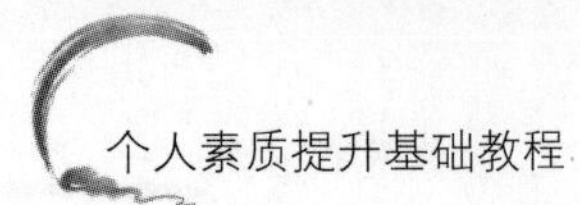

3.要坚持，不止于眼前

每个人都有不良性格和习惯，在人生改造过程中，原本就是要一个一个地进行修整改变。在家庭中每个人的行为都不相同，父母在家庭中无怨无悔地付出，子女注重享受，对家中事务较为淡漠，加上每个人的思想观念和行为习惯都不相同，就会形成每个家庭各有各的问题，这个彼此磨合的漫长过程，就是“家家有本难念的经”。但是，不论这一部经是如何难念，还是要认真面对，因为既然已经成为一个家庭的成员，那就要认真面对，才能完成今生的考题，交出一份满意的答卷。这是每个人必须经历的过程，应该好好把握每一天的时光，把每一天当作生命中的最后一天，做好每一天的事情，尽心尽力完成自己的职责与任务。

4.要进取，不止于满足

“父慈子孝、兄友弟恭”是和乐家庭的基础，人之一生，就是希望能够圆满处理一切事务，若要能达到这个要求，就要让自己不断地有所转变，依靠自己真心付出和改变，才会有实效；否则，骗得了别人，却骗不了自己，更不会有实效，大家都要好好思考。人生往往一下子就会过去了，一切有形的物品都带不走，只有一生经历随身，若是不能及时化解矛盾，留下一堆没有解决的问题，那就只能成为自己一生的遗憾了。人生种种困难来临时，实在苦不堪言，千万不要觉得现在生活感觉很不错，等到自己陷入困境之时，问题自然会一一显现，要能好好地把握平顺时光来修整改变自己，在问题出现时才会有改善的能力。世间一切都可能是问题点，是要学习的课题，必需要用“智慧与真心”来面对。希望大家一起来用热心及真心好好学习并能够有所成长，学习的机会也并非是永远都有，稍纵即逝，就看各人如何把握。

5.用真心、忠诚心对待四海之内的“兄弟姐妹”

“悌道”观念是建立在“孝道”基础上的，人类进化是基于人类生存繁衍的基础上，中华文明自古以来，就是以“百善孝为先”为传承根本，人若连生养自己的父母都无法真心孝顺，又如何能够友爱兄弟姐妹呢？日后又如何在世间立足呢？根本是不可能的。人的成长过程中，不可能只有自己一个人，若是没有父母的生育，自己又如何能够存在呢？把握时光孝顺父母，千万不要等到父母去世以后才来想念懊悔，那就来不及了。“孝悌”是社会关系的根基，但是，人也会时常遗忘这些基本，自认为“天大地大，只有我最大”，这是大错特错的想法，没有祖上父母哪会有自己呢。

没有兄弟姐妹来陪伴成长，一个人是多么孤单，兄弟姐妹也并非是自己想要就能够有的，但是，在人生中会有志同道合的朋友相聚在一起，结成“义兄弟姐妹”，只要彼此用心对待，又何须介意有否“亲兄弟姐妹”，只要心胸开阔，四海之内皆兄弟。当代时空距离缩小了，人际交往的空间更加广阔，也更加容易了，只要用“真心”对待，能够互用“忠诚心”，就有更多更广的良善人际关系。

个人如何提升？如何获得良好的人际关系？皆在于自己是否用心来待人，只要有“真心及忠诚心”并以此对待他人，无论亲兄弟姐妹还是义兄弟姐妹，就都会有良好的“悌道”行为。人生过程中，若能有亲兄弟姐妹及义兄弟姐妹等一起学习成长，在成长过程中也会有很多惊喜，就看各人所用何种心态来面对了。

不论生活环境如何，都应该把握当下时光，把每天作为最后一天来过，认真面对人生过程，千万不要以为自己很年轻，时光还有很多，殊不知，明天会有什么状况发生，没有人能够预测，只能是好好把握每一天时光来学习成长。人若能认识到自己的使命及任务，就会明白时光永远不够用，更应该好好珍惜。

本章结语：孝悌圆满 家庭永睦

一、十二规范，孝悌为基

“孝悌”源于人类生存繁衍和进化的客观进程，是人生中重要的规范，能做到在家中孝顺父母、友爱兄弟姐妹，在外就能有忠有信，人生过程中就会减少很多障碍，“孝悌”也是为人最基本的要求。“孝、悌、忠、信、礼、义、廉、耻、智、仁、勇、和合”十二条行为规范，是每个人都要做到的，做到这些规范，小则利己、中能利家、大能利国，此点试思即明。

每个人的人生过程各不相同，但都需要亲身面对处理不同的事务，解决

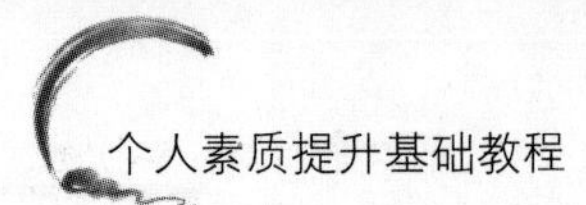

各种不同的问题，处事只要能够符合十二规范，就可以减少矛盾的产生，对于已有的问题，也可以形成良好结果。对于规范所要求，是需要发自内心来做，而不是勉强为之，这才是个人素质提升最重要的心态。十二规范相互串联、互为依托，而“孝悌”则是每日遇到，最容易入手的基础，能做到“孝悌”就做到了道德观念中最基本、也是最重要的要求。

家庭成员就能够和睦相处，整个家庭就和乐融融。若是能够践行“孝悌”，其他规范也就能串联而施行。人生欲求不用太多，其实只要一家人能够平顺平安，便是千金都买不到的，这也是自己可以用心改变得到的成果。亲人和睦、家庭和乐、事业圆满，家庭成员能够彼此扶持、共同成长，这是每个人的理想，该如何才能达成呢？就是要从改变自己开始，认真面对，真心付出。

二、系统学习，改变人生轨迹

“孝悌”是社会稳定发展的重要因素，人能够重视“孝悌”，其思想才能逐步发展，人生成就才能日渐壮大；若是做不到“孝悌”两全，家庭生活就不会平顺，在外事业打拼中也会面对很多的问题。未来会如何发展，都是看自己能否做出正向的转变，未来一切都由自己决定，放任自流就是放弃自己的未来，该如何做？就是从真心改变自己开始，让自己率先成为一个优秀的榜样，未来就会有很大成效。

本书提倡道德观念和遵守社会行为规范，以社会发展为基础，明晰心态形成与转变的基础和过程，由此来改变个人的思维方式和心态。虽然此种教育费时费力，需要较长的过程，很难有即时功效。但是，只有通过这种系统学习，才能够真正从根本上改变思想观念，从深处转化个人的行为习惯。

三、个人素质提升教程

推动符合时代的新型社会行为规范，提升道德观念，以“平等”取代“对立”，从道德根本上进行改进，转化成为适合当代社会发展的道德基础，对促成适合当代的社会行为规范落地实施有重要的现实意义。

本书用道德观念和社会行为规范，合理调整传统道德观念并补充新的内容、重新阐述，以适应当今时代发展，通过对社会行为规范的系统阐述，再造“父慈子孝、兄友弟恭”的幸福圆满家庭。本书以人类繁衍进化为客观基础，希望大家皆能有所受益，并能让个人思想观念和行为习惯改变和提升，化解矛盾，解决家庭问题，为子孙后代创造更适宜生存的环境。

现在人们的生存环境同往昔有天壤之别，安逸的生存环境，让人们忘却了所有的世间痛苦，让大家忘了不断超越的恒心，甚至连自我的人生成长也都忘却了，这对每个人都有很大的杀伤力，就更需要个人的坚持努力，否则，外境干扰心境，难有智慧真正的成长。期盼本教程能利益大众、造福社会，增长道德观念，改善生存环境。

第四章 忠 诚 心

第一节 忠 道

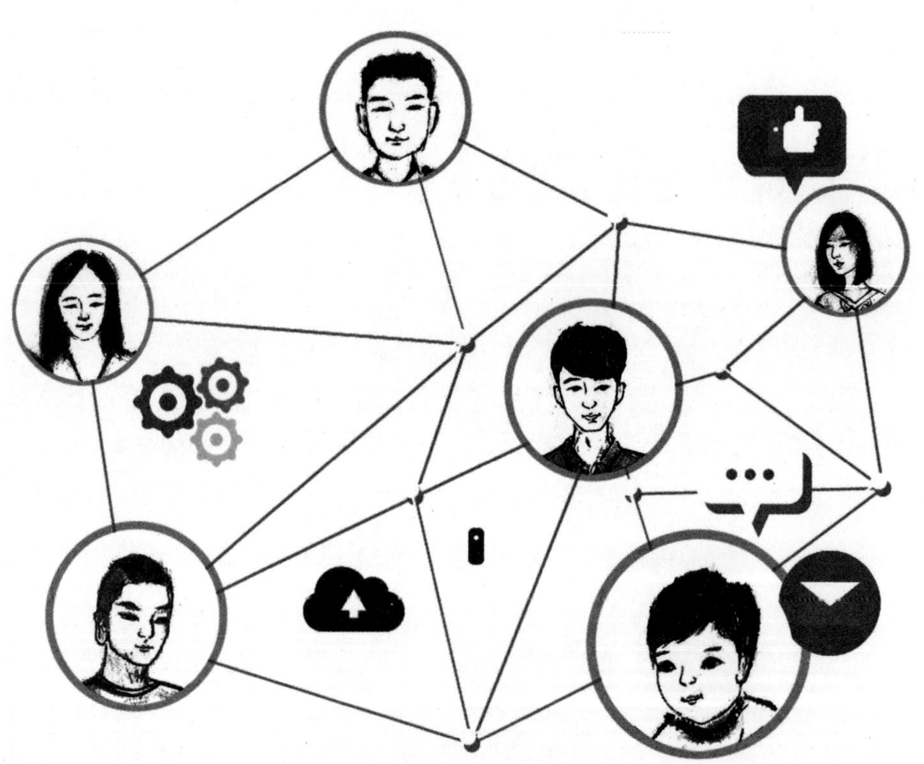

图5-1 人是社会网络的节点

每个人都是社会网络的一个节点，都有独特的社会职能，每个节点保持顺畅的运转，则社会运作正常。忠于职责，是社会对每个人的基本要求。

一、忠诚观念

（一）群体共识是社会形成的基础

群居生活中的所有人要达成共识需要漫长的过程，之后，才能形成共同遵守的行为准则。若是一起生活的人们无法遵循相同的规范，那么所认同的行为准则就不会相同并由此产生歧见，也就造成所谓“思维不同频”的局面。很多问题就是因为无法基于相同的道德观念，彼此无法有效沟通所造成的。面对不同意见时，应放开心胸，转换角度站在对方立场看待问题，这样才能有全面的看法，也才能找到彼此都认可的解决方法。

群体生活如何形成有规律的生活形态？这需要协商，彼此体谅，并形成共识，如此才有共同遵守的约定，并在未来形成相当大的影响力。当有了所有人共同遵守的约定后，每个人都知道自己担负的职责，不论出身高低、贫富贵贱，都能在群体中找到自己的定位，能够付出自己的一分心力，这才能形成稳定的社会群体，也才能起到推动社会发展的作用。

社会中的每个人，都有自己的使命及任务，应该扮演好自己的角色，将自己的价值发挥出来。每个人都有自己的特质，只要愿意付出，就可以完成自己的使命，实现自己的人生价值，这也是人生的基本任务。人生不只是吃喝玩乐而已，世间是一个所有人都可以学习成长，相互促进提升的试炼场，彼此认同形成责任归属，这是人类社会从混沌慢慢转向文明的发展过程，每个人都要珍惜自己的人生过程，树立良好的道德，抓住每一个机会改造提升思想观念，实现自己的人生价值。

（二）忠于职责，是社会发展的要求

“忠诚”是群居生活中基本准则，并非指“君臣、上下”之间单纯的效忠关系，“忠诚”是忠于职责，是指人们能反省自律，做自身的主人，而不是随着自己的情绪和欲望，随着社会环境的转变而随波逐流。能坚守道德底线，遵循社会规范，通过自省来做修整，圆满完成自身所担负的职责和任务，如此才能称作“忠诚”。

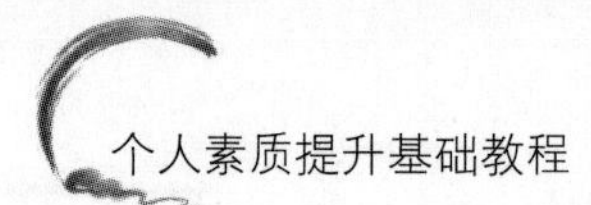

“忠诚心”可以避免很多矛盾和问题的产生，避免彼此在拉扯中打转。以“忠诚信实”的态度面对自己内心，才能修整改变原有的不良思想观念和行为习惯，自然会在家庭生活、职场行为、社会交际中有更好的表现，得到更多人的认可，减少很多让自己感到后悔的决定。

祈望大家能有忠诚观念，并将之践行于日常工作生活中，不要把“忠诚”当作高高在上与我无关的理论，“忠诚”对社会发展有稳定的作用，是社会的基本要求。如果个人不能忠于自身职责，社会必然难有发展。

（三）忠诚品德和忠诚行径

何谓“忠诚品德”？是指对自己行为负责、对任务负责、对上对下负责，是对自己担负的职责任务能全心全意执行到底，勇于承担后果，能主动改善工作方法、事务流程，让事务能够有更好的处理方式，得到身边众人的信赖及肯定，这才是“忠诚品德”。职务职责是因众人信赖及肯定才被赋予的，需要自身努力与全心投入，绝不是做做表面的工作就能承担重大职责的。承领职责后，要能不受外界变化影响，坚定心志，投入全部身心精力、尽善尽美地将所交代之事完成，才能回馈众人的肯定及信赖。

“忠诚品德”对于人类社会发展有重要的作用，世间难有脱离忠诚品德而成就的大事，在社会、职场、生活当中，如果没有忠诚品德是无法真正得到他人信赖及认可的。不论身处上位或是下位，若没有忠诚品德的话是何等场景？根本都无法想象。

由忠诚品德转化成的“忠诚行径”，是以“真”“诚”为基础，能真实面对自己内心找到自身定位，没有杂乱思绪，才能称之为“真”，如果思想观念混淆、摇摆不定，怎会知道自己的立场及定位？只会随波逐流而已，此种又如何有“真”产生？而“诚”则是清楚知道自身的目标及方向，知道自己为什么做、为谁而做。“真”“诚”需要经过深刻的内观自省才会产生，并进一步产生无畏艰难、不断进取的“勇猛”意志，让自己的力量更加强大，不会轻易被流言蜚语所扰、被艰难击倒，陷入困境无法脱离，经历的困境越多，自己的意志就会愈加坚定。

每个人天性中都具备优良的品德，只要优良品德能够彰显，就会让自己有向上的成长和提升。但是，人往往会受到生存环境的影响，思想观念受外界影响与优良品德产生矛盾之时，内心就会混乱，立场也会发生变化，往往会让自己初心退转，忘却了原有的目标，形成随波逐流的现象，失去人生方向，甚为可惜。

具有忠诚品德之人皆由真诚奠基，自愿付出全部身心及热情，全心全力投入事业。因为清楚自己追求的目标，明确自身的定位，并且时常能反观自省，就会让自己有能力往上增长。人若是不明内心真实所在，也就谈不上忠于自己，更不会有忠诚行径产生，只就跟随众人随波逐流。有了忠诚行径的人，会随着时间累积而有更高层次的提升，进而有更高的成就，实现自己的人生价值。一般的人，缺少此种心境，就不会有增长，历经数十年如一日而原地踏步，每每因外境转变就影响到自己心态，初心早已消逝无踪。

“忠诚行径”由“真”“诚”而起，看自我抉择而定，他人是无法代替的。外境会不断改变，影响着每一个人，是往更高层次提升，还是在原地一直踏步甚至是往下沉沦，种种结果皆是由自己来决定的。无论是在家庭、职场、社会之中，“忠诚心”皆是同理适用，不经过对自己的“真”“诚”，就无法产生坚定的立场，这个过程也绝非一朝一夕而成，更不是天上掉下来的，都是经历自身思想观念转变而产生的。

在千千万万的事务链中，每个人可以选择不同的职业，有的向上迈进，有的浮浮沉沉，有的乖舛不定，不管如何都是取决于个人的抉择，但是相同的是，人若没有建立“忠诚”观念，就不会有“忠诚”作为，就不会有好的结果。

（四）落实忠诚观念的意义和作用

群居生活需要共同的规制，才能有良好的生存环境，故树立“忠诚观念”有重要的现实意义和作用。解决当下的各种问题，关键还是在于个人思想观念的调整和改变，未来掌握在自己的手中。

可惜很少人能明白其中原理，甚少有人能真正改变自身的思想观念和行为习惯，多是日复一日地重复着生活工作的过程，问题总是反复产生，难以彻底解决。只有自己勇于面对问题，发现错误、不足和欠缺，通过不断学习修整改变，提升思想观念，改变行为习惯，才能将身边发生的问题从根本上解决。

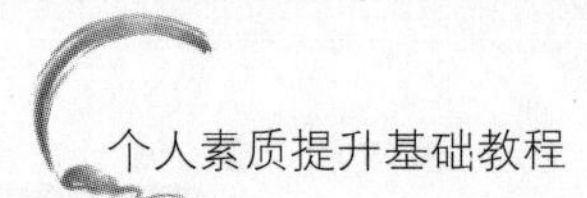

忠诚心原本就是每个人天性中具备的，但受社会环境“利”字当头的影响和驱使，使得心态向“钱”看齐，一切以利益为最高准则，而埋没了忠诚心的彰显，这就是造成很多人无法提升的最大障碍。当一生曲终人散之时，一切外物都无法带走，只能带着自己的一生经历离开，留下他人评论功过是非。若是无法改变自己观念，不明白修整改变的重要作用，浪费时光用于你争我夺，而不是相互扶持、共同成长，真是相当的可惜。

家庭生活中，夫妻双方和合平顺是基础，不能和睦相处，又如何传承良好德性于后代子孙呢？好坏习惯都是通过父母言传身教复制给子女的，一点一滴都刻印在子女的思想观念当中。理解“通过行为复制”的传承过程是相当重要的，若无法明白其中原委，将父母的不良习惯不断复制给子女，只会让未来问题更加严重，这也是很多社会问题的根源，“家庭平顺，子女平安”是一个幸福圆满家庭的重要基础。目前很多家庭问题和社会问题亟待解决，秉承“忠诚”观念，做好每个人自己的事情，就能减少很多问题的产生，否则，停留在相互对立、彼此拉扯中，就难以形成相互扶持、共同发展的合力。

人有了“忠诚”的思想观念，从“心”开始修整改变，才能妥善处理自身承担的职责和任务，解决实际的问题，让自己正向成长，大部分人若做到此点，也就推动了社会的良性发展。“忠诚”是对个人行为的基本要求，是实现人生价值的基础。

人生价值的实现，需要思想观念不断往上增长提升，不断改除过往的不良行为习惯，让自己有一个向上的成长。千万不要以为自己会一直活得很好、很快乐，良宵美景是很容易一转即逝的，一定要把握平顺时光来修整改变自己，不要沉浸在日常工作生活之中，年复一年、日复一日无法改变，待到困境来临之时再想转变，就为时晚矣。人生过程并非一帆风顺，会有许多挫折苦难，若是坚定信心不改志向，才有改变人生的可能。在所有人生经历和人生境遇中，不改初心，不受不良环境影响，才是实现人生价值的正确做法。人生百态，态态不同，若不如此，又如何让自己有改变的机会呢？

人生价值的实现与事务链密不可分，在各种各样的经历中，只有坚持道德底线，遵循社会行为规范，才能让自己有向上的提升。

人生过程中，能力越大、责任越大，越往高层次提升，遇到的问题就会更加重大，如果没有道德底线，又如何面对不断增加难度的问题呢？如何面对不断加深的外在困境呢？对于外境狠狠的一击，是否能够坚志不退呢？现在很多人都是不如己意就退转初心，甚是可惜。不论时代环境如何变迁，道德观念是群居生活中所有人必需遵守的，遇到各种矛盾、问题出现时，都要从反省自己开始，修整不良思想观念，改变行为习惯，才能将问题妥善解决。

群体意识决定社会发展的方向，只有每个人都能秉承道德观念，坚持社会行为规范，不因一时、一地、一念的转折而改变初心，才能带动家庭、单位的转变，长此以往才能影响社会的转变。用道德观念和社会行为规范作为思想行动的指针，才能让自己有真正的提升，这是每个人都应该有的观念，如此才能让自己受益、让更多人受益、让社会受益。

二、道德观念

表5-1 理解两个基本概念

道德观念：	是有利于人类发展的群体意识的体现
社会行为规范：	是道德观念在不同方面的具体行为要求

（一）孝悌忠信是行为规范，是道德观念在不同场合中的展现

历代皆有忠臣烈士、孝子贤人出现，其流传千古的“孝悌忠信”行为，都是个人内在道德观念在不同场合的显现。

“孝”是指孝顺长上，不让他们有饥寒交迫的无奈，用心奉养，数十年如一日，根本不计算财物支出，不计较其中利害关系，不因时光更迭而改变，若能始终坚持如一，有如此心态者，才有做人的根基，而能称之为“孝顺”。孝顺长上，内心皆是充满亲情，如同父母当初照顾年幼的自己时一般无私付出，也是自己高尚品德显现于外而有的作为。

“悌”是指友爱家人、公正平等地对待家人，乐于付出，不计较、不比较，遵循兄友弟恭、妯娌和睦的“悌道”，如同“孝道”一般付出，这也是自古以来“孝悌”皆为一体的道理。

“忠”是指忠于内心、忠于职责，坚毅而不动摇，对于上级领导赋予的任务坚志完成，遇到问题困难勇往直前、坚持到底，忠诚是人所具备的高尚品德之一，让人面对纷纷扰扰的环境和人事变化，能坚持始终如一，而非摇摆

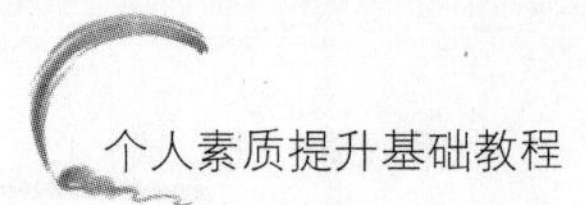

不断、见异思迁。

“信”是指发自内心地对自己言行负责，对言行严格要求，自然呈现于外，就是以诚待人，每个决定都是经过深思熟虑后再做出的，才会言行一致，始终如一。一个巧言令色的人，其言行皆是不经思考随口而出的，又如何诚信示人，并为自己的言行负责呢？难也。

“道德观念”展现在孝顺父母长上时，称为“孝”；兄友弟恭、妯娌和睦，不被父母所操烦挂心，称为“悌”；对职责、任务忠诚不变心，品德彰显于职场，称为“忠”；言行举止一言九鼎，则称为“信”。以上四种行为规范，是道德观念在不同场景而有的不同表现，所谓“忠臣出自孝子之门”，正是因为入门尽孝、出门尽忠，内在的思想观念都是一样的。

人的思想观念境界的提升，就会带动行为习惯的改进，两者相辅相成。如果只是每日学习，但是生活中的行为反而退步，如此也就很难有真正的提升。提升思想观念和行为习惯是一个同步的过程，否则也就只是说得好，没有更高层次的行为提升，人生只是在原地踏步。

（二）“忠孝节义”也是道德观念的外在表现

“忠孝节义”也是道德观念的外在表现：职场中行为纯正是忠；侍奉父母长上是孝；个人节操品行纯洁是节；具备公平正义是义。个人能够自发自觉地遵行社会行为规范，不为外力环境改变而始终如一，正是人生德性的最高指标，德性彰显于事务链中，就形成了“忠孝节义”等的外在表征。故而，“忠孝节义”并非只是单纯的外在行为，忠于事、孝其亲、节操守、义友悌，根源还是在于思想观念的改变、思想境界的提升。通过考验而成长，再形成个人的行为习惯，就自然而然地表现于外。“忠孝节义”不是照章办事，而是个人思想观念的提升原则，让人不会因困境而萌生退志、改变初心。

古言“人生在世，贵尽忠孝节义等事，方于人道无愧，可立身于天地之间”，自古以来立身关键就在于“忠孝节义”等道德观念的实行。其中“忠孝”二字更是中华传统文化传承中的精髓所在，人生若无法做到忠孝二字，有愧父母，更是有愧人生使命，若在家中无法孝顺父母。在职场就无法忠于职守，此种人又如何能够与之交心？在家能孝顺父母之人，在职场即能忠于职守，这正是每个人都应该明白的。

“忠孝”是每个人都具备的天性之一，纵使完全没有接受过“忠孝”教育的人士，也会有此种认知，王阳明先生称之为“良知良能”。人能尽其孝道，就能尽其忠诚，只要反观自我内心，自然会涌现出良知良能而非强求而来，对自己负责、对上司负责、对双亲负责、能尽忠尽孝的人，思想观念中都是同一套道德标准，行为都是遵循同一规范。自古以来忠臣孝子出现在不同的场景，但人物都具有相同的思想内涵，都能尽其孝道，也会尽忠道，以此作为标杆，成为世人学习的榜样。

只有通过反省，不断深入了解自己的思想观念，才能有机会来改变自己，激发良知良能，自然不会被外界生存环境变化所影响，能做到此境界，才是将“真”心唤醒。面对社会中诸多尔虞我诈的长期影响，会让自身迷失而不能有所觉察，还常常自以为是，无法彰显自身的良知良能，实在可惜。

“忠诚”的实施在于“尽心”，作为社会行为规范而言，必须要忠诚于自己所承担的职责和任务，尽心尽力完成，而不是只会出口成章，却无法动手落实，要真正用心面对每件事，身体力行绝不推托延误，这就是尽心完成自己的使命。若是都能秉持忠诚心完成任务，社会中必定能够减少很多矛盾和摩擦，避免很多的问题，一切关键点就在以“忠诚心”来行事。

人生是个生命改造的过程，世界是一个修整改变的大环境，不论任何困境，都要亲身面对，根本无法逃避，也不需要逃避，纵使能够逃得过一次，下次又会重新出现在面前，必须在每个考验过程中都能顺利过关，问题才不会重复出现。在人生考验中，做到“忠诚”二字，是对人的基本要求，道德观念与社会行为规范，是生存发展的根本，道德观念衍生的社会行为规范，必须是所有人共同遵行，才能形成良好的社会生存环境。

虽然科技发展对生活品质提升良多，已经远远超越往昔，但是人们普遍对现状有所不满，这是因为人人只知为己，不管他人如何，沉迷于物质享受，而难有自我思想的提升，只能日复一日地重复着同样的生活。人人按规程办事，缺少互相扶持、共同成长的观念，故而只能自求多福，祈求不要遇到人生困境。人时常受名利争夺、情绪愤怒、酒色财气所牵引而不自知，习以为常且不认为自己的行为有什么问题，故而难以悔改知返，这就是大众人生情境的写照。又有几人能跳脱这种局限？在生存过程中，正是“一样米养百样人，人生百态，态态不同”，将人世间装点得五颜六色。

三、忠诚心

图5-2　忠诚心助人迈向人生高峰

（一）忠诚是一种处事原则

世人皆认为忠诚之心相当容易做到，却不知说起来容易的“忠诚心”，往往只要稍微遭遇到一点点的困境，就早已不知飞向何处了。很多人多是嘴上说说而已，经不起考磨和利诱。“疾风见劲草”，若不是在问题来临之时，能够坚志不退地面对并解决问题，完成自身职责任务，又如何能称为“忠诚心”呢？只不过是滥竽充数而已。又如何能够成为国家、社会、团体当中的栋梁呢？实在是相差千万里远了。

对于“忠诚心”的观念和行为，不应只是嘴上说说而已，需要在日常生活待人接物的过程中，都符合“忠诚心”才是，不要等他人指责或要求时才做。否则，只是说得好，稍微有点不如意之时，就开始躲避、隐藏，根本都无法面对真实的人生，只是生活在封闭的象牙塔内，又如何能够显现自己的忠诚心？不可能的。

忠诚观念转化成行为并不困难，只要能够从生活中的一点一滴做起。若是允诺必要实行；对于不属于自己的，不要起一丝占为己有的心态，一切行为习惯都能符合“忠诚心”的思想，即忠于自己的职责、忠于所担负的任务，其心不二、不偏不倚，人生就不会走向错误道路。人生过程就是一点一滴的累积，千万不要以为自己很厉害、本领很大，若不能好好珍惜时光，学习成长，生活也只是会保持在当前的状态。若能好好学习成长，以“忠诚心”来改变自己，就能够有机会改变人生境遇。

社会是个相互的空间，有人向下沉沦就会有人往上提升，都是取决于各人选择。自己的思想决定于自己的未来，平时就要注意增长自己的优良品行，在处理事务的过程中，关键正是有无“忠诚心”的行使。

自己承诺或是上司交付的事，用何种心态来面对？有的会尽心尽力把它做到尽善尽美；有的只是搪塞责任、表面敷衍而已；有的无可奈何，被迫去做；甚至有人会在后面捅你一刀，如此种种，不一而足。要想有良好未来，就看当下如何应用“忠诚”心态了，自己未来由自己决定，一切与他人没有任何关系，俗语“你过你的独木桥，我走我的阳关道”，都是自己所选择，千万不要受到他人的不良影响，否则在人生时光结束之时，就只能怨叹连连了。

由一件事情的承诺开始到全部事情的完成过程，就能明白当事人是用何种角度施行忠诚心的，忠诚心是每个人都具备的，只在于能否身体力行、言行一致而已，不是只在嘴上说说而已，道理虽然简单易懂，但是能不能做到才是关键。

“人”所具备的忠诚观念与行为，是为人最基本的德性，自古忠臣难得、诤友难寻，能得益友良言，改正自身不足与欠缺之处，正是人生最宝贵的机会，一生也难得有几回。现代人“自我观念”相当重，往往以自身主观想法为主，从个人角度出发，陷入“只有自己最为正确”的误区，不知不觉陷入人我对立的关系之中。这是因为以自身为主导，无法转换到他人角度立场思考，久而久之，忘却人人平等的立场，初心消退，不断进取、不畏险阻的意志也会消散，经常陷入故步自封的境地，无法向上有更高层次的提升。个人成长如此，社会活动如此，职场生涯、家庭关系亦如此。

为人处事中言行的作用是相互的：心中若以苛责待人，自然他人也是如此对己；心中若以忠实诚信待人，自然他人也以忠实诚信回报，丝毫不爽的。每个人具备不同的道德观念，久而久之，行为习惯也会呈现出相应的品格，在为人处事之时表现出来，周围众人也会以此品行回馈己身，亲朋好友的思想观念也会日渐相似，这正是“物以类聚”。

人与人在相逢相遇之后，彼此的思想观念和行为习惯若是相差太多，也就无法有更进一步的相知相惜了。一位诚恳信实的人，很难和巧言令色的人结为知己好友；一位刚毅木讷之人，很难和能言善道的人结为知己好友；一位忠诚之人，也很难和奸巧邪诈的人结为知己好友，这是因为内在思想观念

相差甚多，无法达到相知相融境地。这是生存过程中客观存在的局限，由这种局限引发出很多矛盾和障碍，形成了相对和绝对两种观念，对所有人都有影响。

在认知观念中，以个人利益为出发点，讲求“诚信为本”的人甚少！但通货有尽头，利益更是短暂，如以通货利益为抉择标准，当知金钱并非万能，纵使拥有金山银山，在身处夜深人静之时，也会充满无比的空虚感及愧疚感，再多的物质享受也无法填补心灵空虚。人生最初会为了追求生存而努力奋进，但物质享受达到一定程度后，就会转而追求内心深处的充实感，走入思想观念的提升之路，如此才会让人内心感到充实和满足。“诚信为本”的思想观念，可让人内心安宁、恬适，更有满满的充实感，一直追求物质和通货利益，是无法让人拥有如此充实感受的，这种生存中的局限和思想观念的转化过程，很多人都不了解，经常有许多错误行为，产生许多不良后果，这些问题也必须由自己亲身面对解决。

（二）忠诚观念转变为忠诚行为

“诚信为本、信实可用”，“诚”是指诚恳，是思想观念专一；“信”是指言行一致，是外在行为表现。为人处事是否能坚持以诚信为本，关键是看自己如何抉择，在社会活动、职场生涯、家庭生活中，是否愿以诚信为本，都是取决于各人意识。不断磨炼品格，不断砥砺自勉，在内育诚信，在外遵行社会行为规范，并践行于社会活动、职场生涯、家庭关系之中。圆满人生之中的种种人我关系，不陷入是非对错的争论；以诚信为处事原则，自勉自励，自然能弥补自身不足和欠缺。应在交往中相互扶持、共同进步，而非一直相互拉扯，难以上进。思想品格中能以诚信为本，更是能促成人性的进化与提升，人生不断学习提高，并非单纯为了工作而进修，人生种种经历更是一场改变自己未来命运的过程，如何实现自我人生价值，就看各人的选择了。

在一个人人都有充足物质通货的时代，物质通货充足后，更须提升自己思想观念、获得满满的充实感，而非不知人生目标，没有生存目的，不知道做些什么，产生随波逐流无可奈何的感觉。很多人内心深处有所欠缺的感受，是种种物质金钱无法弥补的，该如何修整？只有内在忠诚信实提升之后，真诚面对自己内心，才能让自己有所欠缺的这种感受消弭，这也有助于社会中问题的解决，通过改变思想观念，将社会活动、职场生涯、家庭关系的不足、欠缺，逐步改善并圆满。

有些人只重视生活品质的提升，忽视精神层面的提升，优良传承实有必要重新阐述一番，以适应当今时代发展和思想的变化，践行忠诚信实，树立道德观念。“忠”是尽己心力、竭尽所能完成事务，用“不二心”将任务或职责完成而不失信用，凡事存于心，心中成其事，起心动念不偏不倚，行为仰不愧于天、俯不怍于地，此乃往昔“忠”之真实义。当今时代忠之概念也更迭良多，多述为摆脱过往专制时的“愚忠”包袱。但是，不论任何时代，必要有忠诚律己，才能使社会良性发展。“诚”是心之真诚，凡事出于真挚不变的心念而行，是没有不成的，倘若真挚之心，又能有巧妙的表达形式，更能让事情平顺进行。

忠诚观念转变为忠诚行为，需要脚踏实来施行，任何事情不论是上级指派或答允他人，必要一步一步来完成，无论是疾风劲草，还是春风吹拂之速，总有完成使命之时。真真切切面对自我，老老实实来行事，诚诚恳恳地待人接物，即达到“忠诚”意涵，如此长久坚持积累，才能得到“信实可用”之美誉。

（三）思想决定行为，忠诚改变人生

人自生命伊始，即有食物、事务的需求，社会借由食物链及事务链开展各种活动，人与人之间结成事务链的各个环节，层层皆是相关，无一不是接续的，此一链条之开展，一环接着一环，成为个人上升或下坠的通道。人生各种关关卡卡，从出生开始便启动了，自身乃至身边所有人，包括家人、亲戚、同事、朋友等，各项过程的安排，无一不是对自己的人生考验，不断磨砺才能完善自己的人格。

做对了一环，上升多一些，做错了一环，则下坠一点，每个“起心动念”之处，就成为上升与下坠的分别点。思想运作后，就展开了行为动作，形成了不同的结果。结果是未来必然形成的，故而在起心动念处就要有正确的思想观念，观念正确，行为才会正确，才会有好的结果。人生经历的所有考验，也只有在自己有正确的思想观念之时，才会有好的结果，理解此过程，对未来人生平顺有相当重要的意义。

在长上抚育幼小的过程中，也应以“忠诚心”来面对孩子。屡屡勉强小孩配合自己，硬说幼小不懂事，甚至还会在一段时间的累积后出现嗔怒之相，这样正是一种不良示范，既让孩儿无法明白真正事理，也无法真实表达自己意向，父母所作所为根本都不及格，并不符合忠诚观念。

孩子也会对长上有不同想法，除非真正能全然放下心中不同声音，听从长上所指示，否则亦不为真忠诚。此时，孩子如有更好的做法，可在适当的时候，以现实例子验证自己想法，并适时报告，一一解说，让长上完全掌握实际情况，再适时地提出可行方式，展现自己心中想法。如此作为，正是让“忠诚心”在起心动念时就不偏执，不是只站在自己的角度，也不是愚昧埋没自己心中想法，而是在考虑双方角度的基础上来提出修正方案。这就是忠诚心的基本：内心不偏倚又真挚诚恳，方为“忠诚”，必要忠于一件事情的顺利完成，才是符合“忠诚”的观念与作为。

一个人信实可用能为栋梁才，绝非一时半刻可成就，这是要从人生伊始、呱呱坠地开始。经历人生，在不同过程中交出各项成绩单，在事业上、工作上，上级交办各个事项，有否忠于事？诚于自心？领命完事后，仰不愧天俯不怍地，此种种累积，就是信实可用的重要基础。对于忠诚之人，德性在善的循环中不断累积，自我价值成就自是可观。

日常中，人们常常会把道理讲得十分动听，但实行时，却仿佛和自己毫不相关，形成相当奇怪的对比。每个人都是在自己起心动念的瞬间，让瞬间成为永恒的延续，并在后续过程中完成个人的成长，如果能在“起心动念”时真诚面对自己的每个念头，真诚待人处事开展后续的事务，学会站在对方角度去思考，用温婉的语气来表述，忠于职责，坚持利益社会的理念，即是广义的“忠诚心”，也是在家庭生活、工作事业、社会活动中应有的规范。

对家庭来说，其“公众”之利在于一家之和为贵。若有利于家和圆满者，对自己却是损失，此时，可能就是考验的开始，权衡之下，会如何选择？相信大家心中都会有利于提升的答案，这也都是个人自己的选择，此中关键就是在于困境来考验时，能否做出正确的选择。祝福大家都能适时将心胸与眼光放远，人生只不过几十个春秋，把握人生的考验，偶尔吃点眼前亏，才是提升道德观念、境界格局和改善生存环境的不二法门。

新时代，重新学习“忠诚”的含义，能自发自觉地反省自我，在人生过程中践行忠诚行为，“精诚所至，金石为开”，促进所有良好德性的增长，正是每个人应该所思所为的。

第二节　忠诚层级

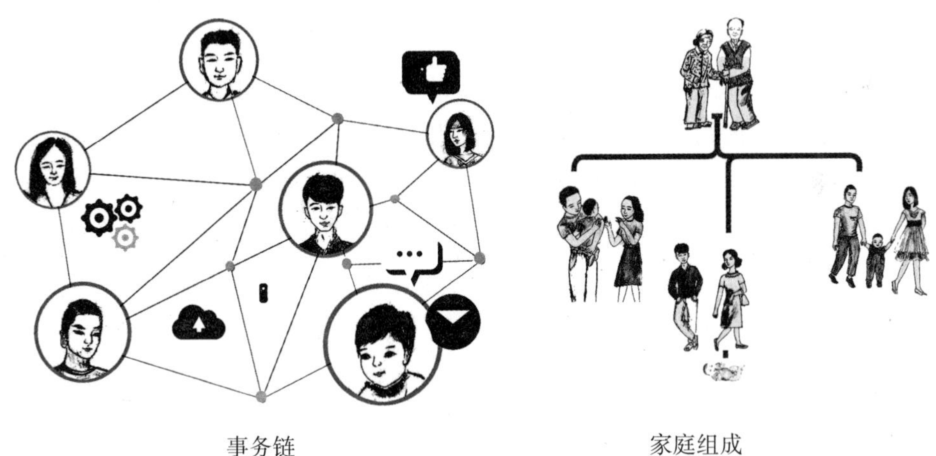

每个人忠于自身职责，家庭方能和睦，社会才能和谐

图5-3　忠诚是人的基本要求

一、忠诚

（一）“忠诚”是社会的需求

社会中的不同职业彼此交织牵缠，形成数不尽的事务相互链接，有的向上迈进，有的浮浮沉沉，有的多舛不定，每个人也就有了不同的人生过程。人类身处其中就会有不同的职责和使命，有时得心应手、心想事成；有时平平淡淡，找不到任何突破契机；有时运途不顺、事与愿违，甚至“伸手不见五指”，无法得到指引，不知明天何去何从。这就是生存中的局限，大多人都在以上过程中反复交替，只是时间长短不一而已。

人生活在由人事物等组成的事务链中，其中皆有个人应担负的角色，没有一个人能够跳出事务链之中，自然也会有大大小小的烦恼需要处理，又有

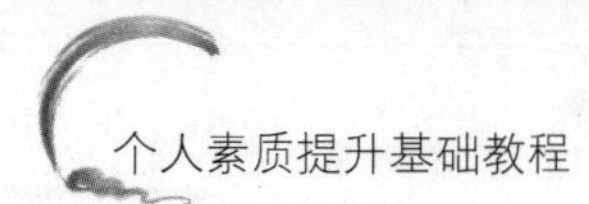

谁能完全没有烦恼呢？事务链有其独特的发展规律，其实只要细心观察每个人的日常行为，就可以明白未来的大致结果了，人若是缺少了“忠诚”的观念和行为，未来又如何会有良好结果呢？

对于“忠诚”，不同角色：为人子、为人夫（妻）、为人员工、为人老板、为人父（母）等，都会有相应的职责和任务，明确自身的职责，有勇气面对并完成自己的任务，才能得到众人的肯定及信赖。在事务链当中，对于每个人来说，正是一边学习，一边完成自身职责任务的过程，他人无法替代，只有亲身面对而已。反向来看，不同角色：为人子、为人夫（妻）、为人员工、为人老板、为人父（母），若是不能明确自身职责的话，也就无法完成自己任务，如此，又如何得到众人肯定呢？别人只会质疑，自然也就没有信赖了，长此以往，自己也会对自己也会有所怀疑了。

往往有很多人不知自身角色定位，只活在自己的世界中，都是因为不明白自己的责任。无法明白如何做才是正确的，只是空占职位而已。为人子而不像人子，为人夫（妻）而不像人夫（妻），为人员工而不像员工，为人老板而不像老板，为人兄弟而不像兄弟，为人父（母）而不像父（母），皆是由于不了解自身的职责定位，故而滋生很多问题，产生很多悲剧。其中种种，当事人往往将责任推给所谓“命运”，其实更多的都是个人言行有所不足和欠缺所致，究其根源，都在自己本身，这些不良后果也必须亲身去化解和解决，外力无法介入。“家家有本难念的经”“清官难断家务事”，正是如此过程的真实写照。

（二）忠于内、诚于外

随着社会的发展，不同事务链之间联系日趋紧密，每个人身处其中，是一个个节点，每个节点又环绕相连，没有轻易解开之时。大部分人每日工作忙碌却不知所忙何事，何事所忙。好似绕在身上，没有放下之日，只有到了人生终点时才会有真正的放下。人生很难思索为何而忙、为谁而忙，只有一日接着一日地度过，是忙、还是茫或是盲？又有几人能真正反思了解自己的人生目标、使命和意义？不论在社会活动、职场生涯、个人成长、家庭生活中，都有当时必须完成的事情，久而久之人变得麻木，变成只是不断在例行公事，偶尔会觉察自己内心深处的空虚，根本不知自己定位是在何处。

这些道理人人皆懂，但能懂的人又有几人能真正有所领悟呢？这是一个相当困难的转变过程，很少有人能够通彻，从而摆脱世间种种事务链的束缚。只有忠于本心，真正面对自我内心后，才能逐步了解人生过程，找到人生的意义和目标所在。

“忠诚”是察觉自身本心，尽自身本心，通过不断反省了解自身不足之处，改变欠缺的地方，否则，只是不断地在事务链中循环，一直无法改变提升自己。“诚信尽责”是忠诚的外在表现，要勇于承担，自己肯定自己，长此以往，他人才能肯定自己、信赖自己，这些都是从自身一一做起的。

“诚信”是圆满完成自己的承诺，不论是对人事物，也不论是对人承诺或对己承诺，都必须完成。一个有诚信的人，必是先对自己负责，不管他人是否疑虑，久而久之，在对己对人、尽心尽力的过程中，成为一个诚信之人，自然也会被周围人肯定。“诚信”要能先对自己负责，才能对他人负责，不管局势如何变化，承诺都要完成，不负自身的职责。在家庭生活、职场生涯、社会生活中，皆是一样的原理，开始于对自身尽责，自然刚正不阿、勇往直前，不受环境影响，内在以“忠诚”来衡量自身言行，尽心尽责，勇于进取。自古忠臣烈士皆是具有此种人格特质，不畏艰难、不畏言语、不畏挫折，能一一克服困难，完成不同的职责使命，这正是一种对自身信念的肯定。

建立“忠诚”观念，要从自身转变思想观念开始，逐步转换原有不良行为习惯，这些过程并非他人或外力所能给予，所有的优良品行，都是从把任务做到尽善尽美开始的。对于“忠诚心”的施行，自身愿意达到何种层次，长期坚持，自然就会达到何种层次，他人的信赖肯定程度是看自身做到什么程度而定。

“君子自立而行健”，先肯定自己而持之以恒，他人才能肯定自己，而非先寻求他人的认同，才认为自己的行为是正确的，如此，大多就会迷失自己，往往一事无成，更不知自身定位是在何处，难以完成自己担负的职责。人生过程中，理应是要脚踏实地完成自身担负的职责和任务，这也是开始美好人生的转折点。

（三）忠诚定义及层次

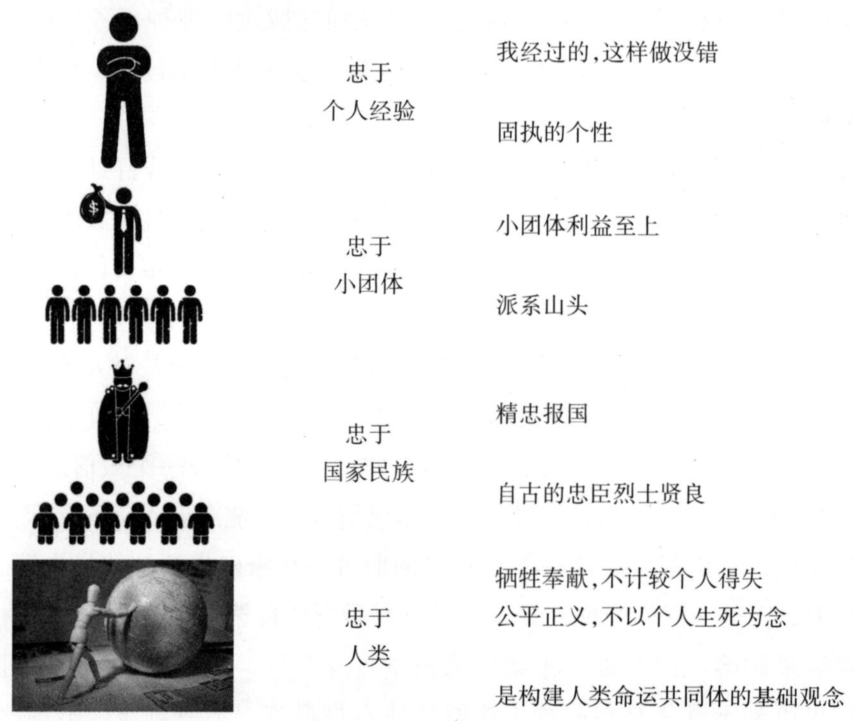

图5-4　忠诚观念的升华过程

何谓“忠诚”?“忠”是忠于自己思想观念，合乎道德观念；“诚”是言行一致而不偏不倚，不以时空变迁而改变，这就是“忠诚”的基本定义。对于完成一件事情的态度，根据人的认识发展过程，对“忠诚”的理解可分为以下四个境界层次。

“经验之忠”（个人）：以个人主观意识为出发点，用自己的经验、自己的价值观来作为处事的标准，何处有利可言，即往何处钻研，纵使无利可言时，伤人不利己也在所不惜，这是最常犯的愚昧错误。很多不良社会关系和问题都是由此而生，当事者本身也是茫然未知，不知道是非对错，看似遵章守约、兢兢业业，但是，实质仅是顺其自身思想观念和行为习惯而为。

“派系之忠”（团体）：义气相挺延续，只要是志同道合、兴趣相投之人，自然挺身扶持，而不分是非善恶，抱着“非我族类，其心必异”的想法，此种观念和行为造成的结果，经常也是开始没有标准，最后难有好结果。在整体组织中，自然而形成的派系小团体各立山头，一切行为准则以派系利益为第一，而不管整体组织是否受到损伤，此种现象也较多见。

“人性之忠”（国家民族）：个人通过自我反省，思想观念提升而得到的优秀品质。自古以来，忠臣烈士皆有此“人性之忠”彰显，以“忠孝节义”观念作为自己的处事原则和规范，以所在组织的最大利益为做事标准，不以个人或派系为出发点，已是少有的模范了。

“精神之忠”（人类）：不论身在何处，不论承担何职，都是任劳任怨，以道德观念为基准，尽其自身之本分，甘于牺牲奉献，不计较个人得失，不以个人生死为念，面对世间不公不义挺身而出，始终如一。持此种观念的人，如此作为，已是很稀有了。

以上四个“忠诚”的境界层次，都是客观存在于社会行为之中，每个人能否提升忠诚观念和行径，都是看自身能否时常反省，转化思想观念。人生当中，每个人都会允诺他人，对所承诺之事如何施行，就是将自己“忠诚”观念转化成“忠诚”行为的过程，是体现“忠诚心”的作为；每个人忠诚的境界层次，决定了自己人生的高度，做人如此，家庭如此，职场如此，社会活动中亦是如此。

在为人处事、起心动念中，更要用“忠诚心”来砥砺自身，外境如何变化不是自身可以选择的，但是对于自己的思想观念和处事原则，则百分百可以由自己来决定。人生正是通过提升思想观念来指导自身行为。进而能够转化外界的不良环境，如此来“养心化性”，纵使泰山崩于面前也面不改色，万马奔腾而内在空明平静，达到思想境界向更高层次的提升，何愁不能实现自己的人生价值?!

对比这些“忠诚”的不同层次，自我审视自己的忠诚观念属于何种境地，不再将混混沌沌的行为而自谓之“忠”，若用于错误之处，其忠也不成忠，只是意气之争罢了，伤人又伤己。要真正自省提升思想观念，这是一个需要长久用心体会的过程，要对自己的人生负责。

个人的成长，并非是外界环境一直影响自己，应是努力学习，不断提升，发现并改变自己的不足和欠缺，进而转变自身的不良行为习惯，如此就能逐步改变外界对自己原有的看法，自然就会减少是非之争，也让自己向更高层次迈进。不要一直在是非圈中反复打转，人生就是在一个弥补不足与欠缺，改变不良行为习惯的过程中，不断来提升自我的。

二、经验之忠（个人）

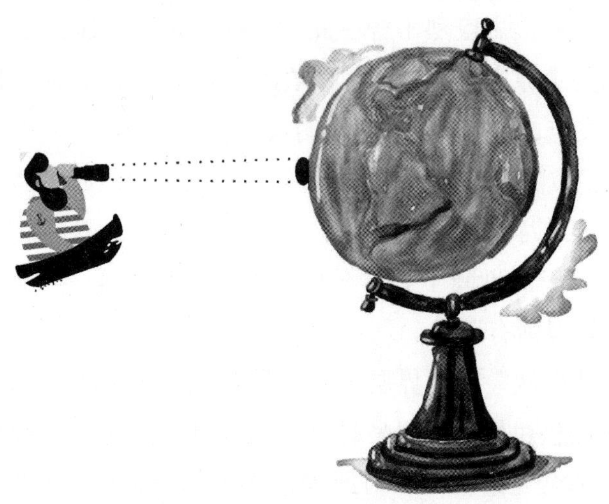

“经验之忠”是与他人产生矛盾争执的根源

图5-5　经验之忠的局限性

（一）经验之忠是以自己认知为判断标准产生的

人都是进入不同的职场，于事务链及通货链中求其温饱，除了少数含着金钥匙出生的人外，可以不考虑生存温饱问题，大部分人都是在事务链中浮浮沉沉。因为不同事务链对各人前程和性情的影响，造成每个人在生活中都会有身不由己的感受，事务多不是按照自己的想法来进行，但对工作至少也要按照不同职业的要求达到标准。身在事务链中，就如同大机器上的一颗螺丝钉而已，为求五斗米而折腰，又有几人能不受其局限呢？

当今时代，每个人皆以自己认知为判断标准，因此，每个人都会因自身感受、主观认知形成行为习惯，其中的不足与欠缺很难被自我察觉，都认为自己的决定是天经地义的，又有几人能内观自省本身的不足与欠缺？当他人想法与自己不合，不能按照自己意愿执行的时候，就针对他人的不足欠缺，有不良情绪和不良行为出现，这就是产生各种社会问题的原因所在。

很少有人愿意进行深切的内观自省，细致全面地思考自己行为是否符合道德和行为准则，考虑如果他人不符合道德观念，自身应如何做；他人行为如符合道德观念，自身又需如何反省、改正。往往都是入于人我是非当中，而累积长久难消的怨念，久久无法释怀，甚至形成一生的怨恨，这就是人性中不足与欠缺形成的不良后果。

（二）经验之忠，不明是非

在职场中，如受上司要求或命令而做出违反道德法律的行为，由此而引起不良后果甚至是产生违法行为，这就是一个看似尽忠诚，却仍会产生不良后果的例子。此时，就必须要看上司与执行者的具体行为，触犯了多少的法律法规，违背了多少道德观念，对团体、对社会造成了多少损失和危害，等待接受相应的惩处。

上面是个“经验之忠”的行事案例，要好好反思，职场中不能为求一温饱，昧着良知做事，若是盲目遵从指令而有违道德、触犯法律，损人又何益己？终会受到相应的处罚，没有人能免于承担自身原因造成的不良后果，都必须亲身面对解决。

每个人都要有良知，而非寡廉鲜耻，大部分的人也愿意按良知行事，只有少数人昧其良知，为求一时利益而行事，更多时候则是不能分辨是非，以自身主观意识、以自身利益为基准来行事，久而久之，形成一切行为皆以自身想法为准的行为习惯。最初或只为一时兴起，并非是自身本意，但时光累积，自然昧其良知而不明是非，再大的问题也不以为然，做出伤天害理或损害大众利益、社会利益的种种行为，忘却自己的良善初心。

在社会职场中有谁能随心所欲？大部人都需要遵守一定的规则和要求，往往让人兴起身不由己的感叹。此时，就要了解经验之忠的起因、行为与后果，明白这是人生常见的局限，更需要树立道德观念，以社会行为规范为准则，而非落入人我是非圈中不断反复，无法察觉其中问题所在，而始终处在出力不讨好的境地。

事务链中常见经验之忠、不明是非的现象，一般都是只根据个人经验或盲目遵从指令而为，为求自身利益，伤害集体利益甚至损害社会利益，按上司的要求执行，做违反道德或触犯法律的事情。这样的行为，是不符合“忠诚”观念的行为，如此违反道德观念和法律制度，最后还是自己来承担后果。合乎道德观念，遵循社会行为规范才是正理，而非局限在只求自身温饱，反将自身陷于无法转圜的境地。如此，一开始就要有抉择的观念，而非事后才有悔不当初之叹，又于事何补？

（三）就事论事，避免意气之争和背后议论

人与人之间存在的最大问题，就在于无法针对问题双向沟通。沟通是为了解决问题，但在双方无法达成共识时，就会渐渐变成了意气之争，彼此毫不退让、针锋相对，进而演变成争吵不休，致使两败俱伤，在此过程中，早已忘记了最初的想法与作为，只是一味地互相争执，完全不知所为何来。

沟通交流是每天日常工作生活中的一部分，每个人每天都会经历一些相互往来，谁也无法避免与他人的沟通交流，若是没有正确的沟通方式，就会形成争端并一再出现。如此一来，对于所有人都不是一个好现象，每个人心里都是希望各项事情能顺顺利利，没有哪一位愿意整天身处于争吵当中，有一大堆问题，致使心里不痛快。

应该针对问题，调整自己的心态，“退一步海阔天空”，双方退让一些，各种问题就可以迎刃而解。双方沟通交流的时候，应该以事情的顺利进行为目标，千万不要只是固执已见，不听取对方意见，此种作为也无法与他人沟通，结局就很容易落入意气之争，反而模糊了事情的重点，在不断纷争中没法突破当前的困境，致使双方承受不愿接受的结果。若能够避免意见不同所产生的纷争，才有可能将各项事务推动并顺利完成。

做事沟通过程中，首先就是要避免意气之争，所有的讨论应是对事不对人，所有问题点必须当面明晰，不要当着面说不出一个重点来，只是在心里藏着一大堆问题，如此“口是心非”的困境，是无助于解决问题的。这也是最容易产生的矛盾，如果背后流言蜚语一大堆，那么问题就更加严重了，这是很多人的通病。

如何做才好？彼此应心平气和，凡事不要只想争第一，只认为自己是正确，别人都有问题，这往往都是因为思想观念的局限，才会造成问题纷争一大堆，产生很大的困扰，其实只要放下争夺第一的心态，人生过程就能够平平顺顺的。

世间很多人在面对面时没有话说，背后却很爱道人长短，如此就会引起纷争。所以处理任何事情，要能做到当面沟通清楚，一切问题都可以慢慢解决，千万不要当面不说，习惯性地在背后议论，如此只会将问题激化，这根

本就不是解决问题该有的态度和方式。当面沟通才会有良好效果，蜚语谗言只会造成雪上加霜。这种经常会有的行为，正是与“忠诚心”相反的行为。人生的问题、困扰已经一大堆了，千万不要再自寻烦恼。

世间有太多的不良诱因，所以就算是遇到纷争不断，但是自己若能避免入于蜚语谗言，一定可以减少很多纷争，凡事退让一步，问题就可迎刃而解。改变人生，都是从树立道德观念，忠于自己良心开始。

三、派系之忠（团体）

“派系之忠”若是不顾集体利益，对集体乃至对国家都可能产生伤害

图5-6 派系之忠的形成

（一）派系之忠是生存过程中自发形成的

人世间所有思想和行为，都有着对应的道德观念与社会行为规范，每个人的行为虽然都有各自的理由，但是在他人的眼中，都会以道德观念与社会行为规范来考量其行为。在生存过程中，除了父母、兄弟姐妹外，都会依靠熟悉的朋友相互扶持，日久的熟悉、相聚的热忱都是很特殊的情谊，是一种在生存环境局限中，自然而然所产生的彼此扶持关系，由此形成各种团体。这种小团体既能为善，也能为恶，为善时则能促进团体向上提升，为恶时则是集体沉沦。修整改变思想观念和行为习惯的过程，往往受到生存空间中的各种局限，反而将不良习惯变本加厉，让人们更加沉沦了，彼此交叉学习，使不良行为相互影响，根本就无法达到改变的效果。

只要有社会存在，就会有不同的团体，团体中每个人各司其职、各行其务，大大小小的职能，组成了团体的事务链。每个人入于新的事务链时，除了熟悉职位，贡献能力之外，还要熟悉团体内各成员个性，需要熟悉、更要能融入其事务链中；假如无法熟悉，自然也无法融入，就会离开此团体，另寻全新出路。而在熟悉的团体中，久而久之，也会自然生出另一小团体或派系，又是何原因？就是因为只要有更加熟悉的朋友、长官、部属并相处得和谐融洽，就会形成另一个小团体。从古至今，世界各国、各民族皆是如此，团体内同文化、同语言、同信仰，以小团体价值观为唯一，排斥抗拒其他团体，无法融合其他不同派别团体，这就是派系之忠的根源。

人们在不同的国家、民族、团体、宗教信仰中，熟悉了环境之后，皆是有熟悉相挺的情谊存在，其中多以自身利益、小团体利益为出发点。如果是以道德为准绳，以利益个人、利益团体、利益集体为目标，自然是优良的派系之忠。如果不择手段，以个人或派系利益为核心，不顾大集体的利益，则是不良的派系之忠。在“派系之忠”内，可以行善也可作恶，并非是个人作为，而是团队集体意识并形成相应的行为，具有优良观念的行为，可以提升所有的团体成员；反之，就会损害侵犯整体利益。

（二）派系之忠的缺陷

人的义气，有时是不管是非的，只要是熟悉的人士，无论亲戚、朋友、长官、部属，只要有人带头发声，自然就挺身而出。但此种作为无法以道德观念为基准，形成对自身、对派系有帮助的为“是”，对自身、对派系有害的则为“非”，都是从自身利益角度出发考虑问题，正是自身皆对、他人皆错，是非对错皆以自身利益为考量标准，难有公正，不能真正明辨是非；当然，对面之人亦是会用如此的处事方式。试问：谁是谁非呢？自然此种不良思维就会导致争执，各种矛盾油然而起。如果在派系之忠中自我意识严重，加上熟悉人的护短，在这种情况下，就会由比较双方权势大小、人数多寡来判定是非，这样又有谁对谁错呢？如何能判明是非呢？往往都陷入困境而不自知，都会自以为自身才是正确，对立一方则是错误的。

如何才能改变此种行为造成的困境？这就需要提升每个人的思想观念，以道德观念为标准，代替自我主观的是非标准，以社会行为规范代替自己随性而为，减少单纯的义气行为，就不会经常陷入不良困境又无法跳脱。身陷其中又无法跳脱的人，多是只为了支持朋友、亲戚、长官、部属挺身而出，跟随他人陷入是非问题之中，随后又有恶念滋生，犯下不应有的错误，承担不应是自己承担的不良后果，就这样揽他人不良后果于己身，又与己何益？对他人有何帮助？只是众人一起沉沦而已。在社会职场中更要避免此种行径，此种作为经常会产生不必要的连带责任，对于自己未来产生不良影响，要很小心才是。

“派系之忠”若能以道德观念来引导，遵循社会行为规范，有正当的行为，也就会有良好的结果，团队成员彼此激励一起走向正道。若是劝阻无效无法导正时，也不要共同沉沦，卷入他人是非之中，对彼此都没有帮助，只是跟着他人一起承受不良后果而已，甚是可惜。“派系之忠”能行善行功，亦能作恶，端看带头人的思想观念及成员行为而定，带头人不论对错都会有一套完整的理论，如何分判则要看成员自身的智慧如何了，而非用自身义气来主导，如此只会是盲目跟随，犯下原本不应该犯的错误，替他人承受错误行为带来的后果。

“派系之忠、熟悉相挺”的局限，存在于许许多多的团体之中，这是因为每个人都有团体生活的习性，又有谁能完全独自生活而不与外界有所接触呢？因此，在团体生活中，更要遵循道德观念和社会行为规范来处事，而非人云亦云、随波逐流。人生过程中，遇到不明白的事情，一定要先弄清楚来龙去脉，不应人云亦云、盲目跟随，以免未来跟随他人犯下难以挽回的错误，形成不良观念和行为习惯，日后在不良行为和不良后果中不断反复，自己又如何可能提升呢？遗留的问题还没有处理完，又生出很多新问题，变成一直都是在偿还旧账，永远都无法有提升改变的机会。

（三）派系斗争的杀伤力

在生存过程中因性情相投相互吸引，形成团体中的各个派系后，更容易使原本修整改变自己的过程，受群体意识影响，变成了在团体中的派系争斗。在一个团体中不同派系的竞争，只是因为相互比较的心态，如果心态观念正向，则对于团体未来发展就有正向作用；如果演变成为争权逐利的错误心态，就会造成派系间的争斗，彼此钩心斗角，内部互相拉扯，难有合力来发展团体，必定是两败俱伤的结果，这样就不是好的现象了。

在每个团体当中，成员都应该向共同目标迈进。但是，团体中的派系斗争造成了内部分裂，在团体内部相互拉扯，导致团体没有向心力，对团体未来发展产生相当大的不良影响。一个团体变成多头马车，每个派系各自闭门造车，完全无法在团体中融合一体，让原本应该平顺合作的关系，变成相互对立的关系，对团体的杀伤力就会很大。

该如何从根本上避免派系争斗的情形？要从世界观、人生观、价值观上进行教育，让每个人都明白自己的职责任务，找到自己的人生目标。以道德观念为基准，以社会行为规范为指导，改变自己的思想观念和行为习惯，从自己本身来做修整改变，才能从根本上解决“派系争斗”所形成的问题。

遇到问题，若无法从内心深处来认识和改变的话，问题只会更加严重，一切的问题都是在不断地累积，要从思想认识的根源中来解决，若对问题只是治标不治本的话，问题就会一直延续。“解铃还须系铃人”，目前面临的各种问题，千万不要心存侥幸，就如同身体有病痛，就应该尽快找医师做诊治一样，千万不可延误，否则会造成不可挽回的损失。

人生要明白社会发展规律，若是一直身处派系争斗中，就无法相互扶持、共同成长，难有平顺的生活，若是能够体会至此，一切问题将会改善良多，就要看自我心态观念能否及时调整了。

四、人性之忠（国家民族）

（一）人性之忠蕴含于德性之中

每个人使命及任务的完成，都要以“忠诚心”为基础。在日常工作生活的一举一动当中，能抱持着人性的忠诚光辉，如此在处理生活工作中的一切事务时，就能符合道德观念，也能避免形成不良的社会问题。社会是由所有人构成的，需要人人都能遵循道德观念和社会行为规范，良好的思想和行为相互影响，才能逐渐改变原有的不良观念和行为；反之，若是不能改变原有不良思想观念，矛盾就会延续，问题还是会持续不断地产生。

在日常工作生活过程中，人与人的交往会有一个交叉学习效果，对彼此会有相当的影响，若能从自身开始，时时刻刻保持着“忠诚心”，形成“忠诚”的观念和行为，就能够慢慢由自己开始，改变周围的生活环境。人人如此，才能转化不良思想观念，解决现有问题。每个人虽然只是生存空间中的小小人物，但是只要所有人都能遵循道德观念，用“正能量”来改变自我，就可以汇聚形成一股大合力，只要能够善尽自己小小的力量，就能累积而成为人类思想的光辉。

自古忠良贤臣均能达到人性之忠的层次

图5-7 人性之忠，忠于国家和民族

（二）人性之忠 公平正义

每个人在步入社会以后，就会有层层事务链如枷锁般缠绕于身，历经少年、青年、壮年、老年，各个阶段都有不同的烦恼及困难，难有人能将一切抛开、逍遥自在。很多人不能自我反省，不知所为何事，多处在忙、茫、盲的状态，经常与他人相互对立，对于当时认为是很重要的事情，时过境迁后又如船过水无痕，经常感叹当时身不由己，此种生存中的局限，若不是身在其中，根本都没有任何感觉的。所以，人生如果只是随顺环境变化，茫然无知地应对处理各种事务，那么就很难有好的结果。

每个人都是独特而不同的，在事务链中是不可缺少的一小部分，每个人应发挥“人性之忠”，尽自身本分无悔付出，任劳任怨牺牲奉献，将自身职责工作尽善尽美地完成，同时在思想中，不忘含有荣誉感及使命感的初心，能认同所在的团体并融于团体，不与他人争斗，也不谗言，不卷入人我是非之

中，数十年寒暑而不间断，不论是否获得相应的提拔，都会尽到自身本分，这就是“人性之忠”的内涵和表现。

一切努力付出并非是为他人，而是从自身认同的思想出发，如此就能在不良环境中不受影响，此种作为正是人间楷模，此种品行已是高人一等，甚少人能有此种的胸襟气量。自古贤臣孝子，皆能达到此种“人性之忠”的层级，对于周围人来说，正是优秀的榜样，“任劳任怨，无私奉献”，这种行为对所有人都有一种良好促进作用。

（三）人性之忠与派系之忠的区别

人都有团体生活的习性，优良团体中能聚集优良人才，展现良好的行为，让集体向上增长；如果形成不良团体，只为求小团体自身有利，让集体蒙受伤害损失。在集体之中，会有许多小团体存在，即所谓“派系”，只要有人类存在，派系就会存在，这也是生存过程中自然而然形成的。只要一入小团体，个人立场角度就会以小团体为主，因为物以类聚、人以群分，小团体之中一人茫（盲）然，则众人会跟着茫（盲）然。

人性之忠，则是为集体发展付出努力，而不是为了派系获利，人性之忠的可贵之处，在于自身的无私付出，以思想观念深处的共同理念为基础，自发自愿地尽职责本分，并非仅是因为熟悉的朋友或同事聚集而逞一时痛快做出不符合道德观念和社会行为规范的行为。故而，若不问是非对错，仅仅因为彼此义气，如何能遵循道德观念？又如何遵循社会行为规范呢？其忠诚心更在何处？人生成长，需要在生活工作中，不断修整改变自己的思想观念和行为习惯，而非只是抱着书本教条不放，在经典当中钻研一字一句。若是无法实际应用，几十年过去了，自己的行为习惯还是一成不变，在思想观念上也没有向更高层次提升，只是一直在人我是非和派系争执中不断重复而已，甚是可惜。

古往今来，派系小团体有诸多局限，彼此影响滋生很多不良问题，人们身处其中却不自知，一直在人我是非圈中打转，逐渐迷失初心，只能是向下沉沦，做出很多原本不应出现的错误行为，伤害他人也损害自身，得不偿失。应提升自身观念，不断进取，才不枉费今生，任劳任怨，牺牲奉献，全力完成自身职责，自然时时刻刻都会有所成长，也会有不同感悟，而非一直在人我是非中打转而停滞不前。其中区别，希望大家都能细细思考，能体会者必会有大幅度的提升。

五、精神之忠（人类）

（一）平等观念

每个人都有不同的人生历程，各人使命也都不相同，但是不论个人资质高低，家庭环境优劣，身份地位差异，人性都是平等无差的。每个人都可以通过发挥自己的特长，来完成各自的责任和任务，社会如同一部精密的仪器，每个人就像一颗颗的小零件，每颗小零件都是不可或缺的，所有零件组成一个完整社会体系，才能让每一颗零件发挥其功效。在各种事务链中，每个人都有不同的职责，针对不同的职责要求，就需要具备相应技能，也就如同手掌每根手指一样，虽然长度及粗细都不同，但是如果缺少了一根，在使用过程中就会相当不方便。

构建人类命运共同体

图5-8 精神之忠，以人类发展为己任

对于思想观念的提升，不同的教育机构有不同的教育作用，每个人都会进入不同的教育机构来学习，提升的关键不是进入哪个教育机构，而是进入教育机构以后，自己能否努力学习、不断进取，改变原有的错误，弥补原有

的不足和欠缺。学习结束进入社会后，加入不同的单位集体，对社会奉献自己的力量，若能保持不断努力，真正改变修整自己的错误、不足和欠缺，就能够解决遇到的问题，而建立“忠诚信实”的思想观念。这是往上提升的基础，若思想观念和行为习惯无法跟随经历调整改变，那人生也就只能是在原地踏步了。

人生不论初始条件如何，未来都需要自己努力去改变，每个人都有想实现的人生价值，每个人都有成功的机会，最重要的是要有“平等”的观念，千万不要盲目以为：自己认为的就是最好、最高、最优秀，其他的都无法与自己所认可的相比，如此的心态，就无法通过“平等”对待的基本原则考验。如果没有在思想中建立“平等”意识，那么在日常处事中自然就不会平等对待他人，就很难融入社会。

（二）精神之忠的内涵和表现

具有“精神之忠”观念的人，行为与一般人大不相同，具备“不比较、不计较”的心态观念，以完成自己职责使命为基本，有坚定的意志，遇到任何困境都能够坚持不退、坚志到底，这是“精神之忠”的基本内涵和表现。

每个人提升自我的过程，就是在日常生活中，逐步让自己的思想观念符合道德观念，逐步让自己的行为习惯遵循社会行为规范，如此就能将所有优良品行践行于日常生活。在修整改变自己之后，将自己的成功经验分享给他人，通过自身榜样影响周围的人，人人如此，就能共同建立一个良好的生存环境。

在科技高速发展的时代，更要有“忠诚心”观念和行为配合，如此才能让人真正从发展中受益。若一直延续“人我观念”，就会容易进入是非对错的争执中。在当今时代，“忠诚”观念应往更深层次思考，基于道德层面彰显“忠”的观念和作为，即“精神之忠”。

纵观近百年来世界级的杰出人物，其行为都是忠于全体人类、整体地球福祉的，非拘泥于一方一族，若是有损于地球生存环境，人类会有好处吗？故“精神之忠”是追求利己利他之事业、福益众生之事业。近几百年之杰出人物，不论从事任何行业，皆能为人类整体做出极大的建树。新时代的教育亦应成为福益人类的事业，提升个人素质，树立道德观念，遵循社会规则。

（三）不忘初心，方得始终

“月是故乡圆，花是故乡好”，小时候的玩伴最令人怀念，父母之情、兄弟手足之情，无论经过多少时间、多少变迁，都令人难以忘怀，其中绝大部分都是因在深层意识之中存储的富足、安全感所驱使，而在思想中的显现。在人的深层意识中深藏的记忆，会在自我意识稍微放松之时，一再探出头来，使人怀念孩提时的人、事、时、地、物，明着是思乡愁，实际是初心的召唤，是对美好的向往。

能在自己人生之中，发现并开启自我的“精神之忠”，就意味着开启了自己的人生使命，就能做出利益社会、利益人类的事业，其胸怀、能量已超越一般人。详细审视近几百年来圣贤的事迹，就会发现他们的经历并非偶然，都是能福益众生的事业。能有更多的人彰显“精神之忠”，社会就会发展到更高层级，同时实现自己的生命价值，不是乐事一桩吗？这正是人类需要明白的人生根本。

“千里之行，始于足下”，要一步步进取，忠于事业、家庭，不断提升个人的德行。能有如此境界之后，还需常常反省：“今日我是否办妥了工作上的每个细节？是否可以更新工作流程，提高工作成效呢？”人因事成智，若能在个人成长、家庭事务及事业中，次次回回都有所成长，秉持初心，又能谦逊付出，这样就是做到了忠于事务链的每个环节，落实忠之实践，无论事业、家庭及个人德行皆能日日有所进步，忠诚的层次也会逐步有所提升，这是需要个人多用心才能实现的。

当今科技进化速度不断加快，尤其是科技文明为人类生存提供了太多便利，同三五十年前比较，世界范围各个层面均有创新。在社会的发展过程中，若有忠诚观念和行为，作为自己道德精神的基础，岂不美哉？

以上“忠诚心”内容是否能化解诸位心中谜团？德性中的忠诚彰显，原本就是人性考核的标准之一，人生践行忠道，忠于自我良知、忠于职责，是落实道德观念的基本条件，希望更多人能将自身忠诚等级提升至对全体人类以及地球万物皆有帮助的层次，展现每个人的大爱光辉。

第三节　上下级关系

领导→企业文化 →企业灵魂

领导职责:让才尽其能,家庭受惠,造福社会;
要避免位高权重时,听不到真实情况的窘境;
工作方法:授权扛责,疑人勿用,以事论事,解决问题。

下属→尽职尽责
适应企业环境彰,显个人价值。

图5-9　领导下属各自的职责不同

一、领导和企业文化

(一) 领导与企业的成败

企事业单位、各种团体、家族等不同群体中，都有独特的思维模式和行事方式，不论有意栽培或无心插柳，形成一种特殊的氛围满溢其内，这就是“企业文化”或“家风”。

“企业文化”的建立是非常重要的，因为企业文化是企业的灵魂，新加入成员经常有意无意地感受到此种氛围。若想树立一个单位团体的道德观念，就要在企业文化开始建立时就着手，应从何处入手开展？应由最高领导作为所有成员的行为典范开始，这就是“上行下效”施行的根基。领导为人憨厚、待人以德，那么各层级管理人员一直到基层人员，也会是如此的作风，因为同类相吸的作用，相同品行的人自会相聚一堂。若有不同性格的人来到，也会因处世哲学的不同，一直徘徊于外围并最终离开，最后只剩下结论：“啊！我不适应这里！”如此自上而下树立起良好的企业文化，将如风行草偃般上行下效，企业发展就会有事半功倍的良好效果。

（二）企业文化是一个企业的生命力

每个企业管理方式的不同，所形成的企业文化也是多种多样，其中有用军事方法管理的企业，也有大家庭般的团队，该如何选择呢？此时，应先问问领导以及内部成员，换位思考一下，想想希望别人如何对待自己，是尊重呢？还是呼来喝去？很显然，若能以彼此尊重扶持为文化基础，以温和包容为处世哲学，以威权检视来“量化”成绩，就能建立一个吸引人的团队。

企业文化的施行，始于其他规章制度之前，要慎之。用心好好地建立并修整，这是推展成就事业的首要任务，不仅能促进事业荣耀兴盛，也能借此促进成员品德行为提升，还有助于成员改善家业，这也是所有人向往的。关怀、包容，尊重他人，倾听他人的意见和建议，辅以科学量化来严谨审视成效，好过不同立场的意气之争，长此以往，就会形成良好的企业风气。

在一个集体当中，做人要圆融些，做事要精准些。如果做人清清楚楚，将我的你的分得太细，很容易伤了和气；所有事务都可以从不同方面做起，其中有很多角度都是模棱两可，故在人际关系中无须过分严厉，团体中人际关系圆满才是优良作为。但在做事上，如果抱着“差不多就可以”的态度，这样不仅贻笑大方，更会影响到企业的良性发展，使企业滞碍难前。时常会有些自谓的“能人志士”感叹：“做人没朋友扶持，成事也要看天意了！”这样的人绝大部分是踢了铁板，在对人待物中纯以利益优先。或许您在以前做事过程中没有发觉，如今正是修整的时候了，利益为先的价值观渐已式微，未来企业如果做不出感动人心、益于社会、奉献世界的精品或服务，那就需要自己从心、重新学习做人，会做人，事已成七分。

做人若遵守道德观念、谨守本分，能按照道德观念与社会行为规范待人处事，又怎么会有坏的结果呢？道德观念是社会发展的基本规律，能遵循道德观念与社会行为规范，自然就是做到了人和，所遇均是“贵人”，能一直处在良善的循环中，不断向上增长。

常失“人和”者，要反思此点，“做事求精确，对人有温暖”这才能有别于机器，要精确计算机最精确了，那不是人类，而人则希望做出更多更美好的事物，让每个人的生活更自在，让心灵更美妙，这是需要彼此尊重扶持才能达到的。

精确是社会发展中，各种事务链串联不可缺少的要求，但也应该从实际出发，不可循此精确无限上纲，一味追求下去而忘却了人性，就连电脑发展过程中都知道需要仿生。如果只是寻求无止境的精确，正是人迷失方向的表现，太精确就容易执着于事物，而忘却了人性。好比在日常生活中是工作重要，还是在执行的过程中上下一心和乐、各自有所增长、有所奉献重要？从长远社会发展和当代成功企业的经验来看，应是后者更为重要一些。不同工作有不同的规律，都会受外界环境的影响，其中成员多一个少一个，工作皆会运行，每个人在其中，应该是除了因工作加分以外，还要因自我成长加分，因团队成长加分，最终则会是因工作圆满完成来加分。

世间难有一帆风顺，人生不如意之事十有八九，希望人人都能因事成智，下次再遇到同样问题时，能开展智慧，用良善的态度面对。要能够时常反思人生所为何事？应行何事？为何要无私奉献社会？如此思考才能有所收获。在不同的单位团体中，领导恩威并济才是良药，不要一心一意只要结果，在过程中的每个时刻都是重要的考题，成果只是自然而然的结果而已，过程中做得好，成果不是第一，也会有第二，孰重孰轻，一看便知。

二、领导责任

（一）领导责任：才尽其能，家庭受惠，造福社会

人生在世浮浮沉沉，有人只顾眼前蝇头小利，蒙蔽良心做出损人利己之事，给集体、为社会埋下隐患，更将自己的光明前程抹黑了。古语“君子爱财，取之有道”“钱财直中取，不可曲中留”，这些都是千古流传的智慧，理应好好思索其中蕴涵的真义。生命不论长短，都有终止之日，在生存过程中，若是不能把握短暂时光，奉献社会、造福社会，修身养性、提高自己的境界格局，待到年老体衰、无能为力之时，就再没有改正错误、弥补不足和欠缺的机会了。

能身为上位者、领导，即担负着重责大任，小到一家公司，大到一家企业，是牵连一个家庭的生计，或数百千万家庭的生计，责任大部分是担在其上位者、领导身上。至此人生高处不胜寒，往往忘却自身初心，而陷入权谋斗争，纵使世间万物皆属自己又能如何？自己又能留下何种贡献值得后人

传颂？

所以能有机会上位者，莫要忘却此时可运用影响力来造福社会，让更多家庭受惠，让更多人才尽其所能，开创一番良好基业；不要在任上错用影响力，无所作为或被人积怨，伤害了众多家庭生计，让人才郁郁寡欢。身为上位者、领导，是造福于社会，还是起不到促进发展的作用，皆是存乎一心，端看上位者、领导的思想观念如何，外力影响如何。能否英明处事的关键在于能否内观自省，觉察自身思想局限，明确追求目标，依循道德观念而行。

上位者用何种态度处事，在其所控的企业、公司、团体，就会呈现何种企业文化，上位者如有公平处事的态度，其所领团队就会有开放、畅所欲言的环境，并有成长、积极的团体文化。若是一言堂的处事态度，就会呈现封闭、寡言、停滞的团体文化，往往下属是口服心不服，则会表面说一套、另外做一套，即上位者如何对待处之，下位者就会如何应对与，上位者的处事态度决定了所在单位的发展方向，自己用何种心态并表现于行为，就会有同样的行为来回馈自己，丝毫不爽！

（二）团体初建及其成员的心态成长

一个团体初建，是少数人努力的结果，久而久之才会发展壮大。初始之际，一切事必躬亲，全盘掌握施行，团体壮大之后，必须有分权管理的机制，交由他人协同进行，而非一人来全程进行，纵使创始人其心有余，力也是不足，无法面面俱到。领导之人应该能有足够的心胸，容纳有志之人来共同参与，倾听接受各种不同的意见，修正原有的不足、欠缺，让自身及团体成员共同成长，共同规划，并为共同愿景而奋斗。

团体成员虽然地位不同，但是人性都是相同，必会有优劣良缺各种存在。用心、公正并且愿意成长的领导，自然就会带动团体成长；只在原地踏步的领导，往往并不明白自己的盲点在何处，皆是抱着过往的成功观念和价值观念一成也不变，又如何能适应当今迅速发展、不断变化的时代呢？

当代管理已非过往时代的权威领导方式了，很难再用自上而下的命令管理模式，当今领导更需要放下身段，倾听下属的观点和想法。现今的领导，过去也是他人的下属；如今的下属，未来会是他人的领导，一切也只是当下阶段形成的领导下属关系而已，下属也未必不如其领导，人生就是“江山代有才人出，长江后浪推前浪”的过程，每个时代都有领头的新人产生。

人们要有自信心态，要从砥砺自身性情开始，进而肯定自身特长并往更高层次提升，而非自我固化而认为未来一切皆无法改变。时空一直在更迭变化，当今时代的发展机会与知识经验也与过往不同了，应该重新提升自己的思想观念，修整过往的行为习惯，适应社会的发展与改变，应用新的管理方式，领导和下属形成新的团结方式，不应再沿用过去的管理方式，那已经不符合未来对忠诚心的要求了。

不断改变心态的人，自然会修整自身的不足和欠缺，“苟日新，日日新”用不断进取的心态，为未来成长提升夯实基础，每日对自己进行修整改进，一日一小部分，一年大突破，十年就会有大改变。皆是在于今日当下的修整，才会有未来的突破契机，只怕不用心，不怕不成功。

在一个团体中，一者，需要领导来塑造企业文化，形成良好氛围，下属也要配合企业文化，对自己做出修整；二者，下属他日也是他方的领导，能否让自身的思想观念和行为习惯改善，皆是要通过自身努力不断进取，久而久之，各人的层次高低自有分别，这个过程是无法由他人替代的。细思即明，无须多言，皆由自身用心用功多寡而决定。现今大家都是在同一条起跑线上，未来十年有谁能有大变化？有谁还在原地踏步？又有谁人反而跑错了方向？其实，自己当下能否修整改变，就已经决定未来的结果了。

（三）两相对待的影响

因为人生始终处在一个两相对待过程中，所以人也形成了两相对待的习性，好坏、是非、对错，等等。自己的思想观念随着环境变化而变化，很难形成从一而终、贯彻一生的信念。随着世事更迭而变动思想观念，自己的行为习惯亦跟随改变。人事变迁的过程中，随着不同心境的转折，经常也会改变自身的行为习惯，一日日的变异过程，当事者也无法了知，只能顺从其人生经历而转变。对于此种生存的局限，局中之人根本都无法明白所有问题之来龙去脉，此种疑问，只有大智慧者才能不受此局限。

这种受环境影响而改变的局限，不是轻易就能跳出的，在团体组织中更是如此，领导付出心力，就有下属追随，下属看到希望，更会尽心用力为团体付出，这样就会塑造出良好的企业文化，领导公正就会形成良好的团结气氛，成员在一起也会和乐融融。领导能察觉下属所处岗位是否正确，并能做出适时的调整；若是错置其位，下属难以发挥特长，出工不出心力，不认同领导决策，长此以往，就会离心离德，对团体发展没有任何助益。站在领导角度，是一人看众人，往往不知下属角度则是众人看一人。领导用心，自然下属会感受其心，纵使一开始并非认同，久而久之，也会形成良好氛围。领导要有能力分判各种事情之孰重孰轻、轻重缓急，带动所有下属众志成城，形成优良的团队氛围，这就是生存中两相对待的优良应用。

人世间真心换真心，自然大家都会有丰厚的回报；反之，不良的团队关系，让成员之间只是虚伪应对，能维持生计就算不错了，怎会有丰厚的收获？人世间离不开“真诚”的作为，这正是社会良性发展的客观规律。

（四）位高权重的弊病

往往上位者在位时间一长，就会忘却当初战战兢兢、戒慎恐惧的初心，一言令下就会有人将成果呈现，好与坏、是与非、对与错皆会一体呈现，这就更需要上位者深思熟虑，能有一二谈心诤友，能够公正平等地对待下属，回馈他人的付出。权位越高，心智越容易被蒙蔽，越是听不到真话，得不到真心对待，只会年岁越高权位越重，心智反而越退化而不自知，这是世间上位者、领导、主事者的通病。如不妥善解决，又如何要求下属能有“忠诚心”？下属多是表面敷衍应付，上级很难得到下属的真心对待，这可能会“良禽择木而栖，贤臣择主而事”了。

现今科技飞速发展，各种知识信息通过网络传播，更要保持开放学习的心态，创造良好沟通的环境，才能在此千变万化的世界中立足，短短数年一循环，世界就会有大的改变，如果还是保持过往的心态和做法，又如何能适应世界的变化速度？这样是会被时代被社会自然淘汰的。时代运行的巨轮，非个人所能改变，每个人都必须随着时代变化，调整自己的认知观念，时时内观自省自身不足、欠缺，长此以往，心态自然会调整，观念会改变，行为更会提升，而非让自己一直延续往日的作为。

能上高位者，更要有智慧看到下台时的情景，又有谁人能长久处于高位？甚难。能够了解其中过程者，就能勘破世间名利迷障，放下原有执念达到更高层次的体悟，不会在名利权位上打转，能以“造福社会”的心态做事才是正道。古往今来上位者、领导，对最初上任时的戒慎态度，要谨记在心，切莫久而久之，就陷入于权谋之中，迷失于人我是非之中，忘却最初不断进取、牢记使命的初心，让自我各种欲望膨胀失控，受情绪左右而影响行为，全数毁去往日功绩，真是可惜。

上位者、领导若有迷失，则要回想不断进取的初心，时时内观自省，觉察自我的欠缺、不足之处，往更高层次提升。岁月如梭，日月轮回，生存中的两相对待也随着时空变换而不断更迭，若是迷失初心，往往就会受到不良环境的影响，一直沿用不良行为习惯处事却不自知，久久迷失其中。人生诸多的矛盾和问题，皆是由难以察觉自身的不足和欠缺引起的，他人与外力仅是提供一个让自己察觉的契机，但无法改变其中一二，只有亲身直面这些矛盾问题后才能解决。这种现象，正是大家很难了解，也很难明白和改变的。

三、领导方法

（一）管理原理：授权扛责

1.上下一体，各尽所能

人类社会随着发展产生了事务链和社会规范，很少有人可以跳脱，都会受其限制，从而保持社会的良善稳定发展，也因为事务链，自然而然产生了上下阶层的区别。但人性则不受事务链的限制，皆是平等而不分大小，这正是人们认识中的盲点，领导与下属也只是在团体中有职责和地位的分别而已，对于人性来说则是平等无差的，人与人之间需要有平等对待的观念。在不同的事务链中，领导要能砥砺其心，莫要盛气凌人，下属应如同一块海绵大量吸收领导和其他同事的优点，自我成长而非一成不变。

人世间会当领导的人，大部分都有自己的专长，对下属来说可以有很多学习的内容，领导因职责而眼界视野较高，思考更为全面，下属因职责较为单一，没有更高层面的讯息，只是思考与自身职责及岗位相关的事宜。领导与下属的关系，也不是永久不变，往往时过境迁，领导会有下台退休一日，下属也可能提升到领导的阶段，皆会有所改变。故在其位，必须谨慎小心，不要因无心之过而触犯他人。世间并非一成不变，任何团体也不可能数十年如一日没有变化，上下位者要彼此慎选，对于德性品格不足的人，当其上位或作为下属，又如何能上下融洽？只会形成内部人我矛盾，争斗不断，导致团体无法向外拓展。

人们入职场首先是为求温饱，遇到良好的环境自然会得心应手，遇到不好的环境，也要守本分并尽心尽力，如果无法适应此环境，转换跑道、调整心态又有何不可？要找到适合自身的位置，才能有更大的舞台来创造价值。领导要慎选优异下属，有德有能的下属，能将领导推向更高层次；下属更要慎选有才有德的领导，要从领导身上学习职能专长。如此心态作为，领导与下属就会彼此受益，自身和团体皆会有所成长，将彼此推至更宽广的舞台。正是所谓“良禽择木而栖，贤臣择主而事”，领导注重于全面思考、不担心具体落实；下属无后顾之忧、充分发挥自己的特长。领导要关心下属工作生活环境，将其安排到适合的岗位，让下属有一个发挥能力的环境，下属要有扶持领导的忠诚品德。在工作职场中能有上下和合，遇到任何困难都会一一化解。最怕上下位的关系不融洽，各有各的一本账，彼此比较计较，导致内部人事斗争都忙不完，又何谈向外拓展？又如何能够实施授权扛责？只会有更大的问题滋生。

2.企业需要新的管理模式

新时代的年轻人很多受过高等教育，知识水平比往昔有很大提高，其思想观念并非过往一个口令一个动作的管理模式能满足，都有询问原因、想法、步骤的观念，期望找到展示自我、施展能力的空间。所以，在团体或企业的管理当中，已无法沿用往昔高压权威来处理，需要花费大量时间来沟通。新一代年轻人，不论在家还是在工作职场，都更注重个人的空间，根本无法以过往的管理观念来带领，必须要用平等关怀、善解沟通的方式来带领。领导遇到值得带领的下属，用授权方式来带领，比往昔权威方式会有更好的效果。

当下的心态决定了自己对外界的判断，自己的行为会改变周围的环境，周围的人也会用同样的行为回报于己身，这就是所谓的“心转境即转”，如用诚心待人，自然他人也会用诚心回报。如有不按规则出牌的人，自然也会被淘汰出相应的圈子。

“授权扛责”正是非常好的管理方式，按下属特长给予相应的职责和权力，充分发挥下属的才能，由领导扛起应负的职责，教导下属应有的技能，让下属无后顾之忧。通过此方式，更能引发领导下属共鸣，而非处于口服心不服的境地。故此，领导要赢得下属的敬重，就必须扛起领导的职责，对于好的领导，下属自然会紧紧跟随之，反之则不然。

私企与政府部门虽有所不同，但身处领导岗位，应知悉下属的能力及心态，关心下属的生活和工作条件，同时下属也就会更加了解其领导的一举一动，深入了解领导的喜好及沟通方式，彼此用诚心对待，就会有良好效益的产生，而非一直彼此算计，对己对人对团体对社会对国家又有何益？

（二）用人原理：疑人勿用

在各种社会活动中，总有些事情无法亲力亲为，要委托他人代为处理的情况，对此，要有“疑人勿用”的原则，这是彼此互动的基础，心中若对他人举止有所怀疑，就不应该将职责交付给所怀疑之人，避免因处理事情过程中产生的差错，导致彼此失去信任，产生嫌隙，最终导致事情无法圆满完成。心中有所怀疑之时，一定要真诚沟通，从根本上弄清楚搞明白，千万不要心存怀疑又放着不管，渐而转变成不良心态，也就相当容易导致不良后果，此种心态与行为应该防患于未然才对。

在日常生活当中，不论是居于上位或是为人下属，不论是为人父母或是为人子女，不论身居何位，在待人处事的过程，首先就应该遵循“疑人勿用”的原则。作为一个可否委托事务的准则，不论事情是否重要，不论过程是否复杂，都要如此思考，此原则都要坚持，不要轻易地受到外界影响而转变，也不要认为只是一件简单小事情而已，试试看又何妨。殊不知，星星之火可以燎原，虽然只是一个小小念头，却会影响未来很多的结果，也会改变双方所有认知，经常会造成很大的误解，变成对彼此的失望。

在每天相互往来的过程中，如何能够避免不必要的困扰产生，就应该“疑人勿用，用人勿疑”，在相互信任的基础上，一切的过程都将更加平顺，心中若没有怀疑，就不会产生流言蜚语。可惜的是，在发生问题的时候，人都是很喜欢八卦一番，如此就产生很多矛盾，造成很多不必要的问题，陷入更大的困境。若是无法相互信任，就会增加困扰，还不如一开始就放弃对方，避免产生如此不良的后果。

内心信念的坚定不移，正是为人处世的基本，只有如此才能够在行为当中，始终如一地坚持自己的信念，形成习惯，在未来人生过程中才会有更大帮助。对于他人提出的意见和建议，都要运用智慧来判断，千万不要轻易地受他人的影响，尤其在彼此意见不同时，要相互面对沟通，不要在背后互相批评。

“内心坚定”不是在一切事物中都认为自己是正确的，这样经常会造成彼此间的误会。“为何他人都不愿意接纳自己的意见?”有这种想法，就是完全不会自我反省检讨的表现，根本不知道该如何来修整改变自己的欠缺和不足，只是自怨自艾、日复一日继续沉沦而已，在不良社会关系中重复着不良的行为，未来就会增加更多的问题。此种情形产生的原因一般人很难明白，始作俑者正是自己的固执，其实只要试着转换到对方角色，换个角度来看所面对的问题，一切就会海阔天空了。能做到内心坚定，也要能不固执己见，更要在为人处世的过程中坚持“疑人勿用，用人不疑”的原则，这就是用人的基本原则。不论身份地位、不论事情大小，只要能够坚持这些原则，必能将一切事情顺利完成，也能减少各种流言蜚语的产生，发生问题的概率则会减小到最低程度。

当然，其中需要对事务全盘考虑，未雨绸缪，用智慧来判断，才不会产生很大的障碍。凡事都应该具备相应的智慧来进行判断，不要轻易地受他人影响，能够坚定自己的信念，才能面对未来的一切。在人生过程中，有很多考验在身旁出现，能够用真诚心来面对才是正道，不断学习成长，通过修整自己的不足和欠缺，达到往上增长的目的，要多多用心才会有良好的收获，所有努力都需要坚持不懈，才可达至更大的增长。不要有“一曝十寒”的心态和作为，这是很难有收获的，一切都看自己的用心程度了。

（三）用找出问题、解决问题的方式来取代追责

在待人处事的过程中，每个人都会有自己的看法，在表达意见过程中，并没有谁对谁错，只是各自的立场角度不同。若是在交流过程中，双方无法互换角度让想法融合，彼此都以自我意识为主导的话，就经常会出现意见相左的情形。通常所谓的相互沟通问题，只是人的思维中才会存在的情况，若能纵观人生过程的话，根本都没有所谓的“问题”。针对沟通不足与意见相左的情形，只需将“问题”症结点找出来，对其中“卡关”的状况加以消除，事务也就可以顺畅推进了。

换句话说，遇到沟通不畅时，如果能找出问题并将双方的症结转化为理解，就能让工作正常运行，而不是确定是谁的问题，争论由谁来负责任，只要能发现问题，找到双方认同的解决方式，就能化解问题，让事务平顺进行。若双方僵持于各自的意见，无法各退一步时，就会无法转圜，又如何能够向前迈进？社会活动中的一切问题，多是由自我意识所形成的障碍，能够看清楚问题点所在，才有机会思考该如何解决问题，这就要有相当的智慧来面对一切问题才行。

除了找出问题点之外，在处理事务的过程中，人很容易受本位主义——“我”的影响，习惯在出现问题时，首先追究是谁的责任，只要与自己无关就好，大部分人都是喜欢“找他人来背黑锅”，这是一种错误的思想观念。经常是一心只想逃避责任，躲在旁边沾沾自喜，觉得自己怎么这么聪明，完全不知道悔改，一定要整体事件曝光清算的时候，才恍然大悟，后悔莫及。

其实在问题出现时，用智慧来扭转解决问题才是正道，每个人的人生过程当中，都有身处困境、面对问题之时，千万不要只会比较、计较。如果只是想自己平安无事即可，那又如何面对各种问题呢？又将如何担负自己的职责和任务呢？不但无法承担自己的职责和任务，就连本身的思想观念都难有改正的机会。

如果只是不断推卸责任，就会导致事务无法顺利进行，此不良行为习惯，会导致问题一再浮现，人生的过程中，只能是自己面对自己的职责和任务，自己来承受由此引发的结果，没有人可以替代。在这个过程中，应该认真反省自己的言行举止，认真改变自己的思想观念和行为习惯。不论亲身面对任何问题，都要知道这是改变自己不足与欠缺的过程，如此才能有解决问题的决心。否则，当今社会飞速发展，各种事务进程更加快速，又该如何面对接踵而来的各种问题呢？不要一直累计问题以致最后无法解决，把握每一次机会完成每一项任务，通过自身的优良行为，实现与他人的共同成长。

人生过程就是一步一个脚印，凡走过必会留下痕迹，不论是过去现在还是未来，人都应该努力学习，不断进取，面对新知识、新现象不要盲从或轻易指责，应抓住机会去认知了解，明白其原理继而应用。

四、下属的职责和心态

（一）尽职尽责

人生中的相互对待过程，能够让人相互成就，也可能让人沉沦，都是看自己如何抉择而定。想要提升，就必须树立道德观念，遵循社会行为规范，有造福社会、奉献社会的目标；人若是只想要享受就难以进取，就只能起起伏伏，难有成长提升之日。在这个相互对待的生存环境中，有着改变自己的大好机会，人人平等，都有改变自己思想观念和行为习惯的机遇，未来成就如何，都是取决于当下自己是如何修整改变的。

身为下属和一个团队的成员，一定要明白自己职责所在，千万不可模棱两可，所谓“牵一发而动全身”，不要因为自己疏忽而影响到整体任务的执行，凡事都要能够尽责，未来才能够担当更重要的职责和任务。在工作过程，下属的行为应该符合团队规制，对自身职责应该尽心尽力地完成，不论事情的大小差异，也不论内容的复杂简单，都应该一视同仁，千万不要嘴巴说好，内心却不当一回事，形成“口是心非”的状况，这相当要不得。如此一来，对领导所交付之事的完成度就会大打折扣，甚至出现无法完成的情况，这就太不应该了。

下属对于领导所交付的工作，在执行过程若是有所疑问，就应该寻求领导帮助，对工作内容及处理方式能够完全明白其中重点，方能全心全力推行，而不是担心被贴上能力不足的标签，不敢请示领导。如此一来工作过程当中，就容易遭遇到各种问题阻碍，无法完成自身的任务，更有甚者还会延误整体事务的进程，除了影响自己本身，还会影响整体团队，这就是一种没有全心全意投入的表现。

人生是一个学习成长的过程，用心付出，未来才能不断进取提升，千万不要抱着“浑水摸鱼”的心态，此种作为让人一看即知，实际上也是让自己很难融入团队核心，全心投入、真心付出方是正理。人生过程中会面对诸多挑战，凡事都要抱持着“越战越勇”的心态才是，“忠诚心”是人生所必需，很多人很难有忠诚的作为，往往是抱着“可有可无”或是“相当草率”的态度，完成工作只为了要交差而已，此种行为对一位下属来说，其工作考绩虽

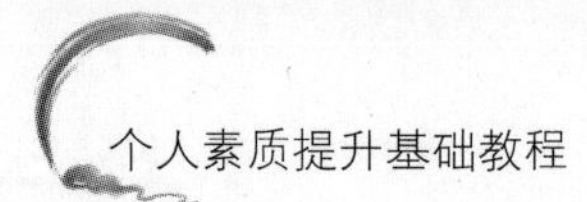

然勉强及格，但是根本已经没有“忠诚心”可言。

人生过程不可能一帆风顺，其中重要的是思想观念能够正面积极，不论遭遇任何挫折，都应该愈挫愈勇，千万不可心存侥幸，或者指望求神拜佛，自力自强才是正道。人生的过程，关键在待人接物时的良好心态，不要比较、也不要计较，自己的一举一动都会影响自己未来的发展，千万不要轻忽自己的一言一行，甚至每个念头都是相当重要的，树立道德观念和遵循社会行为规范，才能让人生过程一步一个脚印，留下美好的痕迹。不要放弃任何机会，能够有积极的学习心态，方能有良好的成绩，这是人生最基本的规律。

（二）适应环境，彰显价值

不同的生活环境和教育条件，造就了每个人独特的个性，个性影响人的判断和行为，决定了未来的人生发展，所谓“性格决定命运”正是如此。领导也有各自独特的个性，虽然领导在团体中负有决策的权利和责任，但是每一位领导也都有其不足和局限之处，并非样样全能。往昔会有这样的认知“领导即权威”，即代表着全面的学识能力，其实也是不一定的，领导只是一个团体的先锋，久而久之自然成为上位者，领导有很多不同类型：权威型、顾问型、沟通型等，也是成为领导之前，个人受家风、教育和人生经历影响所致。

下属面对不同类型的领导，也有不同的处事之道，不可同一而论。面对权威型的领导，只需要有成果呈现，不问过程；顾问型的领导，则需要下属提供各种建议方案来决策；沟通型的领导，需要下属能独立完成各项项目，并能提出各种改善意见，而非一个口令一个动作来执行。下属需要了解自己的领导是何种类型，团体组织是何种文化，如此才能知道自身职责要如何执行才好，并补足领导的不足之处，支持领导带领团队往更高层次迈进。不然，下属只是怨天尤人，自叹无伯乐赏识，所谓千里马常有，伯乐却是少见就是这个道理，下属不能了解领导和团体的需求，又如何呈现自身的能力呢？

在一个团体的事务链当中，需要领导给下属授权，下属扶持领导，并在同级间有良好的沟通，才能充分发挥每个人的能力特长，完成各种不同的任务，而非以自身固有的行为模式来束缚自己，要能大大调整自己原有的观念，才能使个人受益，使整个团体受益。人不能数十年如一日，无法改变自己的固有想法，要能不断重新省思自身，既然入此团体，就必须顺应此环境，将自身能力贡献于团体，对所遇问题应该想尽办法解决，此种优良作为才可使团队受益。不要一直期望让环境来顺应自身，有一个适合自己发挥的环境，这是很难遇到的，也是很难实现的，没有哪一个环境会来顺应自己。

在团体中，每个人都非不可或缺，不论少了哪一个人，团体都会继续运转，也会有新人不断补充。在团体事务链中，千万不要存有一切非我不可的想法，要有谦逊的态度，要能不断改变自身的固化思维，尽自身本分把工作做到最好，有能力更可提出改善原有流程的建议，在团体中彰显自身价值，自然会得到领导及同仁的认可，而有一片更加广阔的天空。

但现实中往往并非如此，大部分人都是在人我是非圈中打转，难以明白“忠诚心”的意义和作用，认为一切皆是领导的问题，都是其他同仁的问题，都是团体的问题，一切与自己没有任何关系，自己做的都是正确的事情。试问：一个团体是自己应聘加入的，还是他人逼迫进入的呢？如果是自愿加入的，就要花时间来了解自身之长处与不足，了解所在团体的环境，这样才能立足其中，个人长处要彰显呈现，不足欠缺之处则要修整、改进，久而久之就会有全新的自我，与在人我是非圈中打转的自我比较，必有天差地别。

在团体中，应有扶持领导的心态，提升自己的不足、欠缺，用温暖柔和的心态来对待他人，而非一味埋怨环境，指责他人之非，这样又有何帮助呢？只是让自己在人我是非圈中打转而已。人生首先要自己肯定自己，领导者更会来提携自己，也就不会只在原地打转了，这是由各人思维和行为而定的。对自己、对领导、对团体更要相互扶持和共同成长，个人思想观念要能不断改进，还要能弥补领导的不足，辅助、关怀同事，与同事顺畅沟通，自然不论在何种团体当中都会如鱼得水。

学习做人之道，是要达到满圆处事的境地，如果做人尚有欠缺，岂不会有诸多遗憾？又要如何弥补这些憾事呢？就看各人思想观念和行为习惯能否能够修正改进了。人生就是一个学习做人的过程。

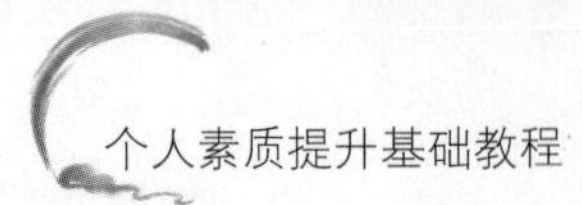

第四节　践行“忠诚观念”的要点

一、理解环境和内心的关系

（一）发觉环境的不良影响

社会中不良环境对人有很大的影响，受“酒色财气”所累，很容易起比较、计较心境，产生两相对待，这也是生存中最大的局限障碍，究其根源，一般都是因为无法深入了解自身应担负的责任而造成的。如何解决这个问题？首先是明确自身应负的责任是什么，自身又能担负到何种程度。其次是要明白人际关系中，各人有各人的角度和抉择，要学会区分优良缺失，尊重彼此的认知。人很难跳脱各种事务链和通货链，往往最初只求一口温饱，而随着欲念慢慢地增大增多，现状难以满足后，开始追求舒适、享受，求香车、美人、豪宅、金钱，越陷越深，无法自拔，忘却初心，离初心越来越远。

图5-10　外界环境和人与人思维的不同，形成每个人对忠诚的不同理解

在生存过程中，每个人都会经历不同的环境，最常见的就是受酒色财气的影响，而改变自己的思想观念，深陷于种种事务的潜规则当中。其中

“酒”是指各种不良嗜好；“色”原指夫妻人伦，这里引申为各种不良男女关系；“财”是指对金钱通货的控管能力；“气”是指各种情绪管理之能力。酒色财气，这里泛指古往今来，人在生存过程中不断累积而形成的不良思想观念和行为习惯。很少有人能跳脱于此，甚至有人还深陷其中，不可自拔，只为求一己之利，即昧着良心做出侵损他人权益或对集体有害的事情。此种不良行为就会导致经常产生新的问题，对集体甚至对社会产生危害后，又会追究参与人员的责任，真是“今日取他人一分，来日要还之三分”。此种作为一般会形成较大范围的危害，是当事人甚少顾及今后，为了满足一时的欲望，而埋下的隐患，甚至不会感觉自己有什么不对，终日都在做此种不良行为，还认为自己能力强，真是令人可悲可叹。

（二）理解思维的差异性

世间没有哪两个人会完全相同，不论在思想观念还是在行为习惯上，都会有所差异。面对差异，人往往会固执己见，不能转换立场，形成不同意见，造成沟通障碍，将原本和睦相处的过程变得针锋相对起来。在处理事务的过程中，若不能用“对事不对人”的方法来面对，就很容易形成针锋相对的局面，彼此争得你死我活，非要争出一个“我是你非”才肯善罢甘休。只是因为两人角度的不同而造成的对立，经常发展到不相往来的地步。

人若不能清楚表达自己所想，无法转换角度明白对方所表达的意思，又如何能够沟通并达成共识呢？最后只能是“你走你的阳关道，我过我的独木桥”，没有任何交集可言，难以形成良好的人际关系。在交往中，首先要将自己的立场表达清楚，使对方能够明白自己的想法，不要形成误解而造成不必要的困扰，不要表达不清楚，使自己原本的好意被对方误解，造成未来的隐患，形成不想要的结果。所以要学习如何能清楚表达自己的思想，才能有效避免彼此之间的误解。当然，也并非在立场表达清楚之后，所有困难就会迎刃而解，毕竟人都有自己的想法与意见，彼此立场表达清楚后，还需要能够相互认同，这却不是一定的，此时，就必须要透过良好的柔性沟通来解决。

在面对不同意见之时，更应该将心比心，转换到对方的立场来思考，不要只坚持自己的立场。若是硬碰硬，只会造成两败俱伤，就不是双方所乐见的结果了。“为何对方会有如此看法？”“自己本身的意见是否有改进的空间?”有如此的心态，就能让自己有改进的空间，千万不要固执己见。双方意见不合时，要有“事缓则圆”的心态，自己先退几步，再来好好沟通，让自己和对方都有台阶可下，就不会造成互不相让的困扰了。“山不转路转，路不转人转”，面对问题时需要运用智慧来思考，先退下来好好想一想，其实就已经解决了大部分的问题；若是对方仍然无法沟通，也没有必要坚持马上解决，除非是需要立即处理的问题，其他问题都可以先退一步，让彼此冷静一下，再找时间与机会来沟通解决。

大部分的人都是相当善良的，但是在人与人之间，总会有各种因沟通产生的问题以及情绪反应，虽然大家都想保持良好沟通，但是双方产生的情绪反应，难免会形成反效果。遇到意见不同的情况，先要弄明白问题点所在，再运用智慧来解决，千万不要只是坚持己见，那就如同石头一般，态度太硬了，问题依然不会解决，双方纠缠于是非对错一直深陷下去，就会耽误了问题的解决，应用柔性沟通才是正道。每件事情都有其独特的条件和人为因素，如果双方都用心在此，都想要把事做好，就会比较容易化解各种问题，圆满完成任务。

人生每一天中，都需要表达自己的思想，这是每个人无法避免的课题，通过“柔性沟通”方式，在产生矛盾时先退一步，问题就比较容易解决。其中，自己立场也不可轻易动摇，只是听了对方的言语就改变了自己初心，那也不是正确的做法，如果对方角度比自己的更好，就应采纳应用，这才是正确的。

（三）性格决定命运

人生入于社会、入于职场、入于家庭，皆有数不尽的事务环绕己身，经常一事未平一事又起，事事环绕不停，难有休止的时刻，身心皆被大小事务所困，如同无章乱麻，难有心平气和的片刻宁静。这是什么原因造成的呢?根本原因就是生存环境无休止的运转，连绵不停地行进，生在其中若是只为了生活而生活，不知该如何休止，那也只有等到生命终止的一刻，才能了解生存过往如同一片云烟变换，可惜再也来不及挽救了。

每个人都有独特的性情，经历了不同的家庭环境和不同的教育，造就了每个人独特的个性，人人皆是不同，有的优良、有的恶劣、有的坚毅、有的软弱；有的能言善道、有的木讷寡言；有的外向、有的内向，等等，各有不同，他人无法勉强，父母也无法选择要如何性情的子女。人的品行也是各有不同，有的光明磊落、有的幽暗郁闷；有的正直善良、有的无恶不作；有的苦干实干、有的花言巧语；有的难以和群，等等，但是个人品行却是经由自身选择而决定的，并由此形成个人的行为准则。

性情和品行结合决定了个人的价值观，父母在子女幼童时期，通过以身作则来引导，子女深受父母家族的影响，一般父母是何种性情，子女也会接近此种性情。家风对家庭成员的影响，外人很难明白其原委，临事方知每个人的品格性情是如何，有天性使然、也有后天培育，有显现外露、有隐形于内，皆是难以一言蔽之，只有遇到艰难困顿之时刻，才能彻底明白一个人的真实品格性情。有的外相坚毅之人，反而退缩懦弱；有的柔弱温和之人，反而勇敢向前；有的木讷寡言之人，反而能侃侃而谈；也有的能言善道之人，反而词穷莫言。

在社会活动、职场工作、家庭生活中，通过解决各种疑难问题，就可以清楚了解何人能担负重任，何人容易退缩，何人是勇敢向前，何人居于人后。各人是否有所成就，要看能否付出，能否持恒，故言“性格决定命运”。三十岁前看父母，三十岁后看个人，个人性情品行决定未来人生的走向，也是他人无法取代的，只有自己亲身面对！在社会活动、职场事业、家庭生活中，如何达到平顺无碍，就要看各人是如何待人接物的了，如有智慧者，必是无遗憾；如有困惑难明者，则需要从自身开始，不断反省修正思想和弥补行为中的不足、欠缺之处。每个人如果身带不足、欠缺度过一生，最后一刻总有难以弥补的缺憾。

人生过程都是受个人性情品行所影响，能了解其中缘由者，必能少走许多冤枉路，不然也只是一再重复着自己的不足和欠缺而没有提升。未来的美好人生，正是要求每个人都要有成长提升。每个人的性情品行，是个人天性经后天培养改造结合而成，对未来生活有决定性的影响，人生是平顺或是不足，也都是由自身行为来决定的，而非受他人所控制。只有通过内观自省，了解自己的不足、欠缺之处，并一一修正，才能提升思想观念和改变不良行为习惯，这样才能逐步改善自己的生活环境。若不珍惜当下遇到的机会来改变，就不知下一次机会何时会来了，一般是很难再有了。

（四）道德观念是最高的境界格局

当今社会环境与往昔已经大不一样了，往昔的社会行为规范要进行合理调整，与时俱进，才能符合当下需求，所有优良德性的普及，都是以遵行社会行为规范为基础。每个人都遵循规范，对自身品格德性下功夫，自然会有深层次的提升，个人努力到了何种地步，外在行为显现的涵养也就会到何种地步。

树立道德观念，坚持内观反省，修整不足和欠缺，改正错误，每日改变些许，十年就可以脱胎换骨了，内在品格德性也会大幅度提升，如此才能让自己往上增长提升，达到更高的境界。自身境界格局到了何种层次，外在言行就会表现出何种层次，从而影响外界对自己的评价，也正是自身品德和能力所处的层次，决定了自己所担负的责任使命以及交往的人脉圈子，一切都是取决于自身所处的高度。

也要时常反思，对自己言行负责，才能得到他人的信任。如果见异思迁、立场摇摆不定，又如何坚持立场始终如一呢？只会不断改变自身心态，经过了数十年还是迷惘，无法找到自己的人生定位，人世间有太多具有这种行为的人，很难得到他人的信任。人生越来越向上提升或向下沉淀，事业和通货越来越满盈，或是越来越欠缺，都是看自己品格德性是提升还是向下了。在道德观念上的不同提升，生存条件也会有相应的改变，这是自己努力才能得到的。

在工作生活中，最重要的就是思想和行为是否合理合法，是否专注职责没有杂念。如果无法有所成长，就会一直在不良思想和行为习惯中反复，那就很难提升自己的境界格局了。延续不良行为，就会造成“人和”尽失！人生过程是改造自己思想观念的过程，改变的结果决定了未来的人生和事业成功与否，这都是在自己一举一动、一点一滴中累积而来的，再大的成功也都是始于此刻每个人的足下，要有好的行为习惯，也都是从改变思想观念、树立道德观念开始的。个人的改变，都是靠自己努力获得的，无论何种学习过程，都有其独特之处，只是看自己能否真正地获得境界格局的增长；自己有没有坚志，能否将所学贯彻到生活当中，这是未来是否有成就的关键。

二、践行忠诚的主要环节

提升忠诚观念的层级，是以道德观念为基础
1. 不断更新自我观念、教学相长；
2. 破除“我”的本位观念；
3. 对事不对人；
4. 深刻理解人类命运共同体，同心协力、同舟共济；
5. 每日内观自省，学会表达自己的想法。

图5-11 落实忠诚观念的步骤

（一）不断更新自我观念，教学相长

人生必会经历相互对待的过程，生老病死每个人都要面对，不论身处顺境、逆境中，都需要抓住机会将思想观念转变提升，经由不同的学习成长，一点一滴地累积，在每件事情过程中不断成长，累积知识经验，才能创造更好的生活环境，实现人生价值。

人的成长，需要一步一个脚印，经由学习知识和亲身经历来获得经验的累积，试想一下：自从呱呱坠地那一刻起，是否每一次生活体验都是新的学习过程？有哪一位从出生开始，就可以自理一切呢？没有这样的人，都是通过父母或他人教导和亲身尝试的过程，学会生存中所需的种种技能。其中，最应该学习的就是父母无私无为、不求任何回报的真心付出，当自己成为教导者时，应该用父母无私付出的心态，在教导过程中做到带人带心、将心比心，设身处地考虑学习者所面对的问题，循序渐进地用心教导，才能够有好的功效。在每一次教导中，让教授者与学习者一起历经了一个用心学习的过程，如此一点一滴就有了知识和经验的累积。

学习的过程，是要自己用心才能够有所收获的，要好好把握时光，千万不要觉得时光还有很多，以后再找机会学习，未来会遇到什么情况？人生何时会结束？都是很难提前知道的事情，有拖延的心态就无法激励自己不断前行，此种心态会成为自己进步过程中最大的、也是最难迈过的绊脚石。学习以后，还需要进行反复练习，才能够将所学转变成解决实际问题的智慧和能力。

在学习过程中，除了认真用心学习成长以外，还应该感恩教导者的付

出，有了引路人，才有自己的提升增长。学习要投入全部身心，经过反复练习，才能够有真正的成果，在这个过程当中，养成主动的学习态度，未来才能够有所成长、有所进步，如果只是打着学习的旗号，没有真正用心，就不可能有好的效果。

人生本来是一个“教学相长”的过程，每一个人遇到的每件事情都是学习的契机，一切学习过程都会让师生皆有所受益、有所成长。学习过程中的一点一滴都会成为自己的智慧，至于收获多少，就要看每个人的努力程度了，获得经验的过程是任何人也无法替代的。在自我成长之后，都有机会学习如何成为一个教导者，通过“教学相长”而不断提高，不论教导者或是学习者，都应该相互体谅、相互尊重，才能彼此成就、共同成长。

作为教导者，若是有了较高的教学质量，心中因此产生骄傲自满的心态，就不是好现象，对自己的未来也会形成很大阻碍，这是经常会出现的不良心态，每个人的特长都不同，能力也不同，莫要用己之长量人之短，这既不厚道，也是为自己成长设置了天花板，形成自己的极限，而无法继续成长。

（二）在沟通中破除本位心态

人世间除了吃、喝、拉、撒、睡之外，每天都会经历沟通的过程，不论是上下沟通或者是横向沟通，在团体工作中都有重要的作用，尤其在横向沟通的过程中，良好沟通是团体良好氛围的基础。在团体或公司当中，一定会有不同的部门，部门之间多是相同级别，虽然工作任务、性质有所不同，工作条件和收入也有区别，但是目标却是一致，都是为了团体或公司的良好发展，成员各自付出心力和努力。其中，横向沟通就起了相当重要的作用。

若是每个部门只以了本部门绩优为目标，那在执行过程当中，就会影响其他部门的任务实施及合作，此时就应当透过横向沟通，将各个部门任务做好协调，彼此配合共同进行，达到一个平顺的作业顺序。如此一来，整个团体或公司的项目运作才能顺利完成。若是每个任务部门都坚持以本部门绩效为优先考虑，缺乏横向沟通，就会形成各自为政的窘境，也就是所谓的“本位主义”，严重影响团体或公司的整体运行，如此一来，虽然个别任务部门的绩效是相当优良，可是团体或公司的绩效却大打折扣，就不是所有人乐见的结果了。

该如何破除本位主义的观念，达成良好的横向沟通呢？这正是每个企业最应该重视的问题，也是每个人需要学习的课程。社会中无法避免沟通，除非完全不需要他人协助，而能独自面对人生的一切，否则，必会有人与人之间的相互配合，这就需要沟通与协调，不论是上下沟通或横向沟通，都有非常重要的作用，关系着每一件事情的成功与否。在人生过程中，每个团体中的每个人，都需要良好的沟通与协调，在一个团体中处理各种事务，其过程中都会与人沟通，能够运用智慧平顺处理各种事务，用心面对所有过程，不要把事务变成了失误，造成不良人际关系，又难以化解。

“忠诚心”是时代发展的要求，是人们精神认知的需求，无论在团体或公司，上下或平级交流中的所有作为，都要用忠诚心，才能做到尽善尽美。团体中所有人上下一心，以“忠诚心”为准则，达到人与人的和谐相处，促进团体或公司的优良发展。

人生过程是在日常生活中提升自我的过程，而不是脱离生存过程来提升自我。人生也是一个不断沟通的过程，如何在沟通中得到学习成长才是重点，如果只是抱着过日子的心态，那又如何能有所成长呢？人生岁月转瞬即逝，要好好用心学习、不断进取，才会有提升和超越。

（三）在交流中对事不对人

人生充满相互对待，有对待就会有分别，不论是居于上位的领导或是位于下位的下属，其职位形成的差别，仅在于各人所担当职位及责任的不同，并没有任何人性的不同，在其职就应关注于如何完成自己的职责任务，而不是职位高下。

领导对于下属的真心关怀，应该是通过行为让下属感受到真心实意的关怀。人在工作中缺少“圆满”的观念，就会变成“人和”不足，在整体工作环节当中，若能有上对下的关怀过程，在沟通方面就可以减少很多问题，在心态观念上也会有彼此包容，促使一切工作过程更加平顺。

上下关怀达到彼此相互体谅，在工作当中相互配合，不论观念及意见有何不同，沟通时都应该平心静气，以工作顺利进行为优先原则，不要只是因为观念上的差异，导致情绪问题，进而彼此针锋相对，形成“对人而不对事”的不良效果，那就不是正确的做人做事方式了。一切的行为习惯，都应遵循“对事不对人”的原则。

在一个单位中互为同事，彼此之间就多了一层特殊联系，不论是领导还是下属，都应珍惜此时的合作时光，同心协力、相互配合完成任务，千万不要因为个人情绪，造成无法配合的障碍，妨碍整体工作的推进，如果还造成彼此间的不良关系，那就太可惜了。上下若是无法融合成为一体，领导与下属无法达成共识，演变成各唱各的调，就会导致配合上的嫌隙，如此一来，原本应该平顺的过程，就会有很多小问题出现。千万不要忽视这些小问题，累积久了，小问题就会变成大问题，等到大问题出现了，就难以收场了。

通过上下关怀的过程，达到上下共同一心、真心配合、沟通无碍的效果，一定要将心中与工作无关的杂念渐渐清除，以工作顺利地进行为重心，摒弃个人情绪影响，才能够有好的成效。这要从自我反思开始，能以如何让工作顺利进行为中心，而不是以“我”的本位思想为中心，防止引发出个人情绪，致使自己一直纠缠于是非矛盾之中，这是相当重要的关键点。

大部分人都很少思考“人与人”之间，为什么经常会因考虑的角度不同而造成摩擦，也不明白做人、做事的窍门是什么。其实，做人做事所处的角度，就是形成未来是否有良好结果的区分点，也是人际关系中所有“成功及失败”的关键所在。

社会是一个改造自己的空间，能够在生活过程当中，不断地修整改变自己，完善一切不足和欠缺，就是对自己的往上增长和超越提升。未来是否具有更高品质的生活，能否实现人生价值，都取决于自己用心努力的程度，这正是能否成长的关键。人生过程中每天都在沟通。结果会一直累积，沟通必要顺利才能一切平顺，切莫因为不良沟通，一直延续不良的人际关系，这样只会形成未来的不良结果而已，明白此种过程，才会让自己有良好受益。

（四）同心协力，同舟共济

任何一个团体或公司兴起之际，创始人皆是怀抱一颗热忱之心，与同心志士共同努力。等到团体历经一段时日之后，当初的热情、理想已不复见，只有上下对待关系及金钱物资的运行而已。这就是开创与固守过程中的差异之处，从古至今都是如此。

人生过程演绎着一幕幕的生活悲喜剧，眼看楼起、眼看楼塌，一幕一幕中只是主角不同而已，现今繁华他日未必依旧，只是浮梦一场而已，奈何世人多为眼前小小繁华费尽心力，若是再从中生出不良思想，采用不良方式，由此种种错误行径产生不良后果，留待他日再来加倍弥补就会得不偿失，后悔也来不及了。

在“眼看楼起，眼看楼塌”的过程中，上临高位之时，就要想到日后也会有下台一日，没有一个人能永远占据高位、发号施令。团体或企业要永续留存，而非只依一人而兴或依一人而衰，就需要上位者有胸襟和气度，培养新一代的中层领导，以待未来代替上位领导，代代相传、生生不息，这正是上位者的职责所在。

一个上位者，经常处于众人拥戴的环境中，历经一段时间后，会忘了当初的热情、理念，久而久之，身旁没有能讲真话的益友，根本都无法知悉下属的心声，上下离心离德，只留下团体的外貌空壳而已。上位者表面上的风光，在一段时间后也多会迷失在权利里面，很少能有时时警惕自己的。此种过程不是一个固化观念的人可以适应的，只有不断学习新知之人才可适应，并且游刃有余，固守原有观念的人，只能苦苦跟进而已。若被过往观念所束缚，又要如何适应当今的发展速度？不能适应发展，就只能被淘汰而已。在21世纪，每个人都应具备不断学习的观念和习惯，今日之我超越过去的我，未来的我超越今日之我，一直不断提升超越自我。

一个团体能够茁壮成长、再创高峰，必须是领导和下属能共同成长，一起学习新的观念，而非被过往传统观念束缚。一个团体，也必须能使上下位者共同有所成长，而非上下位彼此猜忌，各有各的心思而陷入内斗之中，如此人事纷扰不断，终日闲言蜚语流传，团体成员绝对会感同身受，聪明者纷纷离去，一般者是过一日算一日，团体及其中成员又要如何成长？

上下位者共同一心，才有向外拓展之时，将内斗的心力精神，转化向外拓展，每一日、每一月、每一年，皆会有促进成长的爆发力，此种境况，上位者要凝聚上下共识，肯定下属的能力与贡献，下属就有冲劲来努力、贡献一己之力。上下位者如同心协力，一人有一己之力，二人则有三人之力，而十人、百人、千人，则会有百倍、千倍、万倍之力，何惧事之不成？加上共同成长的观念，不断吸收新的知识和观念，如此，团体上下一心，就可以不断向外拓展。

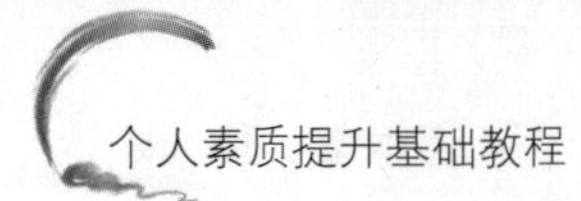

社会是要不断茁壮成长的。现在年轻人将要进入更高层次的超越时代，在优良的科技进化中前行，人类文明也将一步步走向高级科技的另一层面。上下位者是同舟共济的命运，要能同心协力，才有到达目标愿望的一日；若上下位者离心离德，又如何能达到目标？只能浮浮沉沉而已，又有谁人能占便宜？最后只是大家一起吃亏而已。

如果今天无法不断进修学习崭新的知识，又该如何应对未来世界的变化发展呢？只有不断运用新思维来应对社会的飞速发展，才能让个人在成长过程中有更大的提升，进入高层次的阶段，只有良好地适应了社会的高速发展，才不会有被淘汰的窘境来临。

（五）内观自省，善于表达

如何通过内观自省，发现自身的不足、欠缺呢？当今大部分人都没有此种意识，更谈不上能否做到了，一般只会一心盯着他人的错误不断指责，忘记反观自身的不足、欠缺，由此陷入对立的境地。如何才能化解此种“只看他人不看自己”的问题呢？这是外力无法解决的，“解铃还须系铃人”，这种人我相对的矛盾，也只能通过自己转变思想来解决。

很多人的思维模式遵循着“我”的本位思想，一般都只从自己立场角度出发，对于自己所认为对的，就一直以为是绝对正确的，对于他人的看法和意见往往置若罔闻。在实际过程中，一件事情若是从不同角度来看，经常会产生不同结论，所以，用客观的方法、多角度分析才是正确的做法。遇到矛盾时，试着转换到对方角度看待、理解问题，就会找到大家都满意的解决方案。

游走于各种社会关系中，每个人都会有多种事务链缠身，在上位的领导、平级同事、下属者，都会有不同的角度立场，形成各种不同的判断和看法，所以，经常会有摩擦产生。如何异中求同或是用同理心相待，则要有很深厚的情绪管理功夫。

首先要注意语气，不论面对上级、平级或下级，若以剑拔弩张的气势对之，就会失去优良的沟通，于己何益？于人何益？于事何益？日后，也是自身来面对由此产生的不良后果，逞一时之快，徒增自身向上提升的阻碍，无法得到他人认同，最后最受伤的还是自己。

“语气温和”并非如好好先生一般没有立场，而是指就事论事，同时还能内观自省，借着与他人的沟通来了解自身不足、欠缺之处。自身立场要坚定，面对人事物的过程中，要清楚自己的立场与目标，方能圆满完成自身的使命，如此才是正确的。为人处事如此，社会活动如此，职场生涯如此，家庭和睦更是如此，皆是一体通用。

在处事过程中，要始终遵循道德观念，从圆满完成自身职责的目标出发来做决定，并非“甲谈随甲去，乙说随乙去”，如此自身角色、态度、立场又如何处之？心中要清楚自己的目标、使命，这样才能在所有事务链、通货链中立足，否则就会夫不像夫、妻不像妻、父不像父、子不像子，身处各种角度立场又如何把持呢？要承担起自身应负的责任义务，照顾家人、照顾员工下属，具体承担什么职责，要看自身能力而定，若自身毫无立场，又如何担负责任义务？

无论身处何种角色，承担何种职责，都要“语气温和、立场坚定”，对领导、同事或下属，都要有良好的沟通、关怀，勇于承担自身的职责义务，坚持完成使命，达到目标。若没有清楚的内观自省，就无法体会自身的使命与目标，更别说担负责任义务了，只会摆错自身的位子，不明白自身的义务责任，只有无力感伴随己身，总感觉有力难使，真是可惜。愿大家都能知悉、了解其中奥义，通过内观自省找到自己的人生定位，实现自己的人生价值。

本章结语：学习落实忠诚观念的重要意义

人的思想观念和行为习惯，既受个性影响，也受家庭环境和教育环境的影响，其中有优良部分，也有不足和欠缺的部分，形成的思想观念和行为习惯，又反过来对生存过程产生很大影响，形成每个人生活条件的好坏分别。若是有良好的思想观念和行为习惯，就能有平顺的生存过程；如果难改其中的不足和欠缺，甚至延续错误，就会导致生存难有平顺。

一、道德观念

人生过程中，首先就是看人与人之间的相处是否和睦，若是无法与人和睦相处，就会形成诸多困扰，更容易产生比较、计较的心态，所有事情都不可能平顺进行。在团体中，每个人首先要有不比较、不计较的心态，领导对下属应该保持着关怀的心态，下属对于团体则应有“忠诚心”，如此才能够形成上下一心，个人与团体的发展方向才能够达成一致。

每个人树立道德观念，遵行社会行为规范，才能有群体的平顺生活，绝不可只有享受生活的想法，放纵自我的意识，若没有道德底线，不只会形成很多的不良社会关系，还会让自己未来出现很多难以承受的问题。如何面对未来的问题？就要看自己能否及时省悟及修整了，只要真心做到自我改变，一切问题必定会得到解决。虽然因为不良的思想观念和行为习惯，已经产生了很多的问题，形成了很多的障碍，但是随着自我的修整与成长，都会一一解决的，人生机会均等，大家都有修整改变的机会，自己是否能有优良的成长提升，关键就在于自己的抉择。

世界好像一台大型精密仪器，各种团体与企业都是仪器的一个部分，每个人就像一颗颗零件，只要其中有一颗螺丝钉不能运作，就会影响整部仪器的运作。在团体当中，如领导下属都能有“忠诚心”，做到同心协力，又何需要担心沟通问题？一切的运作过程也必定能够相当平顺。生存过程是人类自我改变的良机，若是无法改变自己的思想观念，就难以产生良好的结果，一切后果也只能是自己来承担。能够及时改变思想观念和心态，就有机会挽回不良结果，若是不能当下改变，问题就会延续而变得更加严重。

如同地球是所有人类的生存空间，每个人对地球都有保护的责任及义务，在维护过程中，千万不要轻忽每个人小小的力量，只要全体人类能够同心协力，面对已经形成的不良问题，一起用心做出改变，那么种种问题就能缓解与改变，而不会变得更加严重。

很多问题，究其深层原因，是无法明白个人职责使命所在，缺失道德观念和社会行为规范约束，局限于只是满足一时的享受，殊不知，已经做出了很多难以挽回的错误行为，造成了很多难以解决的问题，身处困境之中又不知如何才能修整改变，其过程实在令人感到惋惜。

二、不断提升自我

人，有很多的时间，学习和改变自己的思想观念，修整自己的行为习惯，树立道德观念，遵循社会行为规范，而不再陷于人我是非之中反反复复。可惜当今大多数的人并不能明了其中关键，仍是自认为，“我就是喜欢这样!”殊不知，自我心态观念无法改变时，又如何有机会能够提升自己，进而来改善自己的生活品质?

人生的提升，就是在于日常生活工作当中，把一切都当成是学习提升的机会，能够用坚志用心、不断进取的精神，提升自己的思想境界，实现自己的人生价值。这一切都是看自己的用心及努力，人生行程要坚持到最后的一分钟，千万不要轻易改变自己的目标，“行百里者半九十”，完成自己之使命，用心付出，坚持不懈才是正道。

“忠诚心”是为人处世的根本，不论面对任何的情形，都应该抱持着“忠诚心”，为自己的所作所为负责，千万不可推诿于他人，如果只做表面功夫，就不是忠诚观念和行为，一切的过程都需自己亲身面对，千万不可心存侥幸。很多人的所作所为，常以自我为中心，抱着“只要是我喜欢，有什么不可以”的心态，殊不知，一切的行为都会产生不同影响，形成不同的结果，千万不要沾沾自喜，以为“就是如此，就可以一切顺利”，更不要以为人生短短数十年时光，“咻”一下就过去了，不必太在意，只要是自己造成的问题，只能自己去面对，自己去清偿，一点一滴都不会漏失。树立道德观念，提倡社会行为规范，提高个人素质，对于个人成长或社会发展，都会有相当大的效益，人生过程都是由自己来选择和掌握的，端看自己如何用心付出，这就是“忠诚心”的意义。

古语有云：“人生在世，贵尽忠孝节义等事，方于人道无愧。”人的一切行为都要遵循“忠诚”原则，只有面对任何事务都坚持不懈，才能完全体悟“忠诚”内涵，这是只有亲身体会才能够明白的。不要轻易地让时光流逝，白白浪费了大好时光。未来都是取决于自己，与他人毫不相关，千万不要轻易受环境或他人的影响，那就真的太可惜了。自己遵循社会行为规范的行为，更是一步一个脚印，自己的付出就是未来的回获之源，千万不要抱着比较、计较的心态，一切过程如人饮水，冷暖自知，好好把握每一次的待人接物，因为这都是修整提高自己的机会。

我们要内化“忠诚观念”，勇于承担自身的职责和使命，如履薄冰、慎始慎终，改掉怠惰迟缓的习惯，把握每一次可以提升的机会，而非一直抱着固有观念，随顺外境变化而忘却自身的初心使命。